W0191559

Eine Arbeitsgemeinschaft der Verlage

Böhlau Verlag · Wien · Köln · Weimar
Verlag Barbara Budrich · Opladen · Toronto
facultas.wuv · Wien
Wilhelm Fink · München
A. Francke Verlag · Tübingen
Haupt Verlag · Bern
Verlag Julius Klinkhardt · Bad Heilbrunn
Mohr Siebeck · Tübingen
Nomos Verlagsgesellschaft · Baden-Baden
Ernst Reinhardt Verlag · München · Basel
Ferdinand Schöningh · Paderborn · München · Wien · Zürich
Eugen Ulmer Verlag · Stuttgart
UVK Verlagsgesellschaft · Konstanz, mit UVK / Lucius · München
Vandenhoeck & Ruprecht · Göttingen · Bristol
vdf Hochschulverlag AG an der ETH Zürich

Kurt Erlemann/Thomas Wagner

Leitfaden Exegese

Eine Einführung in die exegetischen Methoden
für das BA- und Lehramtsstudium

A. Francke Verlag Tübingen

Kurt Erlemann ist Inhaber des Lehrstuhls für Neues Testament und Geschichte der Alten Kirche an der Bergischen Universität Wuppertal.

Thomas Wagner ist Akademischer Rat am Seminar für Evangelische Theologie der Bergischen Universität Wuppertal.

Bibliografische Information der Deutschen Nationalbibliothek

Die Deutsche Nationalbibliothek verzeichnet diese Publikation in der Deutschen Nationalbibliografie; detaillierte bibliografische Daten sind im Internet über http://dnb.dnb.de abrufbar.

© 2013 Narr Francke Attempto Verlag GmbH + Co. KG
Dischingerweg 5 · D-72070 Tübingen

Gedruckt auf chlorfrei gebleichtem und säurefreiem Werkdruckpapier.

Internet: http://www.francke.de
E-Mail: info@francke.de

Einbandgestaltung: Atelier Reichert, Stuttgart
Satz: typoscript GmbH, Walddorfhäslach
Druck und Bindung: CPI – Ebner & Spiegel, Ulm
Printed in Germany

UTB-Band-Nr. 4133

ISBN 978-3-8252-4133-9

Inhaltsverzeichnis

Vorwort IX

1   Einleitung 1

1.1   Das implizite Bibelverständnis als Grundlage historisch-kritischer
      Exegese 2
1.2   Methodologische und hermeneutische Vorentscheidungen 3
1.3   Organisation der Methodenschritte 4

2   Vorüberlegungen und Textsicherung 7

2.1   Persönlicher Zugang zum Text 7
      2.1.1   Zur Zielsetzung des Methodenschritts 7
      2.1.2   Zu den Leitfragen 8
      2.1.3   Zur Methodik 10
      2.1.4   Textbeispiele 10
2.2   Wirkungsgeschichtliche Reflexion 12
      2.2.1   Zur Zielsetzung des Methodenschrittes 12
      2.2.2   Zu den Leitfragen 13
      2.2.3   Zur Methodik 14
      2.2.4   Textbeispiele 15
2.3   Abgrenzung der Perikope 17
      2.3.1   Zur Zielsetzung des Methodenschrittes 17
      2.3.2   Zur Methodik 18
      2.3.3   Textbeispiele 18
2.4   Textkritik (für Studierenden mit Griechischkenntnissen) 20
      2.4.1   Zur Zielsetzung des Methodenschrittes 20
      2.4.2   Über die Gegenstände textkritischer Arbeit 22
      2.4.3   Zur Methodik 25
      2.4.4   Textbeispiel 26

2.5 Übersetzung ins Deutsche (für Studierende mit
     Griechischkenntnissen) 28
     2.5.1 Zur Zielsetzung des Methodenschrittes 28
     2.5.2 Zur Methodik 29
     2.5.3 Textbeispiel 29
2.6 Vergleich mehrerer deutscher Übersetzungen
     (für Studierende ohne Griechischkenntnisse) 31
     2.6.1 Zur Zielsetzung des Methodenschrittes 31
     2.6.2 Zur Methodik 32
     2.6.3 Textbeispiele 32

3   Sprachlich-sachliche Analyse (synchron) 35

3.1 Sozialgeschichtliche und historische Fragen, Realien 35
     3.1.1 Zur Zielsetzung des Methodenschrittes 36
     3.1.2 Zur Methodik 36
     3.1.3 Textbeispiele 38
3.2 Textlinguistische Fragestellungen 42
     3.2.1 Zur Zielsetzung des Methodenschrittes 42
     3.2.2 Zu den Leitfragen 44
     3.2.3 Zur Methode 44
     3.2.4 Textbeispiele 48

4   Die Aussageabsicht des Autors (synchron) 68

4.1 Formkritik 68
     4.1.1 Zur Zielsetzung des Methodenschrittes 69
     4.1.2 Zu den Leitfragen 70
     4.1.3 Zur Methodik 71
     4.1.4 Textbeispiele 73
4.2 Textpragmatische Analyse 74
     4.2.1 Zur Zielsetzung des Methodenschrittes 75
     4.2.2 Zu den Leitfragen 75
     4.2.3 Zur Methodik 77
     4.2.4 Textbeispiele 78

5   Kontextuelle Analyse/das innovative Potential (diachron) 82

5.1 Traditionsgeschichte 82

5.1.1   Zur Zielsetzung des Methodenschritts 84
5.1.2   Zu den Leitfragen 86
5.1.3   Zur Methodik 87
5.1.4   Textbeispiele 88
5.2   Religionsgeschichtlicher Vergleich 91
5.2.1   Zur Zielsetzung des Methodenschrittes 92
5.2.2   Zu den Leitfragen 93
5.2.3   Zur Methodik 94
5.2.4   Textbeispiele 95
5.3   Synoptischer Vergleich im weiteren und im engeren Sinn 98
5.3.1   Zur Zielsetzung des Methodenschrittes 98
5.3.2   Zu den Leitfragen 99
5.3.3   Zur Methodik 100
5.3.4   Textbeispiele 100

**6   Der Text als Teil eines theologischen Gesamtkonzepts
(synchron)** 108

6.1   Kompositionskritische Analyse 109
6.1.1   Zur Zielsetzung des Methodenschrittes 110
6.1.2   Zu den Leitfragen 110
6.1.3   Zur Methodik 111
6.1.4   Textbeispiele 112
6.2   Redaktionskritik 115
6.2.1   Zur Zielsetzung des Methodenschrittes 116
6.2.2   Zu den Leitfragen 116
6.2.3   Zur Methodik 117
6.2.4   Textbeispiele 119

7   Ergebnis, Fazit 123
7.1.1   Zur Zielsetzung des Methodenschrittes 123
7.1.2   Zu den Leitfragen 124
7.1.3   Zur Methodik 125
7.1.4   Textbeispiele 125

8   Glossar wichtiger exegetischer Begriffe 128

9   Hinweise zur Gestaltung von Hausarbeiten 130

9.1   Die äußere Form 130
    9.1.1   Formatierungsvorgaben 130
    9.1.2   Bestandteile einer Arbeit 130
    9.1.3   Titelblatt 130
    9.1.4   Inhaltsverzeichnis 131
    9.1.5   Literaturverzeichnis 131
    9.1.6   Hausarbeit 131
9.2   Die innere Form 132
    9.2.1   Zitate 132
    9.2.2   Anmerkungen (Fußnoten) 133
    9.2.3   Abkürzungen 135
    9.2.4   Bibliographien 135

10   Literaturverzeichnis 138

10.1   Bibelausgaben 138
    10.1.1   In Originalsprache 138
    10.1.2   In deutscher Übersetzung 138
10.2   Texteditionen und Quellensammlungen 138
10.3   Hilfsmittel 141
    10.3.1   Wörterbücher 141
    10.3.2   Grammatiken 142
    10.3.3   Synopsen 142
    10.3.4   Konkordanzen 142
    10.3.5   Lexika 143
    10.3.6   Digitale Medien 144
    10.3.7   Atlanten 144
    10.3.8   Abkürzungsverzeichnisse 144
10.4   Kommentarreihen 144
10.5   Einleitungen 145
10.6   Methodenlehre 146
10.7   Weitere Literatur 149
10.8   Weitere Literatur zu den Textbeispielen 153

Vorwort

Ein neues Methodenbuch zur Exegese biblischer Texte bedarf einer besonderen Begründung. Was den vorliegenden Band von den meisten neueren Methodenbüchern unterscheidet, ist sein Zuschnitt auf die Erfordernisse der BA- und Lehramtsstudierenden. Diese bilden heutzutage die Mehrheit aller Theologiestudierenden. Der Umfang ihres Studiums ist gegenüber dem Pfarramtsstudium reduziert. Abgesehen vom Gymnasiallehramt sind die alten Sprachen keine Studienvoraussetzung. Dies hat zur Folge, dass die Auslegung biblischer Texte oftmals nicht am Originaltext erfolgt, sondern auf deutschen Übersetzungen beruht. Auf diese spezielle Problematik reagiert das vorliegende Methodenbuch.

Zur Konzeption des Bandes gehört eine Orientierung an der universitären Praxis, wie sie für Lehramtsstudierende an deutschen Hochschulen üblich ist. Die beiden Verfasser sind seit vielen Jahren regelmäßig und intensiv mit der Einführung in die exegetischen Methoden des Alten und Neuen Testaments befasst und haben in zahlreichen Lehrveranstaltungen an der Bergischen Universität Wuppertal ihre Methodik den speziellen Anforderungen an die Lehramtsausbildung angepasst und optimiert. Zur Praxisnähe dieser Einführung gehört der Verzicht auf die Geschichte der Methoden. Die für den jeweiligen Methodenschritt wichtigen Begriffe werden einleitend erläutert; weitere in der Exegese geläufige Begriffe werden in einem Glossar im Serviceteil des Buches aufgeführt. Methodologische Aspekte sind reduziert und werden in Exkursen dargeboten.

Das Buch folgt einem übersichtlichen Aufriss. Zu jedem Methodenschritt werden die wesentlichen Grundüberlegungen, Leitfragen und Vorgehensweisen präsentiert. Ergänzt werden die Anleitungen durch Beispieltexte. Die alttestamentlichen Texte sind Musterbeispiele, die von den Verfassern des Buches angefertigt wurden. Aufgrund der Spezifika alttestamentlicher Texte war es nötig, mit Ex 13 f., Jes 6 und 2 Chr 5–7 drei unterschiedliche Beispieltexte zur Illustration der Methodenschritte zu verwenden, da sich nicht alle Arbeitsformen an einem Textbeispiel gleichwertig aufzeigen lassen. Die Texte der neutestamentlichen Beispiele sind Auszüge aus ausgewählten und in diesem Buch anonymisierten Proseminararbeiten unserer Absolventinnen.

Diese Praxisbeispiele zeigen, wie die einzelnen Methodenschritte sinnvoll und zielführend bezogen auf einen Text umgesetzt werden können. Grundlage der Hausarbeitsauszüge ist die Erzählung von der Heilung des Gelähmten in Mk 2,1 – 12. In der kritischen Auswertung der Beispiele wird jeweils von ‚der Verfasserin' gesprochen. Ein Serviceteil mit dem bereits oben erwähnten Glossar geläufiger Begriffe und Hinweisen zur Anfertigung von Proseminararbeiten runden das Buch ab.

Die Verfasser danken allen voran den (ehemaligen) Studierenden, die ihre Proseminararbeiten zur Verfügung stellten: Saskia Breidenbach, Julia Hermann, Simone Kosler sowie Vanessa Steinfeldt. Weiterhin danken wir Gunter Narr für die Aufnahme des Buches in sein Verlagsprogramm sowie den Lektoren Susanne Fischer und Dr. Bernd Villhauer für die Betreuung des Manuskripts.

Gewidmet ist das Buch den Studierenden der Evangelischen Theologie an der Bergischen Universität Wuppertal, die mit ihren Fragen und Anregungen den Anstoß zu diesem Band gaben.

Wuppertal im Oktober 2013   Kurt Erlemann & Thomas Wagner

1 Einleitung

Das vorliegende Methodenbuch wendet sich an Studierende der BA- bzw. Lehramtsstudiengänge der Evangelischen Theologie, die zu großen Teilen über keine oder nur geringe Kenntnisse der Sprachen Hebräisch, Griechisch und Latein verfügen. Das Buch dient als Hilfestellung zur Anfertigung einer exegetischen Proseminararbeit. Vor allem auf Grundlage der textlinguistisch ausgerichteten Methodenbücher von Wolfgang Richter[1], Klaus Berger[2], Christof Hardmeier[3] und Wilhelm Egger[4] (seit 2011 in der Neuauflage von Peter Wick) entstand an der Bergischen Universität Wuppertal ein auf die Voraussetzungen und Studienanforderungen der dortigen Studierenden aus-gelegtes Methodenkonzept. Dieses wurde in einem längeren Praxisprozess erprobt, bis es seine feste Form fand. Zeugnis dieses Prozesses sind mehrere Proseminararbeiten, die als Beispieltexte in dieses Buch aufgenommen wurden. Damit sie weiteren Studierenden helfen können, ihre Proseminar-arbeit anzufertigen, wurden diese kritisch ausgewertet. Der methodische Zugang zu alt- und neutestamentlichen Texten ist grundsätzlich gleich, auch wenn es unterschiedliche Schwerpunktsetzungen gibt. Anhand der ausgewählten Textbeispiele besteht die Möglichkeit, das eigene, auch auf die einzelne Disziplin bezogene Verständnis des jeweiligen Methodenschrittes zu überprüfen und gegebenenfalls anzupassen.

Gegenstand des Arbeitsbuches sind vorrangig narrative Texte. Die akademische Praxis zeigt, dass diese Textform sehr häufig Gegenstand in den Methoden-seminaren für das BA- und Lehramtsstudium ist. Dies ist nicht zuletzt der Tatsache geschuldet, dass andere Textformen, also diskursive oder poetische Texte, in den deutschen Übersetzungen ihrer literarischen Gestaltung in der Ursprache entsprechend nur bedingt wiedergegeben werden können. Trotz dieser Einschränkung können die in diesem Methodenbuch vorgestellten Analysemethoden auch auf diskursive und poetische Texte angewendet werden.

---

[1] Richter, Exegese als Literaturwissenschaft.
[2] Berger, Exegese des Neuen Testaments.
[3] Hardmeier, Textwelten der Bibel entdecken.
[4] Egger, Methodenlehre zum Neuen Testament.

Neben den Methoden, die Lehramtsstudierenden ohne Sprachkenntnisse zur Verfügung stehen, werden auch Methodenschritte, die Griechischkenntnisse voraussetzen, präsentiert. Hierzu gehören vor allem die Textkritik und die Technik der Übersetzung. Damit kann dieses Buch auch für neutestamentliche Proseminare im Lehramtsstudium für die Sekundarstufe II eingesetzt werden. Für das Alte Testament entfallen vergleichbare Abschnitte, da Hebräisch nicht zum festen Bestandteil der Lehramtsausbildung zählt.

Die durch den Verzicht auf die Ursprachen notwendige Anpassung einzelner exegetischer Methodenschritte wird an den entsprechenden Stellen gesondert behandelt. Dabei werden nicht nur die Grenzen der Exegese biblischer Texte an deutschen Übersetzungen aufgezeigt, sondern einzelne Methodenschritte neu akzentuiert, so dass sie der Auslegung biblischer Texte in deutscher Sprache dienen.

1.1 Das implizite Bibelverständnis als Grundlage historisch-kritischer Exegese

Die historisch-kritische Herangehensweise setzt voraus, dass die Bibeltexte historisch gewachsen sind und von Menschen in einer bestimmten historischen Situation für konkrete Adressaten geschrieben wurden. Als solche sind die biblischen Texte Zeugnisse für den Glauben an den jüdisch-christlichen Gott und authentische Modelle, diesen Glauben in einer konkreten Situation einzubringen, zu formulieren und anzuwenden. Authentisch und wegweisend sind die Modelle deswegen, weil sie als klärend, hilfreich, befreiend und sogar über die konkrete Situation hinaus als wegweisend erfahren wurden. In diesem Sinne sind die biblischen Texte als ‚inspiriert‘ zu bezeichnen. Sie sind jedoch nicht ‚verbalinspiriert‘. Die Wahrheit, die sich in den biblischen Texten findet, ist keine zeitlose, unübersetzbare und am Wortlaut hängende Wahrheit. Vielmehr ist die befreiende Kraft der Wahrheit situationsabhängig und dementsprechend für die biblischen Autoren sowie für die Rezipienten neu zu deuten und zu formulieren. Die historisch-kritische Arbeit leitet dazu an, die biblischen Texte im Kontext einer historisch beschreibbaren Kultur zu verstehen und ihre ursprünglichen Verstehensvoraussetzungen zu klären. Die Aussagen werden so einem ‚Verfremdungseffekt‘ ausgesetzt, der vor einer vorschnellen Vereinnahmung durch heutige Verstehensmuster schützt und das innovative, oft auch provokative Potential der Texte neu erschließt. Von dort aus kann es zu einem kreativen Neuverstehen kommen, das eine zeitaktuelle Hermeneutik ermöglicht.

1.2 Methodologische und hermeneutische Vorentscheidungen

Ausgangspunkt dieses Entwurfs exegetischer Methodenlehre ist der biblische Text in seiner redaktionellen Endgestalt. Er ist Grundlage für die sprachliche Analyse. Auf die Rückfrage nach literarischen oder mündlichen Vorformen wird weitgehend verzichtet, da literarkritische Operationen an Bibelübersetzungen nicht gesichert möglich sind. Hierdurch entfällt die klassische Literarkritik. Die in den biblischen Schriften überlieferte (redaktionelle) Endgestalt eines Textes wird als ein authentisches Modell der Rezeption und Anwendung von Überlieferungen in frühjüdischen und frühchristlichen Kontexten gedeutet, das in der Folge für die Interpretation wegweisend wurde. Diese Funktion verloren die biblischen Texte bis in die heutige Zeit nicht. Leitend bleibt auch bei dieser Deutung biblischer Texte das Bewusstsein, *dass die Endgestalt das Ergebnis eines längeren redaktionellen Prozesses ist, in dem Texte (z. T. mehrfach) überarbeitet wurden.*[5]

Zugleich sind biblische Texte Teile eines Kommunikationsgeschehens zwischen Autor, Situation/Fragestellung und Adressat. Das bedeutet, dass die Texte grundsätzlich Produkte einer einmaligen historischen Konstellation sind, die zur Klärung einer oder mehrerer konkreter Fragestellungen entworfen wurden. Die Texte bieten nicht nur Antworten für die konkrete historische Situation, sondern wurden in den Fortschreibungs- und Traditionsprozessen bereits innerbiblisch auf andere Gegebenheiten übertragen. Dieser Prozess setzt sich bis heute fort. Daher werden in diesem Entwurf autoren- und rezipientenzentrierte Fragestellungen gleichermaßen berücksichtigt. Redaktions- und kompositionskritische Aspekte ergänzen textpragmatische und wirkungsgeschichtliche Analysen.

Darüber hinaus bietet das Konzept eine Verschränkung synchroner und diachroner Methodenschritte. Die ‚historisch-kritische‘ Exegese legt in ihrer klassischen Ausprägung ihren Schwerpunkt auf die Textentstehung, indem sie den (ursprachlichen) Text rekonstruiert (*Textkritik*), nach ursprünglich eigenständigen Bestandteilen des Textes fragt (*Literarkritik*), die mündliche Vorgeschichte rekonstruiert (*Überlieferungs-* bzw. *Traditionskritik/-geschichte*) und die Sammlung und Bearbeitung des Materials (*Redaktionskritik/ -geschichte*) beschreibt. Diese Form der Textanalyse wurde in den vergangenen Jahrzehnten um linguistische Aspekte ergänzt, die den klassischen Methoden meist vorgeordnet wurden.

---

[5] Vgl. zum redaktionellen Prozess Abb. 6 in Egger/Wick, Methodenlehre zum Neuen Testament, 64.

Die Trennung wird in dem vorliegenden Ansatz aufgehoben. Ausgehend von Vorfragen zum Verständnis (eigenes Vorwissen, Klärung der Wirkungsgeschichte, Realien, sozialhistorische Anspielungen) schlägt das Konzept einen Bogen über synchrone Aspekte der Textauslegung (Textlinguistik, Formkritik, Textpragmatik), die der Erhebung des mutmaßlich ursprünglichen Textsinnes dienen, weiter über diachrone Fragestellungen (Traditionsgeschichte, religionsgeschichtlicher Vergleich, Synoptischer Vergleich), die das innovative und/oder provokative Potential des einzelnen Textes erhellen, bis hin zur synchronen Einordnung des Textes in seinen größeren literarischen Rahmen (Kompositions- und Redaktionskritik). Damit wird die Trennung von synchroner und diachroner Analyse aufgehoben. Beide Sichtweisen werden miteinander verschränkt. Nötige Anpassungen der Methodenschritte werden jeweils zu Beginn der einzelnen Kapitel erläutert.

1.3   Organisation der Methodenschritte

Exegetische Arbeit an biblischen Texten ist zielgerichtet. Mit jedem Arbeitsschritt werden unterschiedliche Aspekte des Textes sichtbar. Bestimmt durch die Kombination und Organisation der Schritte, werden Schwerpunkte bei der exegetischen Arbeit gesetzt. Die in diesem Buch gewählte Aneinanderreihung der Methodenschritte dient der Endtextexegese, zu der vor allem bei alttestamentlichen Texten auch die Rekonstruktion von Quellen und früheren Redaktionsstufen zählt. Primäres Ziel ist es, die Aussage des heute vorliegenden Textes in seinem literarischen Kontext und bezogen auf seine historische Situation aufzuzeigen. Dazu werden die Methoden in sechs Themenbereiche untergliedert, wie es die folgende Übersicht zeigt:

1. **Vorüberlegungen und Textsicherung**
    1.1 Persönlicher Zugang zum Text
    1.2 Wirkungsgeschichtliche Reflexion
    1.3 Abgrenzung der Perikope
    1.4 Textsicherung
    – *(für Studierende mit Griechischkenntnissen): Textkritik und Übersetzung ins Deutsche*
    – *(für Studierende ohne Griechischkenntnisse): Vergleich deutscher Übersetzungen*
2. **Sprachlich-sachliche Analyse (synchron)**
    2.1 Sozialgeschichtliche und historische Fragen, Realien

2.2 Textlinguistische Fragestellungen
3. **Frage nach der Aussageabsicht**
   3.1 Formkritik
   3.2 Textpragmatik
4. **Kontextuelle Analyse/das innovative Potential (diachron)**
   4.1 Traditionsgeschichte
   4.2 Religionsgeschichtlicher Vergleich
   4.3 Synoptischer Vergleich
5. **Der Text als Teil eines theologischen Gesamtkonzepts (synchron)**
   5.1 Kompositionskritik
   5.2 Redaktionskritik
6. **Ergebnissicherung und Ausblick**
   6.1 Ergebnis, Fazit

Jeder sich auf die einzelnen Methodenschritte beziehende Abschnitt umfasst mehrere, regelmäßig wiederkehrende Unterabschnitte. Die einleitende Übersicht dient der ersten Orientierung über den Arbeitsschritt. Hier werden bereits die Zielsetzung(en), die Leitfrage(n), das methodische Vorgehen und die Hilfsmittel genannt. Nach diesem Überblick wird die Zielsetzung des Methodenschrittes dargelegt. Die Analyse von biblischen Texten in Übersetzung bringt es mit sich, dass einzelne ,klassische' Arbeitsschritte nicht, nur eingeschränkt oder mit anderer Schwerpunktsetzung durchgeführt werden können. Die methodologischen Spezifizierungen werden in Exkursen erläutert. Sofern es zum Verständnis der Leitfragen nötig erscheint, werden einzelne Aspekte unter ,Zu den Leitfragen' erklärt. Daran schließt sich die Darstellung der Vorgehensweise innerhalb des einzelnen Methodenschrittes an. Mit Blick auf die Zielsetzung dieses Buches, als Hilfestellung zur Anfertigung einer Proseminararbeit zu dienen, werden diese um wesentliche Hinweise zur Gestaltung der Arbeit ergänzt. Abgeschlossen wird die Darstellung eines jeden Methodenschrittes mit Beispielen aus der universitären Praxis. Die alttestamentlichen Beispiele sind Mustertexte, die von Thomas Wagner formuliert wurden, die neutestamentlichen Beispiele sind Auszüge aus Hausarbeiten von Studierenden der Bergischen Universität Wuppertal. Die in ihnen beinhalteten positiven und negativen Aspekte werden in der Auswertung hervorgehoben.

Als weitere Hilfestellungen bieten die Abschnitte → 8 Glossar wichtiger exegetischer Begriffe und → 9 Hinweise zur Gestaltung von Hausarbeiten wichtige Informationen.

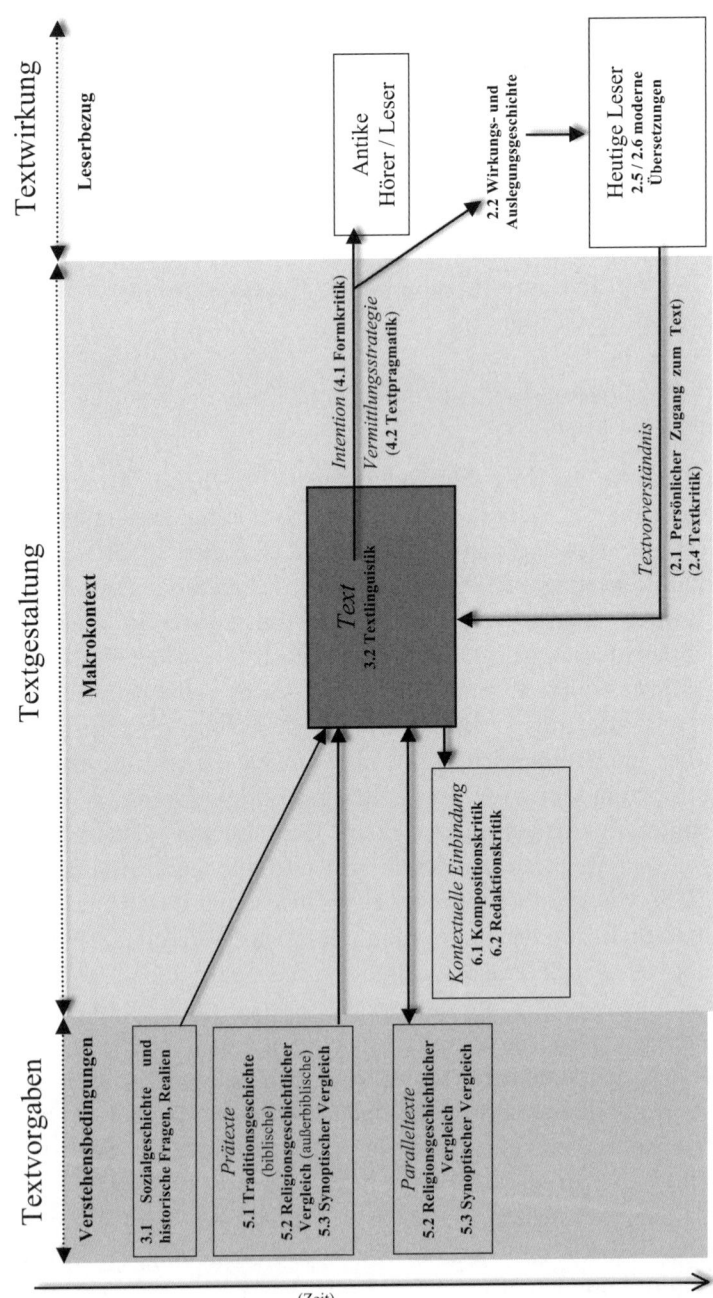

Abbildung: Die exegetischen Methoden

2 Vorüberlegungen und Textsicherung

2.1 Persönlicher Zugang zum Text

Ziele

→ Klärung des eigenen Vorverständnisses
→ Klärung des eigenen Bibelverständnisses
→ Klärung der persönlichen Leitfragen an den Text bzw. des Erkenntnis leitenden Interesses bei der Textauslegung

Leitfragen

→ In welchem Rahmen erarbeite ich die Exegese?
→ Woher kenne ich den Text?
→ Wie habe ich den Text bisher verstanden?
→ Welches ist mein persönliches Bibelverständnis?
→ Welche Fragen habe ich an den Text?

Methoden

→ ‚brainstorming‘ und Erinnerungsarbeit
→ konsequent kritisches Lesen des Textes
→ *Nicht: erste Paraphrase des Textes*

2.1.1 Zur Zielsetzung des Methodenschritts

Die seit der Mitte des 18. Jahrhunderts die wissenschaftliche Arbeit an biblischen Texten bestimmende historisch-kritische Exegese mit ihren einzelnen Methoden dient dazu, die Texte des Alten und des Neuen Testaments in ihrer historischen Situation zu beschreiben. Doch so sehr sich die exegetische Methodenlehre darum bemüht, allgemeingültige Aussagen über die Texte, ihre Entstehung und ihre Rezeption treffen zu können, spielen individuelle Faktoren, die den einzelnen Exegeten betreffen, mit in die Textdeutung hinein.

Verstehenstraditionen, die Teil unserer religiösen Sozialisation sind, leiten dazu an, biblische Texte als Bestätigung des bereits Verstandenen zu lesen. Sich der eigenen (Vor-)Prägung bewusst zu werden, ist Gegenstand dieses einleitenden Schrittes. Kategorien für eine Differenzierung werden vor allem von der aktuellen anglo-amerikanischen Forschung angeboten. In ihr werden mit der rein beschreibenden ('descriptive') und der konfessionell vorgeprägten ('confessional') Analyse zwei Interpretationsansätze angeboten, die dem modernen Ausleger die Möglichkeit geben, das eigene Deutungsmuster *a priori* zu bestimmen. Eine 'confessional interpretation' bietet Deutungsmuster an, die der Exeget bereits vor der Textarbeit besitzt. Durch ein solches Verstehensmuster besitzt er die Chance, den zu deutenden Text bereits nach der ersten Lektüre theologisch einzuordnen.

Es wäre jedoch zu kurz gegriffen, die Verstehensmuster allein von der religiösen Prägung des Interpreten ableiten zu wollen. Neben dieser beeinflussen auch individuelle, lebensgeschichtliche Erfahrungen sowie die Situation, auf die hin der Text ausgelegt wird, die Deutung. Gerade bei der Erstlektüre fallen die Aspekte des Textes in den Blick, die der eigenen Lebenserfahrung entsprechen oder widersprechen. Um den Text im Rahmen einer wissenschaftlichen Betrachtung in seiner ganzen Breite wahrnehmen zu können, ist es nötig, sich von den persönlichen Deutungsmustern zu lösen. So ist im ersten Schritt exegetischer Arbeit Rechenschaft über das eigene Vorverständnis und die Zielsetzung der Auslegung abzulegen. Dazu sind die im Folgenden aufgeführten Aspekte zu bedenken und darzulegen.

2.1.2 Zu den Leitfragen

a) In welchem Rahmen erarbeite ich die Exegese? Eine Textauslegung ist immer in einen konkreten kulturellen Kontext eingebunden. Im Fall einer Proseminararbeit ist der Kontext der Exegese die universitäre Veranstaltung, in deren Rahmen der Text ausgelegt werden soll. Dieser wie jeder anderen modernen Deutung liegen jedoch mehr als zweitausend Jahre Auslegungsgeschichte voraus. Die eigene Exegese steht in der Tradition jüdischer und christlicher Interpretation biblischer Texte.

b) Welches ist mein persönliches Bibelverständnis? An den Anfang der historisch-kritischen Exegese gehört die Rechenschaft über das persönliche Bibelverständnis. Die Bandbreite der heute möglichen Antworten reicht von 'die Bibel ist ein Museumsstück ohne Relevanz für die heutige Zeit' bis hin zu 'die Bibel ist buchstäblich das Wort Gottes, vom Heiligen Geist wortwörtlich diktiert' (*verbalinspiriert*). Zwischen diesen beiden Extremen gibt es verschiedenste Möglichkeiten, das eigene Bibelverständnis zu formulieren. Das leitende Bibelverständnis historisch-kritisch arbeitender Theologinnen und Theologen kann versuchsweise so formuliert werden: ‚Die Bibel enthält eine authentische Sammlung von Glaubenszeugnissen bzw. von authentischen Modellen, die frohe Botschaft in jeweils neue Kontexte zu übersetzen.‘ Diese Modelle sind bis heute Leitfaden (gr. *kanon*) jeglicher Auslegungsarbeit.

c) Wie habe ich den Text bisher verstanden? Historisch-kritische Arbeit setzt voraus, in der Bibel eine Sammlung historisch gewachsener Literatur zu sehen, die mit den Mitteln moderner Textinterpretation analysiert werden kann und darf. Das Wort ‚kritisch‘ weist in diesem Zusammenhang darauf hin, dass grundsätzlich alle biblischen Aussagen primär für eine historische Erstleserschaft mit dem Ziel formuliert wurden, eine zeitgeschichtlich aktuelle Fragestellung bzw. Problemlage einer Lösung zuzuführen. Die hermeneutische Übertragung in die heutige Zeit kann daher nicht unbesehen 1:1 erfolgen, sondern erfordert eine kritische Reflexion auf die historische sowie auf die gegenwärtige Situation. Zwischen den Verstehensbedingungen der Erstleserschaft und denen heutiger Rezipienten biblischer Texte besteht ein ‚garstiger historischer Graben‘, wie Lessing es einst formulierte. Ihn zu überbrücken, setzt voraus, erst einmal die Fremdheit des biblischen Textes wahrzunehmen und sich der unterschiedlichen Verstehensvoraussetzungen bewusst zu werden.

Exegetische Arbeit zielt darauf, den biblischen Text historisch-kritisch zu betrachten. Das heißt, der Text soll nach Möglichkeit so wahrgenommen werden, wie er von den ersten Leserinnen und Lesern verstanden wurde. Um das zu erreichen, ist es wichtig, sich vorab des eigenen Vorverständnisses bewusst zu werden. Erst nachdem die eigenen Verstehensvoraussetzungen geklärt sind, kann der Text historisch-kritisch analysiert werden. Die persönliche Vorprägung des Auslegers und seines Textverständnisses ist streng von vom Verständnis zur Entstehungszeit des Textes zu unterscheiden. Dazu kommt, dass biblische Texte zum Teil über einen längeren Zeitraum hinweg entstanden sind und somit mehrere Zeitbezüge und theologische Grundaussagen besitzen können.

2.1.3 Zur Methodik

Klärung des Auslegungskontextes und des persönlichen Vorverständnisses: Die Rechenschaft über das Textvorverständnis setzt mit der Reflexion über den organisatorischen Rahmen und einer Zielbestimmung der Exegese ein. Findet im Verlauf einer universitären Veranstaltung erstmals eine Auseinandersetzung mit den exegetischen Methoden statt und wird der Exegese-Kurs mit einer Proseminararbeit abgeschlossen, dann stellt diese den Bezugsrahmen der Exegese dar. Anders als in vielen anderen Situationen, in denen auf exegetische Methoden zurückgegriffen wird, hat die Proseminararbeit den Anspruch, alle verfügbaren Methoden an einem Text anzuwenden, um sämtliche Möglichkeiten auszuschöpfen, den Text in seinem ursprünglichen Kontext zu verstehen.

Die Beschäftigung mit dem Text im Rahmen der Proseminararbeit muss keine Erstbegegnung sein. Der Text kann durchaus aus anderen Lebenssituationen bekannt sein. Wenn er bereits bekannt ist, dann ist an dieser Stelle das bisherige Verständnis zu reflektieren.

Anschließend können durch langsames, lautes Lesen, wie es in der Antike üblich war, weitere Auffälligkeiten am Text entdeckt und weiterführende Fragestellungen entwickelt werden. Diese sind zu benennen und am Ende der Arbeit zu überprüfen.

2.1.4 Textbeispiele

Beispiel 1: Die Erzählung vom Durchzug der Israeliten durch das Schilfmeer (Ex 13 f.) begegnete mir bereits im Grundschulunterricht im Rahmen der Darstellung der Lebensgeschichte des Mose. Dabei behandelte mein Lehrer die Erzählung als historischen Bericht über ein Ereignis, das sich lange vor dem Aufkommen des Christentums ereignete. An dem von ihm gewählten Umgang mit dem biblischen Text nahm ich im Laufe meiner persönlichen Entwicklung zunehmend Anstoß, da sich der mit der Erzählung einhergehende Wunderglaube nicht mit meiner Weltwahrnehmung vereinen lässt. Nicht rekonstruierbare Historie, sondern erlebter Glaube ist für mich Gegenstand dieser Erzählung. In diesem Sinn zielt meine Untersuchung darauf, die Bedeutung des Schilfmeerwunders für die alttestamentliche Theologie in Bezug auf Ex 13 f. zu erschließen. Die Rekonstruktion der historischen Ereignisse wird sich auf ein wissenschaftlich gesichertes Maß beschränken.

Beispiel 2: Diese Exegese zu der Textstelle Markus 2,1-12 ‚Die Heilung eines Gelähmten' oder auch ‚Der Gichtbrüchige' schreibe ich im Rahmen des Proseminars Neues Testament. Meine Art des Bibelverständnisses, das die Bibel als situativ inspiriert und als authentisches Glaubenszeugnis ansieht, lege ich meinen Untersuchungen zugrunde. [...] Ein authentisches Glaubenszeugnis ist die Bibel für mich, da die Verfasser der Texte des Neuen Testaments um die Zeit Jesu gelebt haben und so ein originalgetreues Bild der damaligen Situation wiedergeben.

Die Geschichte von der Heilung des Gelähmten ist mir aus meiner Kindheit bekannt. Ich kann mich an den Kindergottesdienst erinnern, in dem uns die Geschichte mehrfach vorgelesen oder erzählt wurde. Auch im Religionsunterricht in der Grundschule war sie einmal Unterrichtsthema. Wir haben sie zuerst gemalt und anschließend nachgespielt. Auch kann ich mich noch gut an die Bilder zu dieser Geschichte in meiner Kinderbibel erinnern, da ich sie immer gerne vorgelesen bekommen habe, weil ich es spannend fand, wie die Männer ihren Freund durch das Dach zu Jesus herabgelassen haben.

Mir stellt sich die Frage, warum es immer wieder zu Streitgesprächen zwischen Jesus und den Schriftgelehrten kommt und diese Jesus nicht wie viele ihrer Zeitgenossen annehmen oder wenigstens tolerieren können.

Beispiel 3: Mir persönlich ist der Text zum ersten Mal im Kindergottesdienst begegnet […]. Für mich stellten sich damals folgende Fragen: Was war das für eine Art von Bett, die der Gelähmte nach seiner Heilung selbstständig tragen konnte? Wie war es möglich, das Dach des Hauses aufzubrechen, um den Gelähmten zu Jesus hinunterzulassen? Warum konnte der Gelähmte von einem auf den anderen Augenblick wieder laufen? Darüber hinaus stellen sich für mich aus heutiger Sicht unter Anderem folgende Fragen: Warum heilte Jesus erst, nachdem er die Sünden vergeben hatte? Warum werden der Gelähmte und die vier Männer nicht mit Namen erwähnt? Wie sah die Menschenmenge den Gelähmten? Galt er aus ihrer Sicht als Vordrängler? […] Zusammenfassend lässt sich sagen, dass im weiteren Verlauf dieser Arbeit ein besonderes Augenmerk auf die Bedeutung des Glaubens, den Zusammenhang zwischen Sündenvergebung und Heilung sowie die Frage nach der Vollmacht Jesu gelegt werden soll.

Auswertung: Das Beispiel 2 geht verstärkt auf die Abfassungssituation ein, indem die Proseminararbeit als Grund für die Beschäftigung genannt wird. Damit ist die Beschäftigung mit dem Text zielgerichtet, denn die Arbeit soll zum Erwerb von Leistungspunkten führen, Die Interpretation wird dadurch jedoch nicht vorbestimmt, da der Kontext der exegetischen Arbeit keine Deutungsmuster vorgibt. Ein solches ist jedoch durch das persönliche Bibelverständnis als ‚situativ inspiriert‘ und ‚authentisches Glaubenszeugnis‘ impliziert. Mit dem Begriff ‚Glaubenszeugnis‘ zeigt die Verfasserin, dass sie die geschilderte Geschichte für historisch hält, auch wenn sie seiner individuellen Weltwahrnehmung strukturell widerspricht. Geprägt wird sein Verständnis durch die Begegnung mit dem Text in frühen Lebensjahren, in denen er die Geschichte als eine wahre Begebenheit kennenlernte. – Beispiel 3 zeigt, wie in der Kindheit Interesse an der Einzelerzählung geweckt wurde, so dass der Verfasser zu diesem Zeitpunkt nach einzelnen, in der Geschichte nicht weiter ausgeführten Begebenheiten, fragte. In der heutigen, lebensgeschichtlich späteren Situation legt er seinen Fokus vor allem auf die Person Jesu, deren Bedeutung für den christlichen Glauben in den Vordergrund der Auseinandersetzung tritt. Anders als in

Beispiel 2 liegt der Schwerpunkt auf dieser persönlichen Ebene; dass die Exegese im Kontext eines exegetischen Proseminars erarbeitet wird, scheint den Verfasser hingegen weniger zu beeinflussen.

2.2 Wirkungsgeschichtliche Reflexion

Ziele

→ Aufzeigen der Auslegungs- und Wirkungsgeschichte des Textes bis heute

Leitfragen

→ Welche Auslegungsmodelle gab es im Verlaufe der Kirchengeschichte?
→ Wie hängen Fragestellung und Ergebnis in den einzelnen Modellen zusammen?
→ Gibt es weitere Wirkungen des Textes?
→ Was bedeutet das Ergebnis für die weitere Arbeit am Text?

Methoden

→ Brainstorming und Recherche zur Wirkungsgeschichte des Textes
→ bündelndes Referat auslegungsgeschichtlicher Exkurse in einschlägigen Kommentarreihen
→ Auswertung im Sinne einer weiterführenden Problemanzeige

Hilfsmittel

→ 10.4 Kommentarreihen
→ 10.7 Weitere Literatur

2.2.1 Zur Zielsetzung des Methodenschrittes

Nachdem das persönliche Vorverständnis erarbeitet ist, werden nun Deutungen des zu untersuchenden Textes in der Theologie- und Kirchengeschichte aufgezeigt. Die Interpretationen verschiedener Theologinnen und Theologen in den sich verändernden historischen Konstellationen bestimmen die heutige Deutung wesentlich mit. Dies gilt gerade bei konfessionstypischen Auslegungen, da die jeweils eigene Auslegungstradition prägend ist. Durch die

Reflexion der Auslegungsgeschichte des Textes werden die Aspekte des Textes sichtbar, die im Laufe der Theologie- und Kirchengeschichte als bedenkenswert erachtet wurden. Dazu gehören auch die exegetischen Probleme, die bei der Analyse der Textstelle entstehen. Somit dient dieser Arbeitsschritt nicht nur dazu, den traditionellen Interpretationshorizont zu erhellen, in welchem die eigene Deutung steht, sondern auch aufzuzeigen, welche Aspekte des Textes in der exegetischen Diskussion bisher bedacht wurden und die demzufolge auch Gegenstand der Proseminararbeit sind. Auf diese Weise wird das Problembewusstsein geschärft. Welche der exegetischen Methoden auf den konkreten Text bezogen angemessen und ertragreich sind, wird sich dann im Laufe der Exegese zeigen.

2.2.2 Zu den Leitfragen

a) Welche Auslegungsmodelle gab es im Verlaufe der Kirchengeschichte? Um zu einer Einordnung der Auslegungsmodelle zu kommen, ist zunächst zwischen der Wirkungs- und der Auslegungsgeschichte zu unterscheiden. Die *Wirkungsgeschichte* eines Textes umfasst alle historischen Wirkungen, die ein Text im Laufe der Jahrhunderte erzeugte. Dazu gehören politische und soziale Auswirkungen ebenso wie solche in der bildenden Kunst, der Musik, im Film, in der Literatur und der Philosophie. Die *Auslegungsgeschichte* ist ein Teil der Wirkungsgeschichte und umfasst die schriftlich fixierten Kommentare, Auslegungen und Predigten im Kontext akademischer oder gemeindlicher Rezeption.

Anhand der Darstellung der Auslegungsgeshichte wird deutlich, was Generationen von Theologen vor unserer Zeit über diesen Text dachten. Durch die vertiefte Auseinandersetzung mit der Auslegungsgeschichte wird sichtbar, inwieweit das eigene Textverständnis von der bisherigen Rezeption des Textes bestimmt wird.

b) Was bedeutet das Ergebnis für die weitere Arbeit am Text? Die Darstellung der Auslegungsgeschichte führt zugleich in die Probleme ein, die sich bei der Auslegung des Textes ergeben werden. Natürlich wäre es sinnvoll, hierfür eine erhebliche Anzahl an Abhandlungen und Kommentaren zu lesen, die im Laufe der Jahrhunderte geschrieben wurden. Dies würde jedoch die Grenzen einer Proseminararbeit überschreiten. Daher empfiehlt es sich, auf moderne Kommentarliteratur zu biblischen Schriften zurückzugreifen. Darüber hinaus können andere Wirkungen des Textes, die unter → *a)* beschrieben wurden, mit in den Blick genommen werden.

2.2.3 Zur Methodik

Einen Zugang zur Wirkungsgeschichte bieten verschiedene Werke. Zum Alten Testament stehen drei deutschsprachige Kommentarreihen zur Verfügung, in denen Teile der Wirkungsgeschichte dargestellt werden. Fest zur Konzeption von *Herders theologischem Kommentar zum Alten Testament (HThKAT)* gehört die Reflexion der Wirkungsgeschichte. In den jeweiligen Einleitungen zu einem biblischen Buch oder zu einzelnen Textabschnitten ist deren Wirkungsgeschichte dargelegt. Auch die neueren Bände des *Biblischen Kommentar Altes Testament (BK.AT)* bieten kurze Darstellungen der Wirkungsgeschichte alttestamentlicher Bücher. Neu erscheint derzeit die Reihe *Internationaler exegetischer Kommentar zum Alten Testament (IEKAT)*, der die Wirkungsgeschichte der Texte schwerpunktmäßig behandelt. Neben den Kommentarreihen führt die derzeit erscheinende *Encyclopedia of the Bible and Its Reception* in die Wirkungsgeschichte alt- und neutestamentlicher Themen und Texte ein. Für die Arbeit am Neuen Testament bietet sich als Nachschlagewerk der *Evangelisch-Katholische Kommentar (EKK)* an, da er zu nahezu jedem Textabschnitt einen kurzen Passus über dessen Wirkungsgeschichte in den Epochen der Kirchengeschichte enthält.[1]

Die in den Kommentaren wiedergegebenen Auslegungstraditionen sind in Grundzügen zu referieren und nach typischen Auslegungsmodellen zu unterscheiden. Dabei ist aufzuzeigen, auf welche Textaspekte sich die jeweiligen Ausleger bei ihrer Deutung beziehen und welches ihre leitenden Fragestellungen sind. Hierbei wird deutlich, dass unterschiedliche Fragestellungen zu unterschiedlichen Akzentsetzungen und Ergebnissen führen. Die Auslegungsmodelle können in historischer Abfolge stehen (Alte Kirche, Reformation, Neuzeit) oder konfessionell differenziert sein (katholisch, protestantisch, freikirchlich). Je nach Auslegungsmodell sollte mindestens der Name eines Hauptvertreters mit zeitlicher Einordnung benannt werden. Ausführungen zur weiteren Wirkungsgeschichte (Politik, Gesellschaft, Literatur, Kunst, Musik etc.) sind wünschenswert. Das Fazit sollte unter anderem eine Problemanzeige für die weitere Arbeit am Text enthalten. Es soll aufgezeigt werden, auf welche inhaltlichen Punkte im Laufe der Wirkungsgeschichte Bezug genommen wurde und welche Relevanz sie für eine heutige Textauslegung besitzen.

---

[1] Bei Mehrfachüberlieferungen in den synoptischen Evangelien findet sich die Darstellung der Wirkungsgeschichte in der Regel im Kontext der matthäischen Version.

2.2.4 Textbeispiele

Beispiel 1: Das in Jes 6 enthaltene Motiv der Verstockung wirkte in der Theologie-geschichte bereits im Neuen Testament und über dieses hinaus fort. Paulus verwendet es in 2Kor 3,14 und in Röm 11,7 f.25. In 2Kor 3,14 verbindet er die Verstockung Israels mit der Bundeserneuerung. Die Verstockung Israels wirkte sich bereits dort aus, so dass ihre Schriftinterpretation dauerhaft fehlgeleitet ist. In Röm 11,7 f.25 führt Paulus schließlich das Ziel der Verstockung Israels aus. Die Leugnung der Messianität Jesu deutet Paulus als Zeichen, dass die Israeliten verstockt sind (Röm 11,7 f.). Die Verstockung wird sich eschatologisch lösen, sobald die ‚Fülle der Heiden' zum Christusglauben gelangt ist (Röm 11,25).[2] Dieses Verständnis findet sich auch in den Evangelien. Mk 4,11 f.; Mt 13,14 f.; Lk 8,10; Joh 12,40 sowie Apg 28,26 f. sehen in der Verstockung den Grund, warum das Judentum Jesus Christus nicht als Messias erkennen konnte. Entscheidend für das Verstockungsmotiv ist, dass dieses einer eschatologischen Heilsperspektive nicht widerspricht, da die Verstockung lösbar und demnach temporär ist.[3]

Die im Neuen Testament genannte temporäre Verstockung Israels wurde im Laufe der Kirchengeschichte zu verschiedenen Zeitpunkten aufgegriffen, um den Antiju-daismus zu begründen, aus dem sich in der Neuzeit vor allem in Deutschland, Österreich, Frankreich, Polen und Russland antisemitische Gesinnungen (säkularer, sozialdarwinistischer und rassistischer Antisemitismus) entwickelte. Während die Feindschaft gegenüber dem Judentum von der ausgehenden Antike bis ins Mittelalter zumeist ontologisch begründet wurde, nahmen erst die Reformatoren die Vor-stellung von der Verstockung Israels und damit von einem temporären Zustand wieder auf. Auch wenn Philipp Melanchthon und Heinrich Bullinger die sich in Luthers Spätschriften niederschlagende ontologische Deutung der Verstockung kritisierten, lebte dieser gedanklich in verschiedenen Schriften des 17. und 18. Jahr-hunderts n. Chr. fort und wurde im 19. Jahrhundert n. Chr. zur Grundlage des sich vor allem in Deutschland ausprägenden Antisemitismus. Diese Form der Aus-einandersetzung mit dem Judentum wurde im 20. Jahrhundert n. Chr. von der nationalsozialistischen Propaganda aufgegriffen, die sich den von Luther in seinen Spätschriften vertretenen ontologischen Aspekt zum Gegenstand ihres Antisemitis-mus machten. Eine Verwerfung dieser Vorstellung findet sich erst in kirchlichen Stellungnahmen nach Ende des Zweiten Weltkrieges, in denen die Treue Gottes gegenüber seinem erwählten Volk betont wird (These 3 des ‚Wortes zur Judenfrage' des Reichsbruderrates vom April 1948 und These 3 der Erklärung der EKD-Synode zur Schuld an Israel vom April 1950). Mit dem Rheinischen Synodalbeschluss von 1980 wurde erstmals die Abkehr von der Judenmission, die in der Zeit der

---

[2] Dies bezeichnet Wilckens, Römer 2, 185, als „Wende sich [Paulus'] heilsgeschichtliche[s] Denken", da er noch in Gal 5,1 die Kirche als den einzig wahren Erben der Heils-verheißungen verstand.

[3] Vgl. Dietrich, Art. Verstockung (AT). 6. Zur Wirkungsgeschichte.

Verstockung Israels erfolgen soll, von einer evangelischen Landeskirche schriftlich niedergelegt. Die Betonung der ewig währenden Treue Gottes gegenüber seinem erwählten Volk wurde zur Grundlage eines jüdisch-christlichen Dialogs, in dessen Kontext die Verstockung Israels zwar als ein Phänomen der späteren Königszeit und der frühen Exilszeit, aber nicht mehr als bis heute andauernder Zustand des Gottesvolkes verstanden wird

Beispiel 2: Im 16. und 17. Jahrhundert kam es zu einer kontroverstheologischen Ausrichtung des Textes [Mk 2,1-12]. Für Luther und alle reformatorisch geprägten Ausleger der Bibelstelle findet der Mensch allein in der Gnade Gottes Rettung. Nur durch Gottes Gnade erfährt der Mensch Sündenvergebung, nicht aus eigenem Handeln heraus wie zum Beispiel Fasten. Jesus ruft nicht dazu auf, von sich aus möglichst viel für die eigene Sündenvergebung zu tun, vielmehr fordert er zum Gebet auf, um bei Gott um die Vergebung seiner Sünden zu bitten. Auch in der nach-reformatorischen Exegese wurde die Textstelle als ein Grundtext der Gnadenbotschaft Jesu angesehen. Die katholischen Exegeten sahen in der reformatorischen Sichtweise allerdings die Gefahr eines passiven Glaubens und kritisierten diese Ansicht stark. Dem widersprachen wiederum die Exegeten der Gegenreformation. Sie waren nicht der Meinung, dass die Gnade den Menschen passiv mache, sondern dass der Mensch durch sein eigenes Vergeben für andere Menschen zum Ausdruck der vergebenden Macht Jesu werde. Ich selbst bin von der reformatorischen beziehungsweise nachreformatorischen Auslegungsrichtung geprägt.

Auswertung: In Beispiel 2 ordnet die Verfasserin zwar die Auslegungstypen zeitlich, konfessionell und personell ein, beschränkt sich insgesamt jedoch auf reformatorische und nachreformatorische Sicht. Auf die besondere theologische Schwerpunktsetzung dieser Zeit geht sie nicht weiter ein. Es wird nicht deutlich, unter welchen Gesichtspunkten die Erzählung ausgelegt wurde. Interpretationsansätze von Theologen anderer Epochen vernachlässigt die Verfasserin ebenso wie die in der Auslegungsgeschichte bestimmenden Probleme bei der Exegese des Textes. Das Ziel, durch die Auslegungsgeschichte des Textes einen Zugang zu den Problemen der Exegese des Textes zu gewinnen, wird dadurch kaum erreicht. Sich selber sieht die Verfasserin in reformatorischer Tradition verhaftet, durch die ihr Textverständnis geprägt wird. Sie führt jedoch keine spezifischen Aspekte an, die sie in ihrer Textauslegung leiten. Aus dem Dargestellten kann sie keine Schlussfolgerungen für die weitere Textarbeit ziehen.

2.3 Abgrenzung der Perikope

Ziele

→ Ermittlung der semantisch aufweisbaren Zäsuren, die eine Textbegrenzung anzeigen
→ Feststellung des Umfangs des Untersuchungstextes

Leitfragen

→ Durch welche sprachlichen Merkmale ist der Text von seinen Nachbartexten abgegrenzt?
→ Was bedeutet das Ergebnis für die weitere Textbetrachtung?

Methode

→ textlinguistische Arbeit am Anfangs- und Schlussteil des Textes
→ *Nicht: textlinguistische Analyse des Gesamttextes* (→ 3.2 Textlinguistische Fragestellungen)
→ *Nicht: Klärung kompositionskritischer Fragen* (→ 6.1 Kompositionskritische Analyse)

Hilfsmittel

→ 10.1 Bibelausgaben
→ 10.3.3 Synopsen

2.3.1 Zur Zielsetzung des Methodenschrittes

Ein erster Schritt der Textarbeit ist es festzustellen, welchen Umfang die Perikope besitzt. Zwar geben die Einteilungen in den Bibelübersetzungen Abschnitte vor, die teilweise sogar Überschriften tragen, doch wurde diese Gliederung nachträglich in den Text eingebracht und ist nicht an allen Stellen so eindeutig, wie es auf den ersten Blick aussieht. So ist es zur Textsicherung zunächst notwendig, Anfang und Ende des Untersuchungstextes (*der Perikope*) zu bestimmen.

2.3.2 Zur Methodik

Abgrenzungsindizien und Methodik: Die Abgrenzung des Textes erfolgt nach semantischen und inhaltlichen Kriterien. Texte geben sprachliche Signale, anhand derer erkennbar wird, dass eine neue Perikope beginnt. Zu diesen gehören Orts- und Personenwechsel sowie Verben der Bewegung, Zeitangaben und Einleitungsformeln. Anhand dieser semantischen Merkmale ist zu begründen, warum an dieser Stelle ein neuer Textabschnitt einsetzt.

Während die Abgrenzung nach vorne recht eindeutig ist, ist die Abgrenzung nach hinten schwieriger. Texteinheiten beinhalten nur selten Schlusssignale. Zum Teil finden sich Abschlussformeln. Dies ist jedoch eher die Ausnahme. So ist man darauf angewiesen, im nachfolgenden Abschnitt Zeichen für einen erneuten Textbeginn zu suchen.

2.3.3 Textbeispiele

Beispiel 1: Der Bericht von der Thronvision Jesajas in Jes 6 ist ein Teil der sogenannten *Denkschrift* (Jes 6,1–9,6), die innerhalb des Jesajabuches einen eigenständigen Textzusammenhang bildet. Sie wird in Jes 5 vom Weinberglied (Jes 5,1-7) und einer Sammlung von Weheworten (Jes 5,8-30) sowie in Jes 9,7-20 vom Kehrversgedicht über den Untergang des Nordreichs Israel gerahmt. Die Abgrenzung von Jes 6 nach vorne ist durch die Jahresangabe (,im Todesjahr des Königs Usia') in Jes 6,1 eindeutig vorzunehmen. Mit dem anschließenden, für die visionäre Schau typischen *terminus technicus* ,und ich sah' leitet der Verfasser den Text ein. Abgeschlossen wird die Vision mit der Restaurationszusage in Jes 6,13. Jes 7 setzt mit der Zeitangabe ,und es geschah in den Tagen des Ahas', an die sich eine Belagerungsnotiz anschließt, neu ein. Anders als Jes 6 ist Jes 7 als Fremd- oder Er-Bericht verfasst, in dem eine in Jes 6 nicht erwähnte Bedrohungssituation geschildert wird. Jes 7 setzt Jes 6 also nicht direkt fort, so dass kompositionsgeschichtlich nach dem Zusammenhang der beiden Erzählungen zu fragen ist.

Beispiel 2: Der Beginn der Perikope Mk 2,1-12 stellt einen Zeitwechsel dar, der durch die Worte ,nach einigen Tagen' deutlich gemacht wird. Der Zeitwechsel ist als Zeichen für den Anfang einer neuen Sinneinheit zu sehen. Neben dem Zeitwechsel findet ebenso ein Ortswechsel zu Beginn der Perikope statt. Nachdem in Mk 1,21 von dem Aufenthaltsort des Handelns Jesu, nämlich Kapernaum in Galiläa, die Rede ist, werden keine genaueren Angaben über den Ort, in dem die Heilungsgeschichte in Mk 1,40-45 stattgefunden hat, gemacht. Es könnte also jeder beliebige Ort gewesen sein; meiner Meinung nach jedoch nicht Kapernaum, weil Mk 2,1 deutlich macht, dass Jesus erneut nach Kapernaum ging. Damit ist der Handlungsort von Mk 2,1-12 festgelegt, und gleichzeitig wird durch das Fortbewegungsverb ,gehen' aufgezeigt, dass ein Schauplatzwechsel stattgefunden haben muss, was die Perikope gegenüber dem engeren Kontext klar abgrenzt. [...] Der Abschluss der Perikope wird [...]

sowohl dadurch deutlich, dass im folgenden Vers 13 sowohl ein Orts- und Zeitwechsel stattfindet, als auch dass das Fortbewegungsverb ‚gehen' erneut benutzt wird.

Beispiel 3: Der Textabschnitt in Mk 2,1-12 grenzt sich sprachlich klar von seinen Nachbartexten ab. Die Perikope beginnt mit den Worten ‚Und nach einigen Tagen' (V.1). Hier findet eine klare Abgrenzung zu dem vorher Geschilderten statt, sprachlich und auch semantisch, da anscheinend einige Zeit zwischen den beiden hintereinander stehenden Erzählungen vergeht. Der Abschnitt endet mit einem Ausruf des Volkes, der markiert, dass die Erzählung an dieser Stelle einen Abschluss findet und das Nachfolgende nicht mehr zu der Perikope zu zählen ist. Auch auf der Ebene der semantischen Erzählstruktur ist eine abgeschlossene Einheit zu erkennen. Nach einer kurzen Einleitung und einer Schilderung der Situation beginnt eine Heilungsgeschichte; ein Kranker, hier ein Gelähmter, wird zu Jesus gebracht und Jesus spricht zu ihm. Nun wird die Geschichte unterbrochen und ein ‚Streitgespräch' Jesu mit den anwesenden Schriftgelehrten eingeschoben, das damit endet, dass Jesus erneut zu dem Gelähmten spricht. Hier wird die Heilungsgeschichte wieder auf-gegriffen, indem Jesus den Gelähmten auffordert, aufzustehen und nach Hause zu gehen. Abgeschlossen wird die Erzählung mit den Reaktionen und dem Ausruf des staunenden Volkes. Dieser Aufbau ist nicht nur bei Markus, sondern auch bei den Parallelstellen im Matthäus- und Lukas-Evangelium zu finden, die nach der Zwei-Quellen-Theorie auf dem Markus-Evangelium basieren. So sahen nicht nur der Verfasser des Markus-Evangeliums, sondern auch die Autoren der Parallelstellen diese Textstelle als eine Einheit an, da sie sie weder vom Aufbau noch vom Inhalt stark verändert haben. Daher ist festzustellen, dass die vorliegende Perikope ein in sich geschlossener Abschnitt ist.

Auswertung: In den beiden Bespielen 2 und 3 werden die für die Textabgrenzung von Mk 2,1-12 entscheidenden Aspekte genannt: Am Anfang der Erzählung wird die Einleitungsformel ‚Und nach einigen Tagen' erwähnt, die den zeitlichen Fortgang anzeigt, sowie ein Orts- und ein Personenwechsel dargestellt. Zudem wird in beiden Textauszügen auf die geschlossene Handlung als Indiz für die Textabgrenzung hingewiesen. In Beispiel 2 wird das Verb ‚gehen' als semantisches Zeichen erkannt, durch das die Perikope begrenzt ist. Beispiel 3 geht in seiner Darstellung über die Anfordernisse dieses Arbeitsschrittes hinaus, indem die erzählerische Geschlossen-heit des markinischen Textes sogar im Vergleich mit dem matthäischen und dem lukanischen Paralleltext hervorgehoben wird. Dieses ist *keine* Aufgabe der Text-abgrenzung. Die zwar schon bei der ersten Textlektüre auffällige Kohärenz des Textes muss in der textlinguistischen Analyse (→ 3.2 Textlinguistische Fragestellungen) geprüft werden und kann danach zu einem Kriterium im Vergleich mit den Paralleltexten werden.

2.4   Textkritik (für Studierenden mit Griechischkenntnissen)

Ziele

→ Bestimmung der zuverlässigsten Textgestalt
→ Kritische Betrachtung der Textvarianten
→ Ermittlung seit jeher problematischer inhaltlicher Aspekte

Leitfragen

→ Welche ist die zuverlässigste, das heißt älteste Textgestalt?
→ Wie ist der textkritische Apparat im Blick auf die zuverlässigste Textgestalt auszuwerten?
→ Sind anhand der Varianten inhaltlich problematische Punkte erkennbar?

Methoden

→ Entschlüsselung des textkritischen Apparats
→ Auswertung der quantitativen und qualitativen Bezeugung von Texten und Textgruppen
→ Auswertung der Kriterien innerer Textkritik
→ *Nicht:* textlinguistische Analyse (→ 3.2 Textlinguistische Fragestellungen) *oder Nacherzählung*

Hilfsmittel

→ 10.1 Bibelausgaben
→ 10.6 Methodenlehre

2.4.1 Zur Zielsetzung des Methodenschrittes

Die Textkritik, eine der ältesten Disziplinen moderner Bibelexegese, verfolgt das Ziel, einen kritisch geprüften Text als zuverlässigste Textgestalt aus den antiken und mittelalterlichen Handschriften, Codices und Übersetzungen herauszuarbeiten. Dieses ist nötig, da die Erstschriften der biblischen Texte verloren sind. Einen Zugang zu ihnen haben wir nur durch Abschriften unterschiedlichen Alters, unterschiedlicher Sprache und unterschiedlicher Qualität. Aufgabe der Textkritik ist die Prüfung, ob der vorliegende Text mit demjenigen übereinstimmt, den der Verfasser einst formulierte. Im Laufe der Vervielfältigung der Originaltexte, die bis zur Erfindung des Buchdrucks im 16. Jahrhundert durch Diktat und handschriftliches Abschreiben vonstatten ging, kam es immer wieder zu Veränderungen am Text, die teils als versehentliche Abschreibfehler, teils als absichtliche Veränderungen zu erklären sind. Je nach Region und Sprache lassen sich Handschriftengruppen (*Textfamilien*) unterscheiden. Diese entstanden zumeist durch die Vervielfältigung und Übergabe von Handschriften bei der Gründung neuer Gemeinden in der Umgebung größerer Städte. Spätestens seit der Mitte des 2. Jahrhunderts n. Chr. war es üblich, dass neu gegründete Gemeinden Abschriften der biblischen Schriften zum eigenen Gebrauch von bereits bestehenden Gemeinden erhielten.[4] Kenntnis dieser Textfamilien und das Wissen um ihr historisches Verhältnis zueinander sind Voraussetzungen der textkritischen Arbeit.

Bei den modernen Texteditionen der ursprachlichen Texte ist grundsätzlich zwischen zwei Arten zu unterscheiden. Das Alte Testament in Form der *Biblia Hebraica* bietet einen *Urkundentext*, dessen Grundlage der *Codex Leningradensis* und damit die älteste vollständig erhaltene Handschrift ist. Älter als der Codex Leningradensis ist der *Aleppo-Codex*, der als Grundlage der Textedition der Hebrew University Bible dient. Von ihm ist jedoch kaum mehr als der Prophetenteil erhalten, so dass eine vollständige Bibelausgabe nicht erstellt werden kann. Textvarianten, wie sie in den Qumranschriften, in der griechischen (*Septuaginta* [LXX]) und von ihr abhängigen lateinischen Übersetzung (*Vulgata*), der syrischen Übersetzung (*Peschitta*) sowie in den Zitaten in der rabbinischen Literatur sichtbar sind, sind im textkritischen Apparat vermerkt; der Fließtext enthält jedoch keine textkritischen Korrekturen.

Anders als das Alte Testament ist das von Eberhard Nestle und Kurt Aland edierte *Novum Testamentum Graece* ein *kritischer Text*, der in seiner derzeit 28. Auflage das Ergebnis textkritischer Forschung am Neuen Testament bietet. Die Edition enthält neben dem rekonstruierten Text einen umfangreichen textkritischen Apparat, in dem die alternativen Lesarten präsentiert und Textzeugen für jede bekannte Lesart gelistet werden. Ziel textkritischer Arbeit am Neuen Testament auf dieser Grundlage ist es, die von Nestle/Aland getroffenen textkritischen Entscheidungen nachzuvollziehen, zu bestätigen oder gegebenenfalls zu korrigieren.[5]

---

[4]   Vgl. Aland/Aland, Der Text des Neuen Testaments, 65.
[5]   Die folgende Darstellung der Arbeitsmethodik bezieht sich allein auf die neutestamentliche Textkritik, da dieses zum Umfang der Ausbildung für das Lehramt für Gymnasien gehört. Diejenigen, die sich für alttestamentliche Textkritik interessieren, finden mit dem Beitrag in Kreuzer/Vieweger, Proseminar I, 26–48, eine gute Darstellung der Geschichte der Textkritik, der Textzeugen und der Methodik.

2.4.2 Über die Gegenstände textkritischer Arbeit

a) Textkritische Grundüberlegungen: Die textkritische Wissenschaft entwickelte ein umfangreiches Instrumentarium zur Rekonstruktion der ältesten Textgestalt. Dazu gehört die Unterscheidung der Handschriften in Textgruppen (*geographisch*), Textfamilien (*genetisch*) und Redaktionsstufen (*genealogisch*). Trotz der Einteilung in verschiedene Gruppen weisen die einzelnen Handschriften Textunterschiede auf. So ist es Aufgabe der textkritischen Arbeit, Veränderungen zu erklären. Dabei können sowohl theologische Gründe als auch unterschiedliche Fehler bei der handschriftlichen Abschrift eine Rolle spielen (→ *g*). Schließlich können mittels moderner Phototechniken Bearbeitungsstufen innerhalb ein und desselben Textes sichtbar gemacht werden, so dass man Grundschriften von späteren Überschreibungen unterscheiden kann. Das Ergebnis aller Überlegungen ist ein Kriterienkatalog, anhand dessen die vermutlich älteste Textgestalt zu rekonstruieren ist.

b) Wichtige Begrifflichkeiten

- *Papyrus*: Schreibmaterial aus gepressten Papyrusblättern. Abkürzung im Apparat: ‚P' mit hochgestellter Zahl dahinter.
- *Pergament (vellum)*: Schreibmaterial aus Tierhaut (Leder).
- *Ostraka*: Tonscherben; Abkürzung im Apparat: gotische Buchstaben plus Zahl.
- *Codex*: In der Mitte zusammengefaltete und geheftete Papyrusbögen; die dominierende Publikationsart ab dem 2. Jahrhundert n. Chr.
- *Palimpsest*: Wiederbeschriebenes Pergament (z. B. Codex Ephraemi *rescriptus*).
- *Unzialen*: Literarische Texte, Buchschrift. Im Apparat: Großbuchstabe oder arabische Zahl **mit** vorgestellter ‚0'.
- *Minuskeln*: Fortlaufende Buchstabenschrift, ab dem 9. Jahrhundert. Abkürzung im Apparat: arabische Zahl **ohne** vorgestellte ‚0'.
- *Glossen*: Randbemerkungen in einer Handschrift zur Erklärung schwieriger Wörter.
- *Scholien*: Erklärende Textanmerkungen, häufig durchgehend (*Kommentar*).
- *Katenen*: Kommentarketten, Exzerpte aus älteren christlichen Schriftstellern.
- *Onomastika*: Anmerkungen zur Bedeutung und Etymologie der Eigennamen.

c) Die wichtigen Textzeugen:

1. Auf Griechisch verfasste Papyri wie P^{46} (um 200 n. Chr.; 86 Blätter, Fragmente aus zehn neutestamentlichen Briefen) oder P^{52} (1. Hälfte 2. Jahrhundert; einige Verse aus dem Johannesevangelium).

2. Auf Griechisch verfasste Unzialen wie א (hebr. ‚aleph'; Codex Sinaiticus, 4. Jahrhundert; Neues Testament komplett, Altes Testament fragmentarisch), A (Codex Alexandrinus, 5. Jahrhundert; Altes und Neues Testament fast komplett), B (Codex Vaticanus, 4. Jahrhundert; ursprünglich komplett inklusive Apokryphen), C (Codex Ephraemi, 5. Jahrhundert; Palimpsest) und D (Codex Bezae Cantabrigiensis, 5./6. Jahrhundert; 4 Evangelien, Apg, 3Joh fragmentarisch, viele apokryphe Zusätze).

3. Alte Bibelübersetzungen wie die altsyrischen Übersetzungen der vier Evangelien, die lateinische Vulgata (Ende 4. Jahrhundert), koptische und andere Übersetzungen.

d) Ständige Textzeugen: Der textkritische Apparat von Nestle/Aland unterscheidet wichtige und weniger wichtige Zeugen, wie etwa zwischen ständigen Zeugen erster und zweiter Ordnung, zwischen häufig und nur gelegentlich zitierten Handschriften. Die *ständigen Zeugen erster Ordnung* werden immer aufgeführt bzw. stillschweigend vorausgesetzt, sofern sie den Text bieten. Diese sind in der Einführung zum NTG aufgelistet. Sie entsprechen weitgehend der alexandrinischen Textfamilie. Die *ständigen Zeugen zweiter Ordnung* umfassen die wichtigsten *Koine*-Unzialen (Majuskeln) und eine Reihe von Minuskeln. Zitiert werden sie nur, sofern sie von (*Mehrheits-* oder *Koine-Text*) abweichen. Weitere Handschriften werden nur im ‚negativen Apparat' erwähnt, und zwar an den Stellen, an denen sie interessante, aber für den Urtext unerhebliche Varianten bieten.

e) Die wichtigsten Textfamilien: In der Wissenschaft werden nach inhaltlichen und geographischen Gesichtspunkten mehrere Textfamilien unterschieden. Die wichtigsten sind:

1. der *alexandrinische* Text (bes. P^{66}, P^{75}, Codices א, A (mit Ausnahme der Evv), B, C, L, Minuskel 33, koptische Übersetzungen, alexandrinische Kirchenväter);

2. der *westliche* Text (besonders P^{38}, P^{48}, D, Teile von W, altlateinische und altsyrische Handschriften, frühe lateinische Kirchenväter, das Diatessaron Tatians);

3. der *östliche* (auch *syrische* oder *caesareanische*) Text (altsyrische Übersetzungen sowie P^{45}, und die Codices Θ und Teile von W). Ob diese
Textfamilie eigenständig bestand, ist jedoch heute umstritten;

4. der *Koine-Text* (auch *byzantinischer* Text; besonders die Codices A (Evv), E,
F, G, H, K usw. sowie die meisten Minuskeln).

f) Der textus receptus: Der von Erasmus von Rotterdam 1516 auf der
Grundlage von sieben neutestamentlichen Handschriften edierte sog. *textus
receptus* ist die erste kritische Ausgabe des Neuen Testaments. Erasmus
veröffentlichte den von ihm rekonstruierten Text unter dem Namen *Novum
Instrumentum omne.* Die ihm vorliegenden Handschriften stammten aus der
Zeit vom 11. bis zum 15. Jahrhundert n. Chr. und beinhalten den *Koine-Text.*
Diese ergänzte er unter Einbezug der *Vulgata* und Zitaten aus den Schriften
verschiedener Kirchenväter. Auf der zweiten, korrigierten Auflage des *Novum
Instrumentum omne* (1519) basiert die Übersetzung des Neuen Testaments
durch Martin Luther. Weitere Auflagen mit Textveränderungen veröffentlichte
Erasmus in den Jahren 1522, 1527 und 1535.

Den Namen *textus receptus* erhielt der Text erst mit einer Neuauflage des
Textes durch Bonaventura und Abraham Elzevir, Drucker aus Leiden, im Jahr
1633. Im Vorwort zur Auflage schrieben sie: *„textum ergo habes, nunc ab
omnibus receptum"* („du erhältst also den Text, der nun von allen empfangen/
übernommen wurde").

g) Gründe für Textveränderungen: Grundsätzlich sind zwei Arten von Textveränderungen zu unterscheiden: versehentliche Fehler und dogmatische
Korrekturen. *Versehentliche Fehler* können beim Abschreiben aufgetreten
sein. Die Texte wurden oft in Klöstern den schreibkundigen Mönchen
zum Abschreiben diktiert. Das führte mitunter zu Hör- oder Lesefehlern.
So schlichen sich unabsichtliche Fehler durch Verwechselung von Buchstaben,
durch Hörfehler beim Abschreiben auf Diktat, durch falsche Worttrennungen,
durch Verdoppelung von Buchstaben oder Wörtern, durch das Auslassen bzw.
Überspringen von Wörtern resp. Textpassagen oder durch das Einfügen von
Randnotizen ein. Auch Gedächtnisfehler und sachliche Missverständnisse
gehören in diese Kategorie. Bewusste Korrekturen erfolgten mit der Absicht,
scheinbar fehlerhafte Stellen zu korrigieren. Dies kann Änderungen in der
Orthographie, der Grammatik und im Stil hervorgerufen haben. Angleichun-
gen an dem Kopisten bekannte Parallelstellen führten häufig innerhalb der
Evangelientexte zu Harmonisierungen. Dies kann auch eine Ausschmückung
von Erzähldetails und Verschmelzung von Lesarten umfasst haben. Zudem

wurden Korrekturen zur Vermeidung bestimmter theologisch relevanter Aspekte (*dogmatische Korrekturen*) eingefügt.

2.4.3 Zur Methodik

a) Äußere Kriterien: Die äußeren Kriterien der Textkritik beziehen sich auf die Textbezeugung. Zu ihnen gehören die Quantität der Textzeugen (*vielfältige Bezeugung*), die eine bestimmte Textgestalt stützen, sowie deren Alter und geographische Verteilung. Das höhere Alter eines Texttypen spricht für eine zuverlässige Bezeugung. Demzufolge ist die Qualität des Textes ein gewichtigeres Argument als die Quantität. Zugleich gilt eine Lesart als qualitativ hochwertig, wenn sie in voneinander unabhängigen Texttypen bezeugt wird.

Für die äußere Textkritik kann daher folgende Faustregel gelten: *Die Kombination aus alexandrinischen und westlichen Lesarten ist die beste (mit wenigen Ausnahmen). Wenn es keine solche Kombination gibt, folgt man der alexandrinischen Lesart.*

b) Innere Kriterien: Zu den inneren Kriterien zählen philologische sowie inhaltlich-theologische Aspekte. Leitend ist die Frage, welche Lesart sich am einfachsten aus einer anderen heraus erklären lässt. Leitkriterien sind zum einen *lectio brevior potior est* (die kürzere Lesart ist tendenziell die bessere), da man Textergänzungen, etwa zur Klärung des Sinnes, für wahrscheinlicher hält als Textkürzungen. Zum anderen gilt der Grundsatz *lectio difficilior potior est* (die inhaltlich-theologisch schwierigere Lesart ist die bessere), da eher von Textglättungen auszugehen ist. Zugleich ist zu prüfen, welche Lesart dem Stil, dem Sprachschatz und der theologischen Vorstellungswelt des jeweiligen Autors und dem unmittelbaren Kontext eher entspricht. Verrät die Lesart Einfluss von Parallelstellen, deutet dieses auf eine Veränderung hin.

In jedem Fall ist die textkritische Entscheidung, auch wenn sie mit der von Nestle/Aland gebotenen Textform übereinstimmt, zu begründen. Es ist aufzuzeigen, was zur Veränderung führte. Dazu ist zu untersuchen, welche Variante auf welche Weise aus der anderen entstand.

c) Feststellung inhaltlich problematischer Punkte: Das Fazit zu diesem Methodenschritt enthält nicht nur eine Bestandsaufnahme der textkritischen Varianten und eine Würdigung des *Novum Testamentum Graece*, sondern benennt auch die Punkte, die sich anhand der Varianten als schon seit alters her inhaltlich problematisch erweisen. Diesen Punkten ist im weiteren Verlauf der Exegese vermehrt Aufmerksamkeit zu schenken. Hinweise darauf gibt die neueste, 28. Auflage des *Novum Testamentum Grace* von Nestle/Aland. Das Rautenzeichen (#) des textkritischen Apparates markiert Varianten, die von den Herausgebern als gleichrangig eingestuft werden; hier scheint eine eindeutige Lösung nach dem derzeitigen Wissensstand nicht möglich. Mit dem Kreuz (†) werden Lesarten gekennzeichnet, die in früheren Auflagen als Varianten gedeutet und die in der aktuellen Ausgabe in den rekonstruierten Text integriert wurden. Folglich sind sowohl die mit # als auch die mit † gekennzeichneten Lesarten textkritisch umstritten und bedürfen beim Nachvollziehen der textkritischen Rekonstruktion des Textes besonderer Sorgfalt.

2.4.4 Textbeispiel

Beispiel 1: In dieser Arbeit werde ich mich auf die größten und auffälligsten Abweichungen konzentrieren. **Vers 1** […] Die Begründung für die von Nestle – Aland abgedruckte Version ist offensichtlich. Die bedeutenden Codices Sinaiticus und Vaticanus bezeugen diese Lesart. Außerdem zeigen die von Aland gewählten Kategorien, dass die Zeugen der hier gedruckten Lesart bedeutender sind als die der anderen. Alles in allem verändert eine Umformulierung von ἐν οἴκῳ („im Haus') zu εἰς οἶκόν („ins Haus') den Sinn des Satzes nicht. Es spricht also nichts gegen die von Nestle – Aland verwendete Variante. **Vers 2** […] Die Kernaussage dieses Verses wird durch die Veränderung der Wortreihenfolge jedoch nicht beeinflusst. **Vers 4** In diesem Vers gibt es insgesamt drei strittige Stellen. Bei der ersten handelt es sich um Unterschiede in der Lesart des Wortes προσενέγκαι („sie brachten'). Dieses wird in anderen Übersetzungen auch mit προσεγγίσαι („sie näherten sich') oder προσελθείν („kommen zu') übersetzt. Allerdings stehen die wichtigen Zeugen des Codex Sinaiticus und Codex Vaticanus (u. a.) hinter der Version von Nestle – Aland. **Vers 6** Für diesen Vers gibt es keinen kritischen Apparat. Dies lässt darauf schließen, dass zu diesem Vers keine erwähnenswerte alternative Lesart existiert. **Vers 8** In diesem Vers unterscheiden sich die anderen Lesarten von der im NTG verwendeten Phrase durch Wortauslassungen bzw. Wortergänzungen. So wird beispielsweise das οὕτως („so, derart, ebenso') ausgelassen und stattdessen ein αὐτοί („sie selbst') eingefügt. Für die im NTG verwendete Lesart spricht, dass die wichtigen und bedeutenden Papyri und Codices diese Lesart bezeugen. […] Fazit: Die Textkritik hat gezeigt, dass die von Nestle – Aland abgedruckte griechische Textvariante von den wichtigsten Zeugen bekräftigt wird.

Beispiel 2: Schon in **Vers 1** lässt sich in anderen Handschriften eine Abweichung erkennen. Während es bei Nestle-Aland ἐν οἴκῳ („im Haus') heißt, so steht in den Majuskeln A, C und 0130, in den Minuskelfamilien 1 und 13 und im Mehrheitstext εἰς οἶκόν („ins Haus'). Bei der Majuskel A handelt es sich um den Codex Alexandrinus, der aus dem fünften Jahrhundert stammt. Diese Majuskel enthält das Alte Testament und das Neue Testament fast komplett. Die Majuskel C, auch Codex Ephraemi genannt, ist ein Palimpsest und etwa 1600 Jahre alt. 0130 steht ebenfalls für eine

Majuskel aus dem neunten Jahrhundert. Sie enthält sowohl Teile aus dem Markusevangelium, als auch aus dem Lukasevangelium. Beim Mehrheitstext handelt es sich um eine Variante, die von der Mehrheit der Handschriften bezeugt wird. Nestle-Aland hat sich für ἐν οἴκῳ (‚im Haus‘) entschieden, weil diese Variante im Papyrus 88, in den Majuskeln ℵ, B, D, L, W, Θ und den Minuskeln 33, 892, 2427 und wenigen anderen vorkommt. Papyrus 88 ist ein ständiger Zeuge erster Ordnung für Markus und wird uns daher noch öfters begegnen. Während die Majuskeln B (Codex Vaticanus; viertes Jahrhundert) und L alexandrinische Texte sind, handelt es sich bei den Majuskeln D (Codex Bezae Cantabrigiensis; fünftes/sechstes Jahrhundert) und W um westliche Texte. Bei Nestle-Aland liegt also eine Kombination aus alexandrinischen und westlichen Lesarten vor, die in der Regel die beste Kombination bilden. [...] **Vers 4** Hierbei hat sich Nestle-Aland für die *lectio brevior*, die kürzere Lesart, entschieden. Die letzte Textstelle in Vers 4, zu der es noch andere Lesarten gibt, befindet sich im letzten Abschnitt. Es liegt eine Kombination von alexandrinischen und westlichen Texten vor, die in den meisten Fällen den höchsten Geltungsanspruch haben. **Vers 5** beginnt nach Nestle-Aland mit καὶ ἰδὼν (‚und als er sah‘). Er belegt dies mit den großen Majuskeln ℵ (Codex Sinaiticus), B, C und der westlichen Majuskel L. Somit liegt erneut eine Kombination aus westlichen und alexandrinischen Texten vor, die vorzuziehen ist. Zudem bestätigt diese Variante Papyrus 88, welcher ein ständiger Zeuge erster Ordnung für Markus ist. καὶ ἰδὼν ist deshalb die zuverlässigste Textvariante, weil sie sich in den gesamten Textaufbau besser eingliedert. Denn sowohl die vorangegangenen Verse, als auch der folgende Vers beginnen mit καὶ. [...] In **Vers 8** gibt es neben der Variante ὅτι οὕτως διαλογίζονται (‚dass sie so denken‘), für die sich Nestle-Aland entschieden hat, noch die Variante ὅτι διαλογίζονται (‚dass sie denken‘) und die Variante ὅτι οὕτως αὐτοί διαλογίζονται (‚dass diese so denken‘). Bei der ersten abweichenden Variante des vorliegenden griechischen Textes hat Nestle-Aland die schwierigere Lesart (*lectio difficilior*) bevorzugt. Bei der letzteren Variante ist dies dagegen die kürzere Lesart. In **Vers 9** begegnet uns ein Problem, welches uns schon aus Vers 5 bekannt ist. In einigen Texten, Codex Sinaiticus, Codex Vaticanus, den Minuskeln 28, 565, 2427 sowie in der Vulgata und einem Teil der altlateinischen Überlieferungen heißt es ἀφίενταί σου αἱ ἁμαρτίαι (‚deine Sünden werden dir vergeben‘). Das Verb ἀφίημι wird in der 3. Person Plural Präsens Passiv verwendet, bei der von Nestle-Aland abweichenden Variante dagegen im Perfekt (ἀφέωνταί σου αἱ ἁμαρτίαι ‚deine Sünden sind dir vergeben‘). Das Perfekt macht deutlich, dass die Sündenvergebung ein Resultat einer Handlung ist, die in der Vergangenheit stattgefunden hat. Das Präsens dagegen zeigt, dass es sich hier um eine punktuelle Handlung handelt, die zeitnah geschieht.

Auswertung: Zunächst ist darauf hinzuweisen, dass beiden Beispieltexten noch die 27. Auflage des NTG zugrunde lag, so dass mögliche Abweichungen im Apparat der 28. Auflage nicht behandelt werden. Beide Verfasserinnen konzentrieren sich auf die Passagen, deren Varianten zu markanten Abweichungen des Textes führen. In Beispiel 1 konzentriert sich die Verfasserin bei der Interpretation des textkritischen Apparates auf das Nachvollziehen der von Aland gewählten Lesarten. Ihr Fokus liegt auf den quantitativ und qualitativ am besten bezeugten Lesarten. Damit beschränkt sie sich rein auf die äußere Textkritik. Überlegungen, wie die Varianten entstanden sein könnten, lässt sie außen vor, so dass die Geschichte des Textes nicht erkennbar wird.

Dieses gelingt in Beispiel 2 besser. Neben Informationen zu den einzelnen Handschriften, durch die die textkritischen Entscheidungen insgesamt nachvollziehbarer werden, wird zwischen äußerer und innerer Textkritik abgewogen. Die angeführten grammatikalischen Bestimmungen dienen der Textkritik, da durch sie die jeweilige Bedeutung der Textveränderung sichtbar wird.

2.5 Übersetzung ins Deutsche (für Studierende mit Griechischkenntnissen)

Ziele

→ Weiterführende Klärung des persönlichen Vorverständnisses
→ Darstellung der semantischen Breite einzelner Begriffe

Leitfragen

→ Lassen unterschiedliche Übersetzungen bereits inhaltliche Problemstellungen erkennen?
→ Wie beeinflusst meine Vormeinung die Übersetzung?
→ Wie wird man dem Urtext gerecht, ohne darüber die Verständlichkeit preiszugeben?

Leitprinzip

→ ‚So wörtlich wie möglich, so frei wie nötig‘

Hilfsmittel

→ 10.1 Bibelausgaben
→ 10.3.1 Wörterbücher

2.5.1 Zur Zielsetzung des Methodenschrittes

Die Übersetzung eines Textes in eine andere Sprache ist immer zugleich ein Akt der Interpretation. Dies liegt daran, dass die semantische Bandbreite bestimmter Begriffe in jeder Sprache unterschiedlich ist. So kann ein Begriff im

Griechischen nur adäquat, nicht aber vollständig übereinstimmend mit einem Begriff im Deutschen wiedergegeben werden. Auch wenn beide Sprachen zu den indogermanischen gehören und viele semantische Gemeinsamkeiten aufweisen, besitzen die einzelnen Begriffe meist eine abweichende Bedeutungsbreite. So gehen bei einer Übersetzung Bedeutungsnuancen verloren, andere rücken in den Vordergrund. Die Wahl eines deutschen Begriffes zur Übertragung ist meist von einer Vormeinung über den Textgehalt bestimmt, so dass individuelle Deutungstendenzen in die Übersetzung einfließen. Ein Blick in die traditionellen deutschen Bibelübersetzungen und eine Auseinandersetzung mit ihnen gehört auch zur eigenen Übersetzungsarbeit hinzu, da das eigene Vorverständnis häufig von diesen Übersetzungen geprägt ist. Zudem geben die theologischen Wörterbücher bestimmte Übersetzungen von Begriffen vor, die auch vom Textvorverständnis des jeweiligen Autors bestimmt sind. Daher gehört zur Übersetzung zumindest der tragenden Begriffe eine Erläuterung der Bedeutungsbreite des Wortes sowie eine Begründung für die Wahl der Übersetzung hinzu.

2.5.2 Zur Methodik

So wörtlich wie möglich, so frei wie nötig: Dieses Prinzip sollte die Übersetzung leiten. Es gilt, einen Mittelweg zwischen einer wörtlichen und somit im Deutschen sprachlich ungelenk wirkenden Wiedergabe und einer allzu freien, den ursprünglichen Textsinn verstellenden Übersetzung zu wählen. Bei Unsicherheiten kann ein Alternativvorschlag in Klammern gesetzt werden, um auf die Problematik aufmerksam zu machen. Gegebenenfalls ist auf ‚neuralgische Punkte‘ der Textinterpretation, wie sie bei der Wirkungsgeschichtlichen Reflexion (→ 2.2) schon beobachtet wurden, zu verweisen. In einem Fazit können darüber hinaus Punkte genannt werden, denen das besondere Augenmerk in der nachfolgenden Interpretation gilt.

2.5.3 Textbeispiel

Beispiel 1: Vers 7 Was redet dieser so? Er lästert: Wer kann Sünden vergeben, wenn nicht der eine Gott? Vers 8 Und sofort erkannte Jesus in seinem Geist, dass sie so bei sich selbst dachten, und er sagte zu ihnen: Was denkt ihr solches in euren Herzen? Vers 9 Was ist leichter zu dem Gelähmten zu sagen: Deine Sünden sind dir vergeben, oder zu sagen: Steh auf und nimm dein Bett und gehe umher? Vers 10 Damit ihr aber wisst, dass der Menschensohn die Vollmacht hat Sünden auf der Erde zu vergeben, sagte er zu dem Gelähmten […]. – Das historische Präsens wurde mit dem Imperfekt wiedergegeben. Einige Stellen weichen von der Übersetzung nach Luther ab, da sie mir nicht zeitgemäß erschienen oder eine andere Übersetzung besser passte. So habe ich in Vers 12 ἐξίστασθαι nicht mit ‚sich entsetzten‘ übersetzt, sondern mit ‚staunen‘. ‚Staunen‘ ist neutraler als ‚sich entsetzen‘, welches heute eine negative Färbung hat.

Beispiel 2: Das Präsens des Urtextes habe ich als historisches Präsens gedeutet und dementsprechend im Deutschen mit dem Imperfekt wiedergegeben. Eine Stelle in Vers 12 kann auf zwei unterschiedliche Arten übersetzt und verstanden werden. Dort heißt es λέγοντας ὅτι οὕτως οὐδέποτε εἴδομεν (‚die sagten, dass sie so etwas noch nie gesehen hätten‘), was ich ähnlich der Lutherübersetzung mit ‚und sagten: Wir haben so etwas niemals gesehen‘, übersetzt habe. Diese Version meint, dass die Leute über die Heilung des Gelähmten staunen, weil sie es noch nie gesehen haben, dass ein Gelähmter plötzlich wieder gehen kann. Bei einer wörtlichen Übersetzung dieser Stelle müsste es aber eigentlich heißen ‚und sagten: auf diese Weise haben wir niemals gesehen‘, da οὕτως ein Adverb ist und ‚so/auf diese Weise‘ bedeutet, vorher aber als Akkusativ-Objekt gedeutet wurde. Bei dieser Übersetzung staunen die Menschen und loben Gott, weil sie noch nie so, in dieser Weise, Jesu Vollmacht auf Erden gesehen haben. Diese Übersetzungsvariante fügt sich sehr gut in das Thema des Streitgespräches zwischen Jesus und den Schriftgelehrten ein, da dieses genau um die Frage der Vollmacht Jesu kreist. Anhand der Übersetzung des Urtextes ist zu sehen, dass es außer der Stelle in Vers 12 keine großen Unterschiede in der Übersetzung gibt, die auf inhaltliche Probleme schließen lassen.

Auswertung: Da die Übersetzungen inhaltlich nahezu identisch sind, wurde beim Abdruck auf die Übersetzung von Beispiel 2 verzichtet. Beide Verfasserinnen wählen den Weg, ihre Übersetzung zu begründen. Dadurch werden einzelne Aspekte verständlich. In Beispiel 1 legt die Verfasserin im Vergleich zur Übersetzung nach Luther besonderen Wert auf die Wahl eines deutschen Begriffs. Damit zeigt sie ein kritisches Bewusstsein für die Veränderung des deutschen Sprachgebrauchs seit der letzten Revision der Lutherbibel im Jahr 1984 auf. Beispiel 2 geht über die Aspekte eines zeitgemäßen Sprachgebrauchs hinaus und begründet die Tempuswahl sowie die Übersetzung eines Demonstrativpronomens als Akkusativobjekt. Deutlich wird, dass ein Abgleich der eigenen Übersetzung an der Lutherbibel oder an anderen deutschen Bibelübersetzungen zur guten studentischen Praxis gehört, um die eigene Übersetzung kritisch zu prüfen.

2.6   Vergleich mehrerer deutscher Übersetzungen (für Studierende ohne Griechischkenntnisse)

Ziele

→ Rekonstruktion von Bedeutungsspielräumen im hebräischen und griechischen Urtext
→ Wahrnehmung von Interpretationsspielräumen
→ Nachweis theologischer und stilistischer Tendenzen unterschiedlicher Übersetzungen

Leitfragen

→ Welche Übersetzungsdifferenzen sind erkennbar?
→ Welchen Vorgaben folgt die Übersetzung?
→ Sind die Differenzen zugleich Zeichen für unterschiedliche theologische Aussagen?

Methodik

→ 1. Schritt: Benennen der Übersetzungsunterschiede
→ 2. Schritt: Auswertung im Sinne der Leitfragen

Hilfsmittel

→ 10.1 Bibelausgaben
→ 10.4 Kommentarreihen

2.6.1 Zur Zielsetzung des Methodenschrittes

Die Übersetzungen von biblischen Texten sind, so gut sie auch sein mögen, Interpretationen. Die Bedeutungsbreite der einzelnen Begriffe und die syntaktischen Strukturen können weder aus dem Hebräischen noch aus dem Griechischen ohne Abweichungen in die deutsche Sprache übertragen werden. Bei einer Übersetzung gehen Bedeutungsnuancen verloren, andere kommen, bedingt durch die Gegebenheiten der deutschen Sprache, hinzu. Assoziationen, die beim Lesen aufkommen, können daher zu einer gegenüber der Originalsprache verschobenen Textwahrnehmung führen. Um ein genaueres Bild vom Gehalt des Urtextes zu bekommen, bietet es sich an, mehrere deutsche Bibelübersetzungen miteinander zu vergleichen. Ziel ist es, die

Bedeutungsbreite der den Text tragenden Begriffe einzuengen, um so der ursprünglichen Textaussage näher zu kommen. Neben der Lutherbibel, der Elberfelder, der Zürcher Bibel und anderen deutschen Bibelausgaben sind für einen solchen Vergleich auch Übersetzungen in Kommentaren zugrunde zu legen. Die in den Kommentaren gebotenen Übersetzungen sind häufig genauer, da ihr Ziel eine möglichst adäquate Wiedergabe des Bibeltextes ist. Darunter kann die Lesbarkeit des deutschen Textes leiden. Gute Lesbarkeit des Textes ist wiederum ein Kriterium, an dem sich die Herausgeber der deutschen Bibelübersetzungen orientieren, um die Lektüre des Textes zu vereinfachen. Zudem bieten die Kommentare an vielen Stellen Erläuterungen zu den einzelnen Begriffen, so dass ein genaueres Bild ihrer Bedeutungsnuancen entsteht.

2.6.2 Zur Methodik

a) Tabellarische Übersicht: Um einen guten Überblick über die Übersetzungsunterschiede zu erlangen, bietet sich als Vorarbeit deren tabellarische Erfassung an. Die Unterschiede weisen, wenn es sich um deutliche Sinnverschiebungen handelt, auf Interpretationsspielräume hin. Möglicherweise handelt es sich sogar um ,neuralgische Punkte' der Textinterpretation und somit um Aspekte, die in der Exegese eines besonderen Augenmerks verdienen.

b) Grundtendenzen der Übersetzungsarbeit: Nachdem die Unterschiede aufgelistet wurden, ist zu prüfen, ob sich aus ihnen Besonderheiten bzw. Tendenzen einzelner Übersetzungen erkennen lassen. Übersetzungen folgen in der Regel einer Grundtendenz, etwa im Bemühen um Verständlichkeit oder in der Darstellung einzelner Personen bzw. Begebenheiten. Die Tendenzen und ihre Bedeutung für die Übersetzung sind in der Auswertung der Übersetzungsunterschiede zu beschreiben.[6]

2.6.3 Textbeispiele

Beispiel 1: Die deutschen Übersetzungen der Erzählung vom Durchzug durch das Schilfmeer (Ex 13,17–14,31) weisen diverse Unterschiede auf, die darauf hinweisen, dass die Übersetzung nach Luther in der revidierten Fassung von 1984 stärker interpretierend, die der Elberfelder Bibel stärker an der Syntax des Urtextes orientiert ist. Dies fällt bereits in Ex 13,17 auf. In der Übersetzung nach Luther findet sich die Aussage ,denn Gott dachte, es könnte sie gereuen, wenn sie Kämpfe vor sich sähen'; die Elberfelder Bibel übersetzt hingegen: ,Denn Gott sagte: Damit es das Volk nicht

---

[6] Zur Einführung vgl. den Beitrag von Eisen, 'Quasi dasselbe', 3–15.

gereut, wenn sie Kampf vor sich sehen'. Es stellt sich die Frage, zu wem Gott sprach, als er dies äußerte. Um den Schein polytheistischer Vorstellungen zu vermeiden, wird die im Hebräischen als direkte gekennzeichnete Rede von der Übersetzung nach Luther als indirekte Rede bzw. als Gedanke wiedergegeben. Diese syntaktische Veränderung wird in V. 18 fortgesetzt, in dem in der Übersetzung nach Luther das Personalpronomen ‚er' als Subjekt des folgenden Satzes gewählt wird, während die Elberfelder Bibel ‚Gott' übersetzt.

V. 18 weist eine weitere interessante Differenz auf. Während die Übersetzung nach Luther die Aufstellung des Volkes beim Zug als ‚wohlgeordnet' bezeichnet, wählt die Elberfelder Bibel den Begriff ‚kampfgerüstet'. Die Lutherbibel greift dem Ereignisverlauf voraus, da Gott derjenige ist, der den Kampf gegen die Ägypter führt, während nach der Übersetzung der Elberfelder Bibel durchaus auch der Handlungsfortgang möglich wäre, dass die Israeliten gegen die Ägypter kämpfen werden.

Ex 14,3 übersetzt die Lutherbibel als direkte Rede ‚der Pharao aber wird sagen von den Israeliten', während die Elberfelder Bibel den Text ‚der Pharao aber wird von den Söhnen Israel denken', bietet. In der Lutherbibel wird der Pharao als Herrscher dargestellt, der seine Entscheidungen seinen Untertanen gegenüber begründet. Die Elberfelder Bibel greift bereits auf die im Folgenden geschilderte Verstockung voraus, die sich im Inneren des Pharaos ereignet. So erscheint seine Deutung, warum sich die Israeliten gegenüber von Ba'al-Zephon lagerten, bereits eine Folge seiner Verstockung zu sein, auch wenn diese erst im folgenden Vers geschildert wird.

In V. 8 wirkt sich erneut der Aspekt aus, dass die Lutherbibel Gott als denjenigen versteht, der die Schlacht gegen die Ägypter bestreitet, während die Elberfelder Bibel mit der Kriegstätigkeit des Volkes Israel rechnet. Die Lutherbibel übersetzt in V. 8 ‚aber die Israeliten waren unter der Macht einer starken Hand ausgezogen'. Die Elberfelder Bibel überträgt denselben Satz mit ‚während die Söhne Israel mit erhobener Hand auszogen'. So kommt die Ansage in V. 14, Gott werde für das Volk kämpfen, in der Lutherbibel nicht überraschend, während sie in der Elberfelder Bibel einen Wendepunkt im Geschichtsverlauf markiert.

In V. 17 ist ein kleiner sprachlicher Unterschied zu bemerken, mit dem die Stellung des Mose fraglich wird. Die Elberfelder Bibel übersetzt die Rede Gottes an Mose mit: ‚Ich jedoch, siehe, ich will das Herz der Ägypter verstocken, so dass sie hinter ihnen herkommen'. Mose, der Gottes Worte vernimmt und sie dem Volk Israel vermitteln soll, würde nicht zu der Gruppe gehören, der die Ägypter folgen. In der Übersetzung nach Luther wird Mose zu dieser Gruppe gezählt: ‚Siehe, ich will das Herz der Ägypter verstocken, dass sie hinter euch herziehen'. Im weiteren Textverlauf wird Mose zu der Gruppe gezählt, die durch das Schilfmeer geht. Der Text der Elberfelder Bibel erscheint an dieser Stelle nicht kohärent. Offenbar überliefert sie einen Aspekt, der in der weiteren Untersuchung literar- und quellenkritisch ausgewertet werden muss.

Die genannten Unterschiede zeigen, dass beide Übersetzungen spezifische Tendenzen aufweisen. Die Übersetzung nach Luther in der revidierten Fassung von 1984 ist bemüht, einen kohärenten Text zu präsentieren. Spannungen und Widersprüche, die im Text vorhanden sind, werden durch die Übersetzungen ausgeglichen. Die

Elberfelder Übersetzung präsentiert einen anderen Text. In ihm bleiben sprachliche und inhaltliche Spannungen und Widersprüche erhalten. Dadurch wirkt der Text fragmentarisch. Anders als in der Lutherbibel wird auf diese Weise die angekündigte Errettung durch Gott in Ex 14,14 als Wendepunkt in der Erzählung deutlich.

Beispiel 2: a) Zu V. 1b ‚dass er im Haus sei': Allein die Einheitsübersetzung hat eine abweichende Lesart, wonach Jesus ‚zu Hause' war. Während der Ausdruck ‚im Hause' aufzeigt, dass er dort zu Besuch war, liegt nahe, dass mit dem Begriff ‚zu Hause' ein zumindest vorübergehender Wohnort Jesu gemeint sein könnte.

b) Zu V. 4 ‚deckten sie dort, wo er war, das Dach ab': Nur aus der Einheitsübersetzung, in der ‚er' durch ‚Jesus' ersetzt wird, wird unzweifelhaft deutlich, wer mit ‚er' gemeint ist. In den anderen drei Übersetzungen könnte auch eine Deutung erfolgen, wonach mit ‚er' der Gelähmte gemeint sein könnte.

c) Zu V. 8 ‚und Jesus erkannte sogleich in seinem Geist': Lediglich in der Einheitsübersetzung wird der Zusatz ‚in seinem Geist' nicht erwähnt. Während in den anderen drei Übersetzungen dies klar ausgedrückt wird, könnte nach der Einheitsübersetzung die Frage offen bleiben, wie Jesus die Gedanken der Schriftgelehrten erkannte.

d) Zu V. 10 ‚damit ihr aber wisst': Nur die Einheitsübersetzung benutzt den folgenden Ausdruck ‚ihr solltet aber erkennen'. Während mit dem Begriff ‚wissen' der Zugang der Information abschließend verstanden wird, ist mit dem Begriff ‚erkennen' das prozesshafte Verstehen gemeint.

e) Zu V. 12: Die Reaktion auf die sichtbare Heilung des Mannes wird mit verschiedenen Worten beschrieben: Während die Umschreibung ‚sie erstaunten sich' (Schlachter) und ‚sie gerieten außer sich' (Elberfelder- und Einheitsübersetzung) neutral interpretiert werden kann, könnte die Begrifflichkeit ‚sie entsetzten sich' (Luther) auch als eine negative Reaktion ausgelegt werden. Bereits der kurze textliche Abgleich lässt zusammenfassend Unterschiede erkennen, die im Rahmen einer tieferen inhaltlichen Auseinandersetzung zu unterschiedlichen exegetischen Schwerpunkten bis hin zu Ergebnissen führen. Dabei sind vor allem die unterschiedlichen Abweichungen in der Einheitsübersetzung gegenüber den anderen Übersetzungen hervorzuheben.

Auswertung: In seiner Beschreibung des Übersetzungsvergleichs hebt die Verfasserin von Beispiel 2 nicht nur die Unterschiede hervor, sondern deutet die Nuancen im Blick auf das sich durch die variierenden Übertragungen verändernde Textverständnis. Sie zeigt auf, an welchen Stellen die Übersetzer semantische Veränderungen vornahmen, die zur Kohärenz des Textes führen.

3 Sprachlich-sachliche Analyse (synchron)

Mit der sprachlich-sachlichen Untersuchung beginnt die synchrone Analyse der zu untersuchenden Perikope. In der Exegese wird grundsätzlich zwischen einer synchronen und einer diachronen Analyse des Textes unterschieden. Die synchrone Beschreibung versteht den Text als literarische Einheit und erläutert seine Gestaltung und seinen Aufbau. Die diachrone Beschreibung des Textes fragt nach dem literaturhistorischen Wachstum und damit nach der Genese des Textes. Diese beiden Sichtweisen werden im Laufe der exegetischen Bearbeitung eines Textes miteinander verbunden, müssen aber zunächst getrennt werden, da sie unterschiedliche Fragen an den Text beantworten.

Die sprachliche Beschreibung von Texten dient zur Wahrnehmung der exakten Textstruktur. Dafür ist ein genaues und kritisches Lesen des Textes notwendig, um die sprachlichen Merkmale zu entdecken und in Bezug auf die Textstruktur zu deuten. Vor der semantischen Analyse sind die Bedeutungen der tragenden Begriffe in ihrem soziokulturellen Kontext zu erläutern. Hierdurch kommen die historischen Problemstellungen, auf die der Text antwortet, in den Blick.

3.1 Sozialgeschichtliche und historische Fragen, Realien

Ziele

→ Ermitteln von soziokulturellen Gegebenheiten und historischen Problemstellungen
→ Klärung der Bedeutung tragender Begriffe

Leitfragen

→ Welche Begriffe müssen für das Verständnis des Textes geklärt werden?

→ Welche lebensweltlichen Verhältnisse und Problemstellungen sind erkennbar?

Methoden

→ Kritische Lektüre des Textes, um lebensweltliche Problemstellungen aufzuspüren
→ Auswertung sozialgeschichtlicher Standardwerke, Realenzyklopädien und Begriffslexika
→ *Nicht: Klärung theologischer Inhalte und Traditionen* (→ 5.1 Traditionsgeschichte)
→ *Nicht: Enzyklopädische Darstellung eines Sachverhalts*

Hilfsmittel

→ 10.3.1 Wörterbücher
→ 10.3.5 Lexika

3.1.1 Zur Zielsetzung des Methodenschrittes

In der *Sozialgeschichte* werden zunächst die dem Text zugrunde liegenden sozialen Strukturen, zu denen auch die Bedeutung von Orten, Berufsständen, Umweltbedingungen etc. zählen, geklärt. Ausgangspunkt sind die für das Verständnis des Textes wichtigen Begriffe und Sachfragen, die für heutige Leserinnen und Leser unverständlich sind. Zur Erklärung von Beschaffenheit, Funktion, Verbreitung und Ursprung (bei nicht-israelitischer Herkunft) der im Text erwähnten Gegenstände, der so genannten *Realien,* stehen Lexika, Realenzyklopädien sowie verschiedene sozialgeschichtliche Werke zur Verfügung.

Die Grenze der Sozialgeschichte mit ihrer Realienkunde zur Traditionsgeschichte (→ 5.1) ist fließend. *Die Frage nach den Realien beschränkt sich auf reine Sachfragen, nicht auf die theologische Dimension von Begriffen und Strukturen.* Deren theologische Bedeutung und Vorgeschichte ist Gegenstand der Traditionsgeschichte.

3.1.2 Zur Methodik

a) Sozialgeschichte: Für die weitere Textanalyse ist es wichtig, Informationen über die dem Text zugrunde liegenden gesellschaftlichen Strukturen, über die

Stellung der auftretenden Akteure und über die Bedeutung der im Text behandelten Phänomene und/oder Gegenstände zu sammeln. Die Sozialgeschichte setzt sich mit den soziologischen, politischen und ökonomischen Bedingungen der Entstehungszeit des Textes auseinander. Ihr Ziel ist es, die zeitaktuellen gesellschaftlichen Bedingungen darzustellen, um die *Bedeutung des Textes in seiner Entstehungszeit* einordnen zu können.

b) Realienkunde: Die Realienkunde gibt Auskunft über die das Leben im antiken Palästina prägende Ausstattung. Sie basiert neben zeitgenössischen Textzeugnissen auf den Ergebnissen archäologischer Untersuchungen und deutet die gefundenen Artefakte. Neben der Beschreibung der Form von gefundenen Gegenständen ist die Deutung der vor allem auf Töpferware, Siegeln und Münzen sichtbare Bildwelt von Interesse. Sie gibt Auskunft über Handels- und weitere Kulturkontakte des Ortes, durch die auf die Bedeutung des Schauplatzes des zu interpretierenden Textes geschlossen werden kann. In diesen Arbeitsschritt ist auch die *Landeskunde* einzubeziehen, die Auskunft über die Lage der genannten Örtlichkeit gibt.

c) Hilfsmittel: Für die *Sozialgeschichte* stehen verschiedene Publikationen zur Verfügung, die Auskunft über die gesellschaftlichen Strukturen Palästinas geben. Neben den beiden Einführungen von Rainer Kessler und der Brüder Stegemann bieten das Sammelwerk *Neues Testament und Antike Kultur (NTAK)* sowie das *Sozialgeschichtliche Wörterbuch zur Bibel* einen guten Überblick über sozialgeschichtlich relevante Aspekte. Des Weiteren geben Realenzyklopädien sowie Bibellexika Auskunft zu verschiedenen sozialgeschichtlichen Aspekten.

Die Bibellexika beinhalten auch Beiträge zur *Realienkunde,* auch wenn diese zum Teil nur überblickshaft erfolgen. Einen tieferen Einblick bietet *The New Encyclopedia of Archaeological Excavations in the Holy Land.* Wichtige Artefakte werden in verschiedenen Publikationen abgebildet. Für die neutestamentliche Zeit bietet *Neues Testament und Antike Kultur (NTAK) Band 4* eine Auswahl an Abbildungen. Aus den früheren Phasen werden wichtige Funde in *Ancient Near Eastern Pictures (ANEP)* sowie in *Die Ikonographie Palästinas/Israels und der Alte Orient (IPIAO)* abgebildet. Auskunft über die Deutung der auf Artefakten abgebildeten Motive und ihre Korrelation mit biblischen Texten gibt der Beitrag von Friedhelm Hartenstein, *Altorientalische Ikonographie und Exegese des Alten Testaments*[1]. Für die *Landeskunde* stehen

---

1 Abgedruck in: Kreuzer/Vieweger, Proseminar I, 173–186.

neben der Publikationsreihe *Orte und Landschaften der Bibel* verschiedene Bibelatlanten zur Verfügung. Diese beinhalten in der Regel an den Epochen biblischer Geschichte orienterte Karten. Ein erster grober Überblick kann mit dem *Calwer Bibelatlas* gewonnen werden; detailliertes Kartenmaterial findet sich im *Tübinger Bibelatlas*.

3.1.3 Textbeispiele

Beispiel 1: Die Bezeichnung Gottes als König in Jes 6 basiert auf der Ausbildung des irdischen Königtums, das sich in Israel am Übergang von der Bronze- zur Eisenzeit zunächst als Heerkönigtum oder als lokale Herrschaft etablieren konnte. Diese Formen sind im Alten Orient verbreitet und häufig miteinander verbunden. Vor allem die mesopotamischen Großreiche erwuchsen aus lokalen Königtümern, die durch erfolgreiches militärisches Agieren in der Lage waren, andere Siedlungsgebiete in dauerhafte Abhängigkeit zu bringen. Eroberte Gebiete wurden von Statthaltern verwaltet, die den König vor Ort repräsentierten und seine Stellung einnahmen. Altorientalischen Königen kamen für ihre Sozialgemeinschaft unterschiedliche Funktionen zu. Neben der Leitung des Heeres konnten Könige je nach lokaler Tradition als Richter fungieren (1Kön 3) und die Oberaufsicht über den Tempel ausüben. Könige versuchten, ihren Herrschaftsanspruch an ihre Nachkommen weiterzugeben, doch war die Königsherrschaft nicht zwingend dynastisch. Nach dem Tod eines Königs musste der Thronfolger seinen Anspruch häufig mit militärischen Mitteln geltend machen und seine Herrschaft sichern.

Die gehobene Stellung, die einem König zukommt, wurde durch seine Ausstattung sichtbar. Thronsitz, Krone, Szepter und edles Gewand waren äußerliche Zeichen seiner Herrschaft. Die Insignien wurden dem König bei seiner Amtseinsetzung verliehen. In mesopotamischen Krönungstexten werden die einzelnen Gegenstände mit einer von der höchsten Gottheit verliehenen Wirkmacht versehen,[2] durch die eine erfolgreiche Herrschaftszeit möglich wird. Im Alten Testament klingt derartiges in Ps 21,4-6 an. An der Ausstattung des Königs wird auch seine Rolle innerhalb seines Sozialsystems deutlich. Ikonographisch wird der König häufig als der körperlich Größere dargestellt. Obwohl er auf seinem Thron sitzt und die Menschen vor ihm stehen, sind ihre Köpfe auf selber Höhe bzw. überragt der König seine Untertanen. Die körperliche spiegelt die soziale Größe des Königs wider. Sprachlicher Ausdruck der sozialen Rolle ist die ‚Ehre‘, die ein König besitzt und die ihm erwiesen wird. „Die ‚Ehre‘ des Menschen wird durch gesellschaftliche Interaktion bewirkt; sie bezeichnet den sozialen Wert einer Person, der durch öffentliche Anerkennung und Ansehen hervorgerufen wird."[3] Dies findet in unterschiedlichen Titeln seinen Ausdruck (wie etwa dem assyrischen Titel ‚König über die vier Weltreiche‘ oder dem persischen Titel ‚Großkönig‘). Das altorientalische sowie

---

[2] So z.B. in dem Text *BM 64358+* (abgedruckt in Berlejung, Macht der Insignien, 9.15) oder in *KAH 2*, Text 84, Z.7–9.
[3] Wagner, Gottes Herrlichkeit, 6.

das alttestamentliche Königtum dienen der sozialen Differenzierung und damit zur Ausbildung sozialer Strukturen. Da die Führungsrolle dem Einzelnen jeweils von der Sozialgemeinschaft übertragen wurde, in dem sie ihn als König anerkannte, bildete das Königtum die Form, in der eine Sozialgemeinschaft das für sie stärkste Glied als Führung besaß.

Beispiel 2: Zu Beginn von Mk 2,1-12 wird von einem Ort namens Καφαρναοὺμ berichtet. Kapernaum war ein Fischerdorf in Galiläa, im Norden Israels. Es lag am Seeufer des Sees Genezareth. 2,5 Kilometer östlich von Tabgha, der traditionellen Stätte der Brot- und Fischvermehrung, und 15 Kilometer nordöstlich von Tiberias. Kapernaum lag an einem Seitenzweig der wichtigen Handelsroute *via maris*. In den Evangelien ist Kapernaum Wohn- und Wirkungsort Jesu. Zur Zeit der Evangelien besaß das Dorf eine Zollstation. Die ursprüngliche Siedlung Kapernaum wurde 746 v. Chr. durch ein Erdbeben zerstört, unweit aber wieder aufgebaut. Vermutlich wurde das Dorf jedoch im 11. Jh. n. Chr. aus unbekannten Gründen aufgegeben. 1838 wurde Kapernaum von dem amerikanischen Geographen Dr. Edward Robinson wiederentdeckt. Seitdem finden verschiedene Ausgrabungen statt.[4] Καφαρναοὺμ liegt ca. 4 km südwestlich der Jordaneinmündung und wurde in persischer Zeit gegründet. Seine größte Blüte erlebte der Ort im 4. Jh. n.Chr, doch nach und nach sank die Bedeutung Kapernaums, bis es schließlich im 8 Jh. n. Chr. ganz an Bedeutung verlor. Die Menschen dort lebten überwiegend vom Fischfang, Ackerbau und Handel.[5]

In Kapernaum war das so genannte Hofhaus weit verbreitet. Hierbei handelt es sich um ein Haus mit einem Innenhof. Das Dach des Hauses bestand aus Holzstämmen oder -balken, die überdeckt mit weiteren Holzstämmen oder Schichten aus Schilfrohr, Reisig und Palmenblättern waren. Darüber kam eine Schicht aus Lehm. Zum Dach führte in den meisten Fällen eine Leiter hinauf, da man sich gerne dorthin zurückzog, um die kühleren Stunden zu verbringen.[6] Da, um das Dach aufzudecken, nicht nur ein paar Leisten abgedeckt werden mussten, war der Aufwand, ein Loch ins Dach zu bekommen, durch welches der Kranke zu Jesus gelangte, sehr groß.

Beispiel 3: Zunächst ist zu klären, wie ein Haus in der damaligen Zeit gebaut war, damit das Herablassen des Gelähmten durch das Dach verständlich wird. Das Haus, in dem Jesus sich aufhält, zählt vermutlich zu dem einfachsten Haustyp. Die einfachen Häuser haben damals oft nur einen Raum, in dem die Familie lebt. Auf einem Fundament aus Steinen werden vier Wände aus Lehmziegeln errichtet.[7] Wenn es Fenster gibt, dann sind es meist nur kleine Öffnungen unter der Decke, die

---

4   Quelle: Kapernaum. Die Stätte, auf: http://www.mfa.gov.il/MFA (Stand 12. 08. 2009).
5   Vgl. Zwickel, Art. Kapernaum, 722.
6   Vgl. Neumann, Art. Behinderungen, 68–70.
7   Vgl. Katzer, Leben, 51 f.

eher der Klimatisierung des Raumes als der Helligkeit dienen. Der Fußboden besteht aus gestampftem Lehm, das Dach aus langen Holzbalken, über die quer Zweige oder Äste gelegt werden, die wiederum mit einer Lehmschicht abgedichtet sind. Diese Lehmschicht wird so lange gewalzt, bis ein fester und begehbarer Boden, ein Flachdach, entsteht. Die Hausdächer sind über Treppen oder Leitern an einer der Außenseiten des Hauses zugänglich.[8] Zudem sind die Dächer von einer Brüstung umgeben und weisen eine leichte Neigung auf, damit Regenwasser abfließen kann. Da diese Art des Hauses, wie schon erwähnt, meist nur aus einem Raum besteht, sind die Dächer dieser Häuser ein beliebter Ort. Hier können häusliche Arbeiten wie Wäsche Trocknen oder Früchte Dörren erledigt werden, das Dach wird aber auch zum Beten oder zum Feiern und im Sommer auch zum Schlafen genutzt.[9] So ist gut vorstellbar, wie die Männer die Trage mit dem Gelähmten über eine Treppe auf das Flachdach tragen, dort ein Loch in das Dach graben und den Gelähmten hinunterlassen.

Zuletzt möchte ich näher auf die Schriftgelehrten mit ihrer sozialen Stellung und ihren Aufgaben eingehen. ‚Schriftgelehrte‘ werden oft mit ‚Pharisäern‘ gleichgesetzt, was so nicht richtig ist. Es gibt durchaus Schriftgelehrte unter den Pharisäern, aber nicht nur unter ihnen, sondern auch in anderen Gruppierungen wie beispielsweise den Sadduzäern und Essenern, die ebenfalls Schriftgelehrte in ihren Reihen haben. Die pharisäischen Schriftgelehrten haben im Volk aber den größten Einfluss, wie die Pharisäer überhaupt, und treten auch im Neuen Testament dominierend in den Vordergrund. Die ehrende Anrede eines Schriftgelehrten ist ‚Rabbi‘.[10] Die spezifisch judengriechische Verwendung des Wortes γραμματεύς (‚Schriftgelehrter‘) meint den Torakundigen, den Rabbiner, einen ordinierten Theologen. Die Rabbiner bilden einen geschlossenen Stand, die Zunft der Schriftgelehrten, zu dem „nur der voll ausgebildete Gelehrtenschüler"[11] Zugang besaß. Die Schriftgelehrten oder Rabbinen haben ein sehr hohes Ansehen im Volk, das auf ihrer Kenntnis der Schrift und der mündlichen Lehrüberlieferung beruht. Jesu Vorwürfe gegen die Schriftgelehrten „beziehen sich durchweg auf die theologische Bildung der Schriftgelehrten und die sich aus ihr ergebenden gesellschaftlichen Ansprüche und Vorteile."[12] So kritisiert er zum Beispiel ihre fehlende Demut, Selbstlosigkeit und Wahrhaftigkeit und wirft ihnen vor, nicht so zu leben, wie sie es in ihrer Lehre und ihrer Predigt von anderen fordern.[13] Die Aufgaben der Schriftgelehrten beziehen sich auf eine situationsgerechte Auslegung und Anwendung der Tora. Ein „Schriftgelehrter‘ ist demnach derjenige, der als Schriftkundiger, insbesondere als Torakundiger, die theologisch-hermeneutische und damit auch die juristische Kompetenz besitzt, die überlieferte

---

8   Vgl. Thiel, Art. Alltag in Haus und Familie, 12 f.
9   Vgl. Katzer, Leben, 51 f.
10 Vgl. Foerster, Neutestamentliche Zeitgeschichte, 97.
11 Jeremias, Art. γραμματεύς, 741.
12 Jeremias, Art. γραμματεύς, 742.
13 Vgl. Jeremias, Art. γραμματεύς, 742.

Schrift bzw. Tora […] zeit- und situationsgerecht auszulegen, weiterzuentwickeln und entsprechend anzuwenden."[14] Im Zentrum steht die Rechtsprechung auf der Grundlage der überlieferten Gesetzestexte. In dieser Funktion als Richter haben die Schriftgelehrten eine maßgebliche Rolle im Synhedrium, der höchsten jüdischen Rechts- und Verwaltungsbehörde. Neben ihrer juristischen Funktion sind sie allerdings auch immer Lehrer und genießen aufgrund ihrer Aufgaben eine außerordentlich hohe Autorität im rabbinischen Judentum. Die Streitgespräche zwischen Jesus und den Schriftgelehrten „entzünden sich in sachlichthematischer Hinsicht an der Frage nach der ‚Vollmacht' der Lehre Jesu"[15], da an dieser Stelle die ursprüngliche Kompetenz der Schriftgelehrten als Ausleger, Tradenten und Lehrer der Tora in Frage gestellt wird.

Auswertung: Beispiel 2 orientiert sich an der Geschichte der Erforschung des Ortes Kapernaum und bietet einen kurzen Überblick über deren Ergebnisse. Die Verfasserin stellt den Ort als Handelsniederlassung dar, in dem sich vor allem Vier-Raum-Häuser nachweisen lassen. Ein solches dient als Schauplatz des untersuchten Textes. Damit zeigt der Evangelist, dass die Erzählung von der Heilung des Gelähmten nicht in einem besonderen, sondern in einem gewöhnlichen Haus spielt. Leider verpasst es die Verfasserin daraus Schlüsse über die soziale Verortung der Jesusbewegung zu ziehen.

Die Verfasserin von Beispiel 3 erkennt in dem in Mk 2 geschilderten Haus ein Ein-Raum-Haus wieder, die archäologisch ebenfalls in Kapernaum nachgewiesen wurden. Da Mk 2 keine weitere Auskunft über das Gebäude gibt, ist auch diese Verortung möglich. Anders als die Verfasserin von Beispiel 2 erklärt sie die Rolle der Schriftgelehrten, mit denen Jesus in Mk 2 in Kontakt kommt. Dabei differenziert sie zwischen den Vertretern der einzelnen jüdischen Gruppierungen und vermeidet ein Pauschalurteil über Schriftgelehrte. Durch die Zusammenstellung von Ort und Personen wird eine interessante Spannung im Text sichtbar, die im weiteren Verlauf der Arbeit ausgewertet werden sollte: Während sich die Heilung in Mk 2 an einem für das antike Kapernaum gewöhnlichem Ort ereignet, treten in ihr Personen mit besonderer Stellung auf. Die Schriftgelehrten vertreten die theologische Elite, zu der sie aufgrund ihres Torahstudiums wurden, während Jesus Vollmacht besitzt und diese nutzt.

---

14 Weiß, Art. Schriftgelehrte, 514.
15 Weiß, Art. Schriftgelehrte, 517.

3.2 Textlinguistische Fragestellungen

Ziele

→ Überprüfung der Einheitlichkeit des Textes (*Kohärenz*)
→ Semantisch begründete Gliederung des Textes

Leitfragen

→ Durch welche Text- und Strukturelemente wird der Text konstituiert?
→ Auf welchen Aussagen liegt der inhaltliche Schwerpunkt des Textes?
→ Wie ist der Text inhaltlich und semantisch angemessen zu gliedern?
→ Ist der Text kohärent (oder sind Brüche bzw. Nahtstellen erkennbar)?

Methoden

→ Textlinguistische und strukturelle Durchdringung des Textes, ggf. tabellarisch
→ Bündelung der Ergebnisse: Gliederung, Schwerpunktaussage und Kohärenz
→ *Nicht: ‚Nacherzählung' des Textinhalts*
→ *Nicht: formkritische Betrachtung des Textes* (→ 4.1 Formkritik)

Hilfsmittel

→ 10.1 Bibelausgaben
→ 10.3.1 Synopsen

3.2.1 Zur Zielsetzung des Methodenschrittes

Textlinguistische Fragestellungen dienen dazu, den Text in seiner semantischen Struktur zu erfassen. Ziel des Arbeitsschrittes ist es, die innere Einheitlichkeit (*Kohärenz*) und Struktur (*Gliederung*) herauszuarbeiten. Dementsprechend stehen diejenigen Aspekte des Textes, die dessen Kohärenz begründen, im Blickpunkt textlinguistischer Arbeit. Dabei wird derjenige, der den Text in seine endgültige Form brachte, als sein Autor angesehen. Erst durch sein Wirken erhielt der Text seine abschließende Form und konnte damit seine in der Wirkungsgeschichte relevante theologische Bedeutung erlangen.

Exkurs: Abgrenzung von der Literarkritik

Ein gegenläufiges Ziel verfolgt die Methode der Literarkritik. Die Literarkritik sucht nach *Mangel an Kohärenz*. Seit den Anfängen der historisch-kritischen Exegese wird sie mit dem Ziel betrieben, literarische Schichten im Text zu unterscheiden, um die möglichst ursprüngliche Textgestalt herauszuarbeiten. Als Mittel, die Textschichten zu bestimmen, werden Texte auf Spannungen (d. h. Widersprüche, störende Wiederholungen, Stilbrüche sowie innere, inhaltliche Widersprüche) untersucht. Die an die Literarkritik anschließende *Redaktionsgeschichte* vollzieht den Wachstumsprozess nach. Dabei werden Quellenkombinationen, punktuelle Ergänzungen und Fortschreibungen unterschieden. In der Sichtweise der literarkritisch und redaktionsgeschichtlich orientierten Forschung gilt der Autor des Endtextes vornehmlich als *Redaktor*. Dieser profilierte seine theologische Aussage durch eine Kombination von vorhandenen und neuen Textteilen.

Die textlinguistische Forschung mit ihrer Fokussierung auf die *vorliegende (End-)Gestalt* des Textes wechselt die Perspektive. Auch sie rechnet grundsätzlich mit literarischen Vorstufen des Textes, doch gilt ihr Interesse verstärkt der inhaltlichen Konzeption des Endtextes. Logische oder formale Brüche werden nicht als Zeichen verschiedener Textschichten ausgewertet, sondern gelten als Indizien für eine fremde, originelle, gegebenenfalls formkritisch erweisbare Logik des Autors. Was modernen Betrachtern unlogisch oder als formaler Bruch erscheint, muss für antike Autoren durchaus nicht unlogisch oder formal abweichend gewesen sein. In der Textlingusitik wird nach den Aspekten gesucht, durch die der Text kohärent wird. Demzufolge sucht die Textlinguistik nach *der im Text vorhandenen Kohärenz.*

Mit dieser Unterscheidung geht die Trennung zwischen einer synchron und einer diachron ausgerichteten Textanalyse einher. Die synchrone Beschreibung versteht den Text zunächst als literarische Einheit und erläutert seine Gestaltung und seinen Aufbau, bevor die dem Text zugrunde liegenden Quellen betrachtet werden. Eine diachrone Beschreibung des Textes fragt von Anfang an nach dem literaturhistorischen Wachstum und versteht die biblischen Schriften als Ergebnis eines (längeren) Redaktionsprozesses. In diesem wurden die Texte wiederholt bearbeitet, bis sie ihre heutige Form erhielten. Ziel einer diachron ausgerichteten Exegese ist es, diesen Prozess nachzuzeichnen. In den frühen literarkritisch ausgerichteten Analysen geht häufig der Eigenwert der Redaktionsstufen verloren. Es entsteht vielfach der Eindruck, dass es leitende Prämisse dieser Forschungsrichtung ist, die älteste Textgestalt als die hermeneutisch wichtigste und theologisch verbindliche zu verstehen.

Für die Unterscheidung der beiden Analyseformen gilt daher: Die Textlinguistik ist Teil der synchronen Analyse, indem sie den Text in seiner vorliegenden Form beschreibt. Die Literarkritik ist Teil einer diachronen Exegese und verfolgt das Ziel, die ursprünglichen Einheiten aufzuzeigen, aus denen der Text im Laufe seiner Redaktionsgeschichte gebildet wurde.

3.2.2 Zu den Leitfragen

Die Leitfragen der textlinguistischen Analyse zielen darauf ab, den Text in seiner sprachlichen Struktur zu erfassen und seine inhaltlichen Schwerpunkte zu bestimmen. Hierzu gehört die Frage nach der sprachlich-inhaltlichen Kohärenz des Textes bzw. die Frage nach Erzählbrüchen und Nahtstellen. Neben der Bestimmung der Kohärenz ist eine sinnvolle, sprachlich wie inhaltlich begründete Gliederung des Textes Ziel des Methodenschrittes.

3.2.3 Zur Methode

Die Reihenfolge der einzelnen Arbeitsschritte ist nicht zwingend, da jeweils Einzelaspekte im Fokus stehen. Um Doppelungen zu vermeiden, ist es jedoch sinnvoll, dem folgenden Ablauf zu folgen:

a) Basisopposition und Gegensatzpaare (semantische Opposition): Die *Basisopposition* der Erzählung bezeichnet die Spannung zwischen einem Zustand A zu Beginn der Handlung und einem Zustand B, der am Ende der Handlung erreicht wird. Die zwischen Zustand A und Zustand B eingetretene Veränderung ist im ersten Schritt der Textlingusitik zu beschreiben.

Neben der Basisopposition finden sich innerhalb einer Perikope verschiedene gegensätzliche Begriffspaare (*semantische Oppsitionen*), durch die der Text geprägt ist. Die Analyse dieser Gegensatzpaare erleichtert den Einstieg in die semantische Analyse und ist ein erster Schritt zur Gliederung des Textes. Die Basisopposition kann, muss aber nicht mit einen semantischen Gegensatzpaar zusammenfallen.

Begriffspaare werden häufig durch Adjektive ausgedrückt. So finden sich in den biblischen Texten häufig Aspekte wie alt – jung, krank – gesund, traurig – fröhlich, gläubig – ungläubig etc. in den biblischen Texten.

b) Spannungsbögen: Nach der Bestimmung der Basisopposition kann der Erzählverlauf anhand des Spannungsbogens bzw. der Spannungsbögen nachgezeichnet werden. Die redaktionelle Endgestalt der biblischen Texte bedingt, dass eine Perikope auch mehrere Spannungsbögen besitzen kann. Diese können einander ergänzen oder voneinander losgelöst stehen. Bei der Analyse sind alle Spannungsbögen auszuweisen und zu beschreiben. Es ist daher sinnvoll, die Grundstruktur des Textes zu betrachten. Dabei sind verschiedene Aspekte zu beachten:

1. Es kann sich um eine Erzählung mit einem oder mit zwei Höhepunkten handeln.
2. Die Erzählung kann einen oder mehrere Handlungsstränge besitzen.
3. Die Höhepunkte der Erzählung sind zu benennen.

Zudem ist zu prüfen, ob es einen Umschwung (*Peripetie*) gibt, und es ist zu benennen, wo dieser liegt. Anhand dieser Beobachtungen können der oder die Spannungsbögen nachgezeichnet werden. Dabei sind grundsätzlich zwei Ebenen zu unterscheiden, auf denen der Spannungsbogen verläuft: Die inhaltliche Ebene, die sich an der Semantik und die formale, die sich an der Struktur der Erzählung orientiert. Spannungsbögen lassen sich graphisch gut darstellen.

c) Tragende Begrifflichkeiten und semantische Felder: Anhand der Gegensatzpaare sind die Begriffe und Begriffsgruppen (*semantische Felder*) zu analysieren, die den Text konstituieren. Sie helfen, den Text zu gliedern und seine Kohärenz darzustellen.

Solche Felder können Verben der Bewegung einer Erzählung, Verben der Wahrnehmung oder Verben des Sprechens sein. Auch religiös konnotierte Felder wie Schuld und Vergebung treten in den Texten auf. Im Kontext metaphorischer Texte spricht man anstatt von semantischen Feldern besser von Bildfeldern. Solche können aus der Landwirtschaft, aus dem Wirtschaftsleben oder aus sonstigen Bereichen der antiken Lebenswelt gegriffen sein.

d) Akteure: Schon bei der Analyse der Gegensatzpaare (→ *a*) können Akteure oder Akteursgruppen auffallen. Ihr Verhältnis zueinander gibt Aufschluss über die Hierarchieverhältnisse in der Erzählung. Außerdem kommen Handlungsmuster (aktive/passive Figuren, Hauptakteure/Statisten) in den Blick, so dass die Rollenverteilung darzustellen und hinsichtlich des Handlungsverlaufes auszuwerten ist.

e) Quantitäten: Bereits der letzte genannte Punkt leitet zur Bestimmung der relativen Quantitäten im Text über. Mit der Darstellung der Quantitäten wird die Schwerpunktsetzung des Textes deutlich, indem aufgezeigt wird, wo etwas ausführlich und detailliert beschrieben wird bzw. wo die Darstellung knapp ausfällt oder sogar Details unterschlagen werden. Zudem ist die Verteilung von direkter und indirekter Rede zu betrachten.

Zu unterscheiden sind die formale und die inhaltliche Ebene. Auf der formalen Ebene ist die Verteilung von beschreibenden Passagen einerseits und Abschnitten in direkter und indirekter Rede andererseits zu beachten. Auf der inhaltlichen Ebene ist die thematische Schwerpunktsetzung auszuweisen. Die formale Schwerpunktsetzung knüpft an die unter → *i* beschriebene Verteilung an, die inhaltliche Schwerpunktsetzung wird durch die unter → *c* angeführten tragenden Begrifflichkeiten und semantischen Felder deutlich.

f) Wiederholungen: An die quantitative Analyse schließt die Untersuchung von Wiederholungen im Text an. Wiederholungen sind ein Indikator für eine bewusste Schwerpunktsetzung des Autors. Wiederholungen treten in unterschiedlichen Formen als *direkte Wiederholung von Wörtern oder Wortgruppen*, als *partielle Rekurrenz* (z. B. ‚Sie war gebrechlich. In ihrer Gebrechlichkeit‘), als *Ellipse* (verkürzte Wiederholung) oder als *Paraphrase* auf. Als Stilmittel, das eine Wiederholung enthält, wird in biblischen Texten häufig der *parallelimus membrorum* (z. B. Ps 74,7 ‚Sie haben *dein Heiligtum* in Brand gesteckt, zu Erde entweiht haben sie die *Wohnung deines Namens*.‘) verwendet. Durch den Parallelismus wird ein Aspekt durch zwei unterschiedliche, sich ergänzende Wörter oder Wortgruppen bezeichnet. Gibt es Wiederholungen, sind diese auszuweisen und die eventuell vorhandenen Veränderungen im Detail darzustellen. Die Veränderungen sind von Interesse, da sie einen Perspektivwechsel oder Erkenntnisfortschritt markieren können.

g) Pro-Formen: Eine besondere Form von Wiederholungen stellen die so genannten Pro-Formen dar. Ein Aspekt, der am Anfang einer Perikope erwähnt wird, wird in der Folge durch Pro-Formen (*Pronomen* [z. B. er, sie, ihm, ihnen], *Proverben* [z. B. machen, tun] oder *Proadjektive* [z. B. derjenige, solche]) ersetzt. Im weiteren Textverlauf kann der Aspekt wieder ausdrücklich benannt werden (bei Pronomina durch *Renominalisierung*). Die Prüfung der Pro-Formen ist ein wertvoller Hinweis für die Kohärenz des Textes.

h) Verknüpfungen: Eine andere Art, Textteile miteinander zu verknüpfen, sind Konjunktionen, Zeitadverbien und andere strukturierende Partikel. Durch diese werden Gedankenverknüpfungen hergestellt. Das Ergebnis ist für die Erstellung einer Gliederung wichtig. Zugleich weisen Gedankenverknüpfungen auf die Kohärenz des Textes hin.

i) Tempora: Der Text ist auch hinsichtlich der Verwendung der Tempora zu analysieren. Tempuswechsel zeigen die Vor-, Gleich- und Nachzeitigkeit an, durch die eine Textstruktur entsteht. Bei der Darstellung der Zeitstruktur ist zwischen erzählenden Passagen sowie Abschnitten in direkter und indirekter Rede zu unterscheiden. Tempuswechsel innerhalb der artgleichen Passagen können vom Handlungsverlauf bedingt, können aber auch ein Hinweis auf eine redaktionelle Zusammenstellung sein. Die Tempusfolge ist ein Aspekt für die Bestimmung der Kohärenz (→ *l*) und wird dort ausgewertet.

j) Erzählbrüche: Erzählbrüche sind semantisch und grammatikalisch ausweisbare Nahtstellen zwischen zwei zusammengefügten, ursprünglich aber selbstständigen Texten. Ein semantisches Signal ist der abrupte Wechsel des semantischen Feldes. Grammatikalische Signale sind plötzliche Tempuswechsel (außer bei direkter Rede) oder überraschende Konjunktionen (ein ,Aber' nach mehreren ,und'-Verbindungen oder Ähnliches). Diese gilt es aufzuzeigen. Gedeutet werden die Erzählbrüche bei der Prüfung der Textkohärenz unter → *l*).

k) Textgliederung: Die Gliederung des Textes ist eines der beiden Ergebnisse der textlinguistischen Analyse. Sie muss anhand von Begrifflichkeiten, Tempora, und/oder dem Abbruch der Gedankenverknüpfungen ausweisbar sein. Bei der textlinguistischen Analyse werden inhaltliche und funktionale Aspekte sichtbar, die in einer Gliederung zu unterscheiden sind. Damit ergeben sich zwei Möglichkeiten, einen Text zu gliedern: *Die Gliederung kann entweder am Inhalt des Textes oder an der Funktion der Textteile orientiert sein.* Sie darf nicht beide Ebenen gleichzeitig beinhalten, da sonst die Struktur des Textes nicht eindeutig sichtbar wird. Zum Erweis der Stimmigkeit einer Gliederung ist jeder Abschnitt mit einer eigenen Überschrift zu übertiteln.

l) Kohärenz: Ein zweites Ergebnis der textlinguistischen Analyse ist die Feststellung der Textkohärenz. Dabei sind zwei unterschiedliche Aspekte zu bedenken. Zur Prüfung, ob der Autor Prätexte aufnahm, sind die Elemente darzustellen, durch die die Kohärenz des Textes gestört wird. Solche Elemente können neben Spannungen, Brüchen und Widersprüchen auch sprachliche Unterschiede sein. Von den Aspekten ausgehend, die auf die Inkohärenz des

Textes deuten, ist anschließend zu untersuchen, wie der Verfasser Text-kohärenz schafft. Damit greift die Kohärenzprüfung in einem Punkt bereits auf die Redaktionsgeschichte des Textes voraus (→ 6.2 Redaktionskritik), beschränkt sich aber vorerst auf die Untersuchung der Elemente, durch die Kohärenz erzeugt wird.

3.2.4 Textbeispiele

a) Basisoppositionen und Gegensatzpaare

Beispiel 1: Die Verben der Bewegung sowie die Begriffe, die ein Begehren oder eine Gemütsbewegung ausdrücken, weisen auf die Basisopposition innerhalb des Textes hin. Israel flieht vor den übermächtig erscheinenden Ägyptern, die am Schilfmeer von JHWH geschlagen werden. Dabei wird eine doppelte Veränderung herbei-geführt. Während die Ägypter sich zu Beginn der Erzählung noch ihrer militärischen Übermacht sicher sind, halten sich die Israeliten für unterlegen und klagen bereits Mose für ihren Tod in der Wüste an (Ex 14,12). Dies verändert sich durch die Zusage Moses, JHWH werde für Israel streiten (V. 14). Für den Leser kommt diese Zusage nicht überraschend, da die Erzählung ab V. 2 auf die Konfrontation JHWHs mit den Ägyptern hinausläuft. In V. 4 verkündet Gott, sich an den Ägyptern als herrlich zu erweisen.

Mit der Verstockung verbunden ist die Frage, wer größere Macht besitzt. Bereits durch die Plagenerzählung wurde deutlich, dass JHWH dem ägyptischen Pharao überlegen ist. Nachdem im Plagenzyklus die göttliche Macht über die Natur zur Überlegenheit JHWHs über den Pharao führte, wird in Ex 14 die militärische Überlegenheit des ägyptischen Königs über das Volk Israel durch JHWHs Eingreifen gebrochen. Erneut obsiegt Gott über den Pharao, indem er sich als Herr über die Natur erweist. JHWH zeigt sich in der Schilfmeererzählung als der mächtigere Herr, der sein Volk auch in militärischen Auseinandersetzungen schützen kann.

Beispiel 2: Zunächst lassen sich zwei Basisoppositionen festmachen, die den Zustand A zu Beginn von Mk 2,1-12 und den Zustand B am Ende der Erzählung semantisch anzeigen. Der Ausgangspunkt der Erzählung ist ein Gelähmter, der innerhalb der Perikope von seinem Handikap befreit wird, so dass am Ende der Erzählung ein geheilter Mann, dem seine Sünden vergeben sind, vorzufinden ist. [...] Weiterhin kann die drängelnde Menschenmenge der Kleingruppe, die aus den vier Freunden und dem Gelähmten besteht, gegenüber gestellt werden (Vers 3 f.). [...] In diesem Zusammenhang sind die gegensätzlichen Verben ‚gehen/versammeln‘, die eine selbstständige Tätigkeit ausdrücken, und das Verb ‚bringen‘, welches auf die Angewiesenheit des Gelähmten anspielt, anzuführen. Die Schriftgelehrten kann man der Kleingruppe ebenso gegenüber stellen. Bei dieser werden Glaube und Vertrauen in Jesu Vollmacht im Gegensatz zu den Schriftgelehrten ersichtlich. Dieser Gegensatz wird durch das Verb ‚liegen‘, welches den Zustand des Gelähmten beschreibt, und das Verb ‚sitzen‘, welches die erhöhte Position (der Rest der

Menschenmenge wird gestanden haben) der Schriftgelehrten aufzeigt, weiter verstärkt. Ein weiteres Gegensatzpaar, welches die Kommunikation zwischen Jesus und den Schriftgelehrten aufzeigt, sind die Verben ‚sagen‘ und ‚denken‘. Jesus ist derjenige, der Tatsachen offen ausspricht, anstatt sie zu verheimlichen, so wie es die Schriftgelehrten tun. Von enormer Bedeutung ist das Gegensatzpaar ‚glauben‘ (Vers 5) und ‚sehen‘ (Vers 10), welches auf die Grundbedeutung der Erzählung anspielt. […] Somit lässt sich zusammenfassend feststellen, dass sich allein an dem Gelähmten, der zu einem sich eigenständig fortbewegenden Menschen wird, die Basisopposition der Perikope ausmachen lässt. Weitere Gegensatzpaare lassen sich durch die Menschenmenge und die Schriftgelehrten, die dem Gelähmten und seinen vier Freunden gegenübergestellt werden können, bilden. Dabei geht es im Vergleich um die unterschiedliche Art und Weise des Glaubens der verschiedenen Menschengruppen, die sich entweder durch Misstrauen auf Seiten der Schriftgelehrten, volles Vertrauen in die Vollmacht Jesu bei dem Gelähmten und Überzeugung durch die Geschehnisse bei der Menschenmenge, auszeichnen.

Beispiel 3: Es ist sehr wichtig für die Handlung, dass deutlich wird, dass die Männer Gläubige sind, denn durch sie bekommen die folgenden Schriftgelehrten einen Gegenpol. Die vier einfachen Männer glauben an die Vollmacht Jesu, doch die Schriftgelehrten, die eigentlich die Gläubigen sein sollten, zweifeln an seiner Vollmacht. […] Das dritte Gegensatzpaar bilden die Sündenvergebung und die körperliche Heilung des Gelähmten, die ich bereits ausführlich erläutert habe. Auch die beiden Verben βλασφημεῖν (‚Gott lästern‘) in Vers 7 und ἀφίενται τὰς ἁμαρτίας (‚die Sünden vergeben werden‘) bilden ein Gegensatzpaar. Die Schriftgelehrten beschuldigen Jesus der Gotteslästerung (βλασφημεῖ), weil er ἀφίενται τὰς ἁμαρτίας (‚die Sünden vergibt‘). In Markus 2,1-12 bilden die Verse 9 und 11 ein Gegensatzpaar. In Vers 9 stellt Jesus die rhetorische Frage: τί ἐστιν εὐκοπώτερον, εἰπεῖν τῷ παραλυτικῷ (‚Was ist leichter, zu dem Gelähmten zu sagen‘). Das letzte Gegensatzpaar ist διαλογίζομαι (‚ich erwäge‘) – λέγω (‚ich sage‘). Die Schriftgelehrten denken und sprechen das Gedachte nicht aus. Dadurch wirken sie feige. Jesus dagegen spricht und handelt. Die wahre Heilung, die Vergebung der Sünden, geschieht durch das Wort, durch das Sprechen. Somit bilden auch die Schriftgelehrten und Jesus ein Gegensatzpaar.

Auswertung: Die Verfasserin von Beispiel 2 benennt zunächst die Basisoppositionen und anschließend die Gegensatzpaare. Die Bildung der Basisopposition und Gegensatzpaare und ihre Wirkung auf den Text werden abschließend im Blick auf den jeweiligen Glauben behandelt. Dieser Aspekt wird auch in Beispiel 3 betont, indem das Verhältnis der Akteure zueinander in den Blick genommen wird. Zudem geht die Verfasserin auf die Wirkung der Gegensatzpaare auf den Leser ein. Damit wird ein erster Aspekt sichtbar, der in der Textpragmatik weiter auszuführen ist.

b) Spannungsbögen

Beispiel 1: Die Erzählung vom Auszug aus Ägypten läuft auf den Untergang des ägyptischen Heeres im Schilfmeer hinaus, die in Ex 14,37 geschildert wird. Die Voraussetzung, dass es zur Konfrontation des ägyptischen Heeres mit JHWH kommen kann, wird bereits in Ex 13,17 geschaffen: JHWH führt sein Volk nicht auf direktem Weg nach Kanaan, sondern lässt sie zunächst durch die Wüste bis zum Schilfmeer ziehen und an einem Ort lagern, an dem es zwischen dem ägyptischen Heer und dem Schilfmeer eingeschlossen ist. Damit JHWH seine Macht am ägyptischen Heer demonstrieren kann, greift er an zwei Stellen ein. JHWH verstockt das Herz des Pharaos, damit dieser sein Heer ins Verderben führt, und er stärkt Mose gegenüber dem rebellierenden Volk, in dem er ihn beauftragt, seinen Stab zu heben, um das Meer zu teilen. Damit weist er nicht nur Israel einen Fluchtweg vor den Ägyptern, sondern erhält mit den sich auftürmenden Wassern zugleich ein Mittel, um das ägyptische Heer zu vernichten. Abschließend wird der doppelte Ausgang der JHWH-Erkenntnis betont. Während die Ägypter im Meer versinkend verstehen, dass JHWH auf Seiten der Israeliten kämpft, erkennen die Israeliten nach der wundersamen Errettung die Macht und Größe JHWHs an. Der Spannungsbogen in dieser Erzählung ist folglich einlinig. Als Stilmittel wird ein Wechsel von Ankündigung und Vollendung gewählt, so dass die Erzählung geradlinig auf den Höhepunkt zuläuft.

Beispiel 2: In Markus 2,1-12 lässt sich ein Spannungsbogen ausmachen, der sich von Vers 1 bis Vers 12 erstreckt. Vers 1 und Vers 2 bilden die Exposition des Textes. Es wird die Basis der Erzählung geschaffen. Jesus lehrt πολλοί (,viele') das Wort. Mit πολλοί sind vermutlich Menschen aus der Umgebung Kapernaums und aus Kapernaum selbst gemeint. In Vers 3 und 4 steigt der Spannungsbogen an, da neue Personen auftreten, die die Lehre Jesu unterbrechen. Hierbei handelt es sich um vier Menschen, die einen Gelähmten zu Jesus bringen. Mit ihnen beginnt die eigentliche Handlung. Seine Heilung ist Anlass für das folgende Streitgespräch zwischen Jesus und den Schriftgelehrten und darüber hinaus Anlass für das Ziel der Erzählung, die Vollmacht des Menschensohnes. Mit der Sündenvergebung in Vers 5 steigt der Spannungsbogen erneut an und hält sich bis Vers 9. In diesen Versen treten zum ersten Mal die Schriftgelehrten auf, die in ihren Gedanken Jesus der Gotteslästerung bezichtigen. Das Streitgespräch, dessen Resultat in Vers 10 deutlich wird, beginnt. Vers 10 bildet den Höhepunkt der Handlung. Auch sprachlich wird dies deutlich, denn es handelt sich um den einzigen Vers neben Vers 6 (dazu an späterer Stelle mehr), der weder durch καὶ eingeleitet wird, noch mit einer wörtlichen Rede beginnt. Das hier verwendete Präsens ist kein historisches Präsens. Der Leser bzw. die Leser werden durch ἵνα δὲ εἰδῆτε (,damit ihr aber wisst') direkt angesprochen. An dieser Stelle spricht Jesus zum ersten Mal selbst davon ὁ υἱὸς τοῦ ἀνθρώπου (,Menschensohn') zu sein. Die wahre Intention dieses Textes wird deutlich. Das Wunder, welches Jesus vollbringt, spielt nur eine untergeordnete Rolle. Es ist der Anlass zu zeigen, dass Jesus Gottes Sohn ist und ,Vollmacht besitzt' (ἐξουσίαν ἔχει).

Es gibt zwei Möglichkeiten, wie der Spannungsbogen weiter verlaufen kann. Zum einem besteht die Möglichkeit, dass er von Vers 10 bis Vers 12 sinkt. Denn so werden der Höhepunkt und die Intention des Textes deutlicher. Zum anderen könnten Vers 11 und Vers 12 auf derselben Spannungsebene liegen wie Vers 10, denn schließlich wird die Vollmacht Jesu an einem Beispiel dargestellt. Es kommt zur körperlichen Heilung des Gelähmten. In der Mitte von Vers 12 müsste dann die Spannung wieder abfallen, denn es wird, wie zu Beginn, von der Menge berichtet, die nach dem Wort und der Tat Jesu Gott preist. Dadurch, dass sowohl zu Beginn als auch am Ende der Handlung die Menschenmenge genannt wird, ist die Handlung in sich geschlossen. Um den Verlauf des Spannungsbogens zu verdeutlichen, findet sich im Anschluss ein skizzierter Spannungsbogen der Handlung:

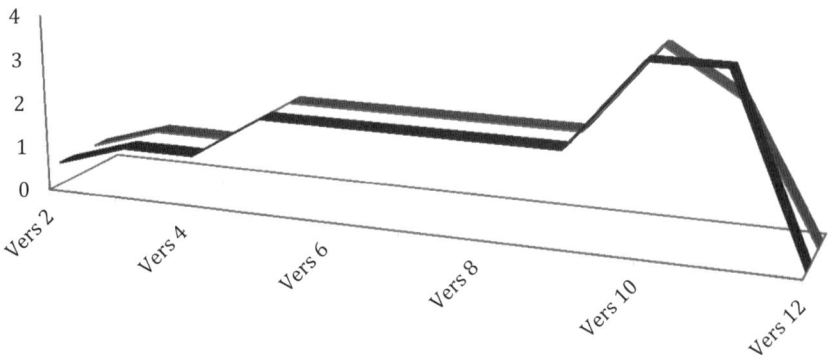

Beispiel 3: In der Erzählung von der Heilung des Gelähmten gibt es zwei Spannungsbögen. Der erste umfasst die gesamte Erzählung, wird aber von einem zweiten Spannungsbogen unterbrochen. Der erste beginnt in Vers 1 mit der Einleitung und zieht sich über den Beginn der Wundergeschichte bis hin zur Ansprache des Gelähmten in Vers 5. Hier endet er zunächst und ein weiterer Spannungsbogen beginnt, der in Vers 5b oder 6 ansetzt und mit Vers 10 endet. Er umfasst den gedachten Vorwurf der Schriftgelehrten und das daraufhin folgende Gespräch Jesu mit ihnen. Hier wird nun der erste Spannungsbogen weitergeführt und kommt mit der Heilung und der Reaktion der Anwesenden zu einem Ende. Diese beiden ineinander verschränkten Spannungsbögen zeigen, dass der Text zwei unterschiedliche thematische Aspekte behandelt, die miteinander verbunden sind.

Auswertung: Es fällt zunächst die Graphik von Beispiel 2 auf, durch die der Spannungsbogen der Erzählung visualisiert wird. Der Spannungsbogen wird semantisch begründet, indem Konjunktionen und Tempuswechsel als Mittel, Spannung zu erzeugen, angeführt werden. Der so aufgezeigte Spannungsbogen kann in der formgeschichtlichen Untersuchung weiter ausgewertet werden. Dadurch, dass der Höhepunkt nicht eindeutig bestimmt werden kann, bleibt der Text für unterschiedliche Deutungen offen. Damit leitet die Verfasserin zur Textpragmatik über. – Einen anderen Spannungsverlauf zeigt die Verfasserin von Beispiel 3 auf. Sie wählt zwar keine semantische Begründung, führt hingegen aber aus, dass in Mk 2,1-12 zwei Erzählungen miteinander verschränkt sind. Das führt zu der Frage, ob diese Erzählungen ursprünglich getrennt oder von Anfang an gemeinsam vorlagen. Dies wird die Kohärenzprüfung sowie die spätere diachrone Analyse zeigen müssen.

c) Tragende Begrifflichkeiten und semantische Felder

Beispiel 1: Für die Erzählung tragend sind vor allem Verben, die eine Bewegung beschreiben. Durch die Bewegungsrichtungen ergeben sich unterschiedliche Distanzen zwischen den Israeliten und den Ägyptern. Ausgangspunkt der Erzählung ist das Fortziehen der Israeliten aus Ägypten. Geleitet wird das Volk Israel von Gott (V. 20), der vor ihnen herzieht (V. 21). Bereits in V. 17 wird deutlich, dass Israel mit Zustimmung des Pharaos aus Ägypten aufbrach. JHWH leitet sein Volk jedoch nicht auf direktem Weg nach Kanaan, sondern lässt sie einen Umweg über eine Meerenge gehen. Dieser wird von den Ägyptern als Irrweg durch die Wüste gedeutet, wodurch sie scheinbar die Möglichkeit erhalten, den Israeliten nachzustellen. Durch den Aufbruch des ägyptischen Heeres wird die räumliche Distanz zwischen den beiden Gruppen soweit verkleinert, dass sie sich auf Sichtweite gegenüberstehen. Der Raum zwischen ihnen wird von der göttlichen Feuersäule gefüllt. Während des Zuges durch das Meer bleibt der Abstand zunächst gewahrt. Erst dadurch, dass JHWH die Räder der ägyptischen Streitwagen hemmt, vergrößert sich die Distanz zwischen den beiden Gruppen wieder (V. 25). Dies führt dazu, dass die Israeliten rechtzeitig das andere Ufer erreichen, die Ägypter aber in den zurückkehrenden Wasserfluten untergehen (V. 28).

Um den Plot der Erzählung zu erreichen, ist ein Sinneswandel bei den Ägyptern nötig, der innerhalb der Geschichte mit Begriffen, die ein Begehren oder einen Gemütszustand schildern, erreicht wird. Ex 14,4 setzt mit der Ansage JHWHs ein, das Herz des Pharaos zu verstocken. In V. 5 wird der Sinneswandel geschildert, der allerdings bereits vor der Verstockung erfolgt (V. 8). Er wird damit begründet, dass das Herz des Pharaos sich verwandelte. Auch das Herz der ägyptischen Soldaten wird entsprechend der Ansage in V. 17 verstockt, so dass sie den Israeliten in das Meer folgen. Doch während die Verstockung des Pharaos dazu führt, dass er die Gefahr der Situation nicht mehr erkennt, sind seine Soldaten in ihrer aussichtslosen Lage zur JHWH-Erkenntnis in der Lage (V. 25).

Beispiel 2: Das Verb der Fortbewegung ‚gehen‘ spielt in der Perikope [Mk 2,1-12] eine zentrale Rolle. Zu Beginn wird es im Zusammenhang mit der Ortsangabe verwendet, indem gesagt wird, dass Jesus wieder nach Kapernaum ging. Am Ende wird dieses Verb erneut aufgenommen, um den Erfolg der Heilung, die am Gelähmten vollzogen wurde, zu beweisen. Er nimmt sein Bett und kann vor aller Augen gehen. [….] Dieses Verb bildet somit einen Rahmen um die Erzählung. [...] Zusammenfassend ist festzuhalten, dass der Begriff ‚Glaube‘ und damit einhergehend die Verben ‚sehen‘, ‚vergeben‘ und ‚gehen‘ bedeutende semantische Wortfelder der

Perikope sind, die an entscheidenden Stellen der Erzählung verwendet werden und die gesamte Erzählung hindurch immer wieder auftreten.

Beispiel 3: In Markus 2,1-12 gibt es sehr viel wörtliche Rede. Daher spielen die Verben des Sprechens eine sehr große Rolle. Überwiegend wird das Verb λέγω („ich sage‘) in den verschiedensten Varianten verwendet. [...] Neben den Verben des Sprechens werden Verben der Wahrnehmung genannt. Das Volk ‚hört‘ (ἠκούσθη) in Vers 1 davon, dass Jesus in der Stadt ist. In Vers 5 ‚sieht Jesus den Glauben der Menschen‘ (ἰδὼν ὁ Ἰησοῦς τὴν πίστιν) und in Vers 8 erkennt er, was die Schriftgelehrten über ihn denken (ἐπιγνοὺς ὁ Ἰησοῦς ‚Jesus erkannte‘). [...] Die Rolle des Gelähmten wurde bereits dargestellt und wird in der Personenkonstellation wieder aufgegriffen. Der Begriff ὁ κράβαττος (‚das Bett‘) ist deshalb interessant, weil er für die physische Heilung des Gelähmten ein wichtiges Instrument ist. An ihm wird veranschaulicht, dass er wieder laufen kann. ὁ κράβαττος (‚das Bett‘) kommt zum ersten Mal in Vers 4 vor. Es ist zum einem ein Transportmittel, zum anderen der Ort, an dem sich der Gelähmte am meisten aufhält. Es steht symbolisch für seine Krankheit, nicht laufen zu können und die meiste Zeit an einem Ort gebunden zu sein. Nachdem Jesus ihn von seiner Lähmung geheilt hat, fordert er den Gelähmten dazu auf, sein Bett nach Hause zu tragen. Diese Aufforderung wird durch den Imperativ ausgedrückt. Das Bett, welches ihn solange getragen hat, wird nun vom Gelähmten getragen.

Auswertung: Die Verfasserin von Beispiel 2 erfasst durch die Darlegung des Wortfeldes ‚gehen‘ die Dynamik des Textes. Durch dieses und seine Beobachtungen zum Wortfeld ‚Glaube‘ bereitet sie die Kohärenzprüfung vor, indem sie die semantischen Bezüge innerhalb des Textes hervorhebt. – Anders als die Verfasserin von Beispiel 2 hebt die Verfasserin von Beispiel 3 nicht auf die durch die Verwendung von Begriffen des Wortfeldes ‚gehen‘ hervorgerufene Dynamik im Text hervor, sondern weist auf das Kommunikationsgeschehen im Text hin. Mitteilung und Wahrnehmung sind die für sie entscheidenden semantischen Aspekte, die den Text prägen. Weiter geht sie auf den Kontrast von Getragenwerden vs. Tragen ein, womit sie eine Dynamik innerhalb der Erzählung aufweist.

d) Akteure

Beispiel 1: In der Erzählung von der Rettung der Israeliten am Schilfmeer sind vier Akteure entscheidend. Da die Erzählung an die vorausgehende Perikope direkt anknüpft, werden diese nicht neu eingeführt. Geschildert wird die sich nach dem Auszug der Israeliten ergebende Situation durch einen impliziten Erzähler, durch den der Leser jeweils Informationen über den Handlungsverlauf erhält. Neben diesem treten der Pharao auf ägyptischer Seite sowie JHWH und Mose auf israelitischer Seite als entscheidende Akteure auf. Die Rollen sind zwischen den einzelnen Akteuren klar verteilt. Der ägyptische König befehligt sein Heer und wirkt damit direkt auf die Handlung ein. Auf israelitischer Seite dient Mose als Mittler zwischen JHWH und dem Volk. Seine Botschaft lässt Gott den Israeliten durch Mose vermitteln. In den

Geschichtsverlauf greift JHWH direkt und indirekt ein. Er wirkt direkt auf die Ägypter ein (Herzensverstockung), doch lässt er seinen Engel bzw. die Feuersäule zwischen die Israeliten und die Ägypter treten und beauftragt Mose, seinen Stab zur Teilung des Meeres zu heben. Während JHWH für die Ägypter also unmittelbar erfahrbar wird, nehmen die Israeliten ihn nur durch den von ihm beauftragten Mittler sowie durch die Ereignisse wahr.

Beispiel 2: Zunächst lässt sich auch innerhalb der Kommunikationsstruktur ein Rahmen finden. In Vers 1 spricht Jesus zu der Menge, man könnte dies auch als ‚Input‘ bezeichnen. In Vers 12 geschieht dann eine Art ‚Output‘, indem die Menschenmenge auf die Vollmacht Jesu zunächst mit Entsetzen, dann mit Lobpreis reagiert. Weiterhin kommt es zu einer Kommunikation zwischen Jesus und dem Gelähmten, die sich auf Jesu Seite aktiv und auf Seiten des Gelähmten passiv vollzieht. Folgender Aspekt ist sehr interessant: Jesus kommuniziert zunächst nicht mit dem Gelähmten und den vier Freunden, und auch diese äußern in keiner Weise ihr Anliegen. Jesus erkennt die Not, handelt selbstständig und ohne zu zögern. Auch in der Kommunikation zwischen Jesus und den Schriftgelehrten ist Jesus der einzig aktive Kommunikationspartner. Die Schriftgelehrten hingegen kommunizieren nonverbal. Jesus erkennt ihre Gedanken, ohne dass sie ein Wort verlieren. In Vers 8 spricht Jesus die Schriftgelehrten offen auf ihre Gedanken, die von Unglauben gezeichnet sind, in Form einer rhetorischen Frage an. Jesus stellt in Vers 9 zwar eine Frage, erwartet jedoch keine Antwort, weil er weiß, dass beide Fragen gleiches Gewicht haben. Dem Menschen ist es unmöglich Sünden zu vergeben, und somit ist dies Gottes Werk.[16] In Vers 10a legt Jesus die bestimmte Antwort fest, dass die Heilung die Sündenvergebung beglaubigt. [...] Zusammenfassend lassen sich somit vier verschiedene Akteure ausmachen. Der Gelähmte, die Gruppe der Schriftgelehrten und die Menschenmenge treten dabei eher in den Hintergrund. Jesus gilt innerhalb der Perikope somit als der aktiv Handelnde. Auf ihn richtet sich das gesamte Augenmerk der anderen Akteure. Jesus ist der, von dem Großes erwartet wird, und von ihm allein geht vollmächtiges Wirken aus.

Beispiel 3: Insgesamt gibt es fünf verschiedene Personen bzw. Personengruppen: Jesus, das Volk, die Freunde des Gelähmten, der Gelähmte und die Schriftgelehrten. In der Exposition werden Jesus und das Volk genannt. Jesus bildet das Zentrum der Erzählung. Seinetwegen versammeln sich viele Menschen, und die Freunde des Gelähmten nehmen die Mühe auf sich, den Gelähmten zu ihm zu bringen. Bei den Schriftgelehrten löst er Ärgernis aus. Das Volk tritt nur am Anfang und am Ende auf. Unter ihnen sind Gläubige, potenzielle Gläubige und Ungläubige. Sie kommen aus Neugierde, weil sie glauben oder glauben wollen. Die Freunde des Gelähmten sind schon Gläubige und stehen Jesus positiv gegenüber. Über den Glauben des Gelähmten wird nichts gesagt. Er wird nicht geheilt, weil Jesus seinen Glauben

---

16 Vgl. Schmithals, Markus, 161.

sieht, sondern den Glauben der vier Männer. Der Gelähmte ist das Mittel zum Zweck. Die Krankenheilung soll die letzten Ungläubigen von der Vollmacht des Menschensohnes auf Erden überzeugen. Die Schriftgelehrten hingegen stehen Jesus negativ gegenüber. Sie bilden den Gegenpol zu den vier Männern. Sie sind ungläubig und fordern die körperliche Heilung des Gelähmten.

Auswertung: Beispiel 2 weist die Verschränkung von Gegensatzpaaren, semantischen Feldern und Personenkonstellationen aus. Dadurch wird dem Leser ein vertieftes Verständnis der Textstruktur ermöglicht. Ergänzen lässt sich diese um die Betrachtung der vier Freunde, die einen Gegensatz zu Jesus und seinem Handeln bilden. – Die Verfasserin von Beispiel 3 beschränkt sich auf die Personen(gruppen), die im Text auftreten, ihre Funktionen und ihre Stellung zueinander. Verglichen wird ihr Glaube, durch den ihr jeweiliges Verhältnis zu Jesus bestimmt ist.

e) Quantitäten

Beispiel 1: Der quantitative Schwerpunkt der Erzählung liegt auf dem Eingreifen JHWHs, während der Zug der Israeliten nur in kurzen Sätzen geschildert wird. Zunächst wird in Ex 13,17-22 eine ausführliche Exposition dargeboten, in der sowohl eine Verbindung zu den vorangehenden Ereignissen als auch der Zugweg der Israeliten sowie der göttliche Begleitschutz beschrieben werden. In Ex 14 stehen die Reden JHWHs an Mose im Mittelpunkt der Erzählung. In ihnen wird jeweils das Bevorstehende angesagt. Die Schilderung der Handlung dient dann nur noch dazu, zu bestätigen, dass die Ansagen eintrafen.

Beispiel 2: Die Art der Erzählung variiert innerhalb der Perikope. Der Anfang in Vers 1 ist knapp gehalten, Vers 2 ist dagegen ausführlicher. Auch die Schwierigkeiten, den Gelähmten zu Jesus zu bringen, werden recht ausführlich beschrieben, sodass der Leser eine gute Vorstellung von der Situation bekommt, vor allem nachdem die Frage der Realien und der historischen Hintergründe bereits geklärt wurde. Die Antwort Jesu auf das Herablassen des Gelähmten fällt in meinen Augen dagegen wieder knapper aus; es könnte als eine reine Aussage oder aber als ein Zuspruch gedeutet werden. Ab hier begegnet uns häufig direkte oder als direkte gedachte Rede, allerdings auch knapp gehalten. Erst der Anfang von Vers 8 ist wieder etwas ausführlicher und wird dann erneut zu direkter Rede Jesu, die sehr viel Raum einnimmt und damit die Vermutung nahelegt, dass genau diese Rede Jesu an die Schriftgelehrten den inhaltlichen Schwerpunkt der Perikope bildet. Zudem geht sie in die Fortsetzung der Wundergeschichte über und verbindet sie mit dem Streitgespräch, womit nun die Antwort Jesu an die Schriftgelehrten, aber auch das Wunder an sich als zentrale Stellen der Perikope hervorgehoben werden.

Beispiel 3: Hier lässt sich feststellen, dass die Exposition (Vers 1 f.), in der Ort und Zeit wie auch der Anlass der Versammlung der Menschenmenge beschrieben werden, eine ausführliche Darstellung erhält. Das gleiche gilt für die Verse 3 f., in denen der Weg des Gelähmten zu Jesus geschildert wird. Demgegenüber ist der Akt der Sündenvergebung in Vers 5 nur knapp geschildert. In den Versen 6–10 wird die Frage nach der Vollmacht Jesu in Verbindung mit der Anklage der Schriftgelehrten in ausführlicher Weise aufgeführt. Dagegen steht erneut ein eher knapp gehaltener Abschnitt, der die Verse 11–12 a umfasst, in dem die Aufforderung und der Beweis zur Heilung des Gelähmten beschrieben wird. Die Reaktion der Menschenmenge in Vers 12 b wird hingegen in ausgeweiteter Form geschildert. Aus dieser Darstellung wird zusammenfassend ersichtlich, dass die Sündenvergebung und die Heilung [...] nicht im Mittelpunkt der Erzählung stehen. Der Schwerpunkt liegt somit auf der Anklage der Schriftgelehrten und dem daraus resultierenden Beweis der Vollmacht Gottes, dessen Wirkung im letzten Teilvers der Perikope offensichtlich wird.

Auswertung: Beispiel 2 zeigt die Gewichtung der Erzählanteile im Text auf und kann aufweisen, dass die Rede Jesu den Schwerpunkt der Erzählung bildet. Die Verfasserin unterscheidet weiter zwischen der Rede Jesu an die Schriftgelehrten, die ausführlich gestaltet ist, und der rahmenden Wundergeschichte, die in kurzen Sätzen geschildert wird. – Auch die Verfasserin von Beispiel 3 erkennt in dem Gespräch Jesu mit den Schriftgelehrten den Schwerpunkt dieser Erzählung, doch deutet sie im Gegensatz zu der Verfasserin des Beispiels 3 die Wundererzählung nicht als eigenen Erzählfaden, sondern nur als Rahmenhandlung.

f) Wiederholungen

Beispiel 1: Die Erzählung vom Zug durch das Schilfmeer folgt dem Schema *Ansage und Erfüllung*, so dass mehrfach Wiederholungen auftreten. Die Ansage der Verstockung und ihre Folge (Ex 14,4) werden in V. 8 aufgenommen. Die Zusage JHWHs an Mose, sich an den Ägyptern zu verherrlichen, so dass sie JHWH erkennen (V. 17 f.), wird in V. 25 aufgenommen. Dabei wird ein Bezug zur Aussage Moses, JHWH werde für Israel streiten, hergestellt, indem die Ägypter feststellen, dass Gott für Israel kämpft.

Beispiel 2: Eine identische Repetition der gleichen Wendung aus Vers 5 (,sprach er zu dem Gelähmten') findet sich in Vers 10. Somit wird der in Vers 5 verlassene Erzählfaden der Heilungsgeschichte erneut aufgenommen.[17] Es liegt also meiner Meinung nach eine Rückkehr zum Rahmen der Wundergeschichte in Vers 10 vor. Eine innerhalb der Satzkonstruktion veränderte Wiederholung von Vers 5b ,deine Sünden sind dir vergeben', wird in Vers 9 ,dir sind deine Sünden vergeben' aufgenommen. Dies zielt auf die Sündenvergebung als Ausgangspunkt zur Heilung ab. In Vers 9 und 11 wird eine nahezu identische Repetition verwendet. Der einzige Unterschied liegt im Abschluss der Wiederholung. Während es in Vers 9 ,umher' heißt, wird in Vers 11 der Begriff ,heim' verwendet. Diese Wiederholung findet am Beginn des Verses 12, jetzt aber in der Vergangenheitsform, erneut Platz. Während in Vers 11 die Durchführung des Heilungswunders geschildert wird, soll in Vers 12 die

---

17 Vgl. Kertelge, Wunder Jesu, 77.

Demonstration der Heilung vor der Menschenmenge geschehen, wozu Jesus den Gelähmten mit nahezu demselben Wortlaut auffordert, sein Bett aufzuheben und nach Hause zu gehen. Hier findet eine Art Zuspitzung des Geschehens statt, was die in Vers 12 b geschilderte Reaktion zur Folge hat. [...] Zusammenfassend ist festzuhalten, dass Repetitionen an den für die Erzählung entscheidenden Stellen eingeflochten werden. Sie dienen beispielsweise als Verbindung zweier Teile eines zusammengehörenden Handlungsstranges, der durch eine andere Handlung unterbrochen wird. In dem vorliegenden Text handelt es sich hierbei um die Heilungsgeschichte, die durch das Streitgespräch zeitweise unterbrochen wird.

Beispiel 3: Auch im Hinblick auf Wiederholungen im Text können Rückschlüsse auf die Textstruktur gezogen werden. Die fünffache Wiederholung des Wortes παραλυτικός ('Gelähmter') habe ich bereits zuvor erörtert. Daneben sind in der vorliegenden Perikope noch weitere Wiederholungen festzustellen. Zum einen fällt die Wiederholung der Worte διαλογίζομαι ἐν ταῖς καρδίαις ('in den Herzen erwägen') in Vers 6 und Vers 8, also im Streitgespräch Jesu mit den Schriftgelehrten, auf. Damit wird schon hier die erst in Vers 10 ausdrücklich angesprochene Macht Jesu verdeutlicht, der in die Herzen der Menschen sehen kann und weiß, was sie fühlen und denken. Dass es in dem eingefügten Teil der Perikope steht, passt sehr gut, da es hier um das Thema der Vollmacht Jesu geht, die die Schriftgelehrten anzweifeln. Auch wird durch die Wiederholung zusätzlich Kohärenz hergestellt. Zum anderen wird die Aussage Jesu ἀφίενται σου αἱ ἁμαρτίαι ('die Sünden werden dir vergeben') in Vers 5 und 9 wiederholt, und in Vers 10 heißt es ἀφιέναι ἁμαρτίας ('Sünden vergeben'). Durch die dreifache Wiederholung wird die Sündenvergebung sehr stark betont und in den Vordergrund gehoben. Wenn der Vers 5 b schon zu der eingeschobenen Erzählung gehört, unterstützt diese Wiederholung die eben angesprochene Vollmacht Jesu und stellt wiederum Kohärenz her. Wenn Vers 5 b noch zu der Wundergeschichte gezählt wird, kann hier eine Verknüpfung der beiden Erzählungen gesehen werden. Die Wundergeschichte bietet den Ansatzpunkt für das Streitgespräch. Zuletzt ist eine Wiederholung zu nennen, die zwar teilweise variierende Wörter benutzt, aber dennoch den Inhalt, das Gemeinte wiederholt: ἔγειρε καὶ ἆρον τὸν κράβαττόν σου ('steh auf und nimmt dein Bett') in den Versen 9, 11 und 12. Hier wird wieder die Verschränkung der beiden Erzählungen sichtbar. Sie sind nicht voneinander unabhängig, sondern resultieren auseinander. Zudem wird hiermit sowohl das Wunder als auch Jesu Vollmacht sehr stark hervorgehoben.

Auswertung: Mit der Analyse der im Text vorfindlichen Wiederholungen bereiten die Textbeispiel 2 und 3 die Kohärenzprüfung weiter vor. Die Verfasserin von Beispiel 3 deutet Wiederholung als Zeichen des Textzusammenhangs und versteht sie als 'Wiederaufnahme'. Dabei geht sie auf die unterschiedlichen Funktionen ein, die die Aussagen innerhalb des Textes besitzen. Die Verfasserin von Beispiel 3 zeigt dieselben Wiederholungen auf, erkennt in ihnen jedoch Zeichen für die Inkohärenz des Textes. Sie bleibt der bereits mehrfach in den Beispielen erwähnten These, die Erzählung sei aus zwei unterschiedlichen Ursprungserzählungen gestaltet, treu und teilt die

Wiederholungen auf die beiden Erzählungen auf. Daran, dass die beiden Erzählungen zwar dieselben Vorgänge beschreiben, dazu aber unterschiedliche Begriffe verwenden, deutet sie als Zeichen für ihre ursprüngliche Eigenständigkeit. Vergleicht man den griechischen Text mit den deutschen Textübersetzungen, dann wird deutlich, dass eine derartige Analyse am deutschen Text nicht vollzogen werden kann, da in den Übersetzungen die terminologischen Differenzen nicht in vollem Umfang sichtbar werden.

g) Pro-Formen

Beispiel 1: Durch die Einfügung des Pronomens ‚euch' wird in Ex 13,19 ein Bezug zwischen der Exodusgruppe und den Söhnen Josephs hergestellt. Mose nimmt gemäß dem Eid, den Jospeh seine Söhne schwören ließ, seine Gebeine bei der Rückkehr nach Kanaan zu transferieren, wohl um sie im gelobten Land zu bestatten, die sterblichen Überreste Josephs mit auf die Wanderung.

Eine weiteres Pronomen wird in Ex 13,21 und Ex 14,4 verwendet. In Ex 13,21 wird berichtet, JHWH werde vor ‚ihnen', also vor dem Volk Israel, voranziehen. In Ex 14,4 wird dasselbe Pronomen für Israel in der Ansage JHWHs verwendet, das Herz des ägyptischen Königs zu verstocken, ‚dass er ihnen nachjage'. Während in Ex 13,21 durch die Verwendung von ‚ihnen' die Einheit von JHWH und dem Volk auf dem Wüstenzug bewirkt wird, bietet Ex 14,4 eine ungewöhnliche Differenzierung. JHWH spricht zu Mose, verwendet aber, obwohl Mose zur Gruppe gehört, das Pronomen ‚ihnen'. Als Leser würde man erwarten, das hier das Pronomen ‚euch' erscheint. Erneut wird ‚ihnen' für das Volk Israel in V. 9 verwendet. In diesem Vers wird damit die gesamte Gruppe, Mose eingeschlossen, bezeichnet. In der Ansage V. 17 wird schließlich die schon in V. 4 erwartete Pronomen ‚euch' gebraucht.

Beispiel 2: Ebenfalls zu beachten sind die so genannten Pro-Formen und die im Text [Mk 2,1-12] erscheinenden Renominalisierungen. Unter Pro-Formen versteht man Wörter, die zuvor genannte Namen, Bezeichnungen und Ausdrücke ersetzen. So wird Jesus in Vers 3 durch αὐθόν (‚ihn'), in Vers 4 durch αὐτῷ (‚ihm') ersetzt.

Auswertung: Der Überblick über die im Text verwendeten Pro-Formen in Beispiel 2 dient allein der Textwahrnehmung. Gedeutet wird ihre Verwendung erst in der Kohärenzprüfung. So ist die kurze Darstellung ausreichend, wenn der Aspekt an genannter Stelle wieder aufgenommen wird.

h) Verknüpfungen

Beispiel 1: Die Erzählung in Ex 13,17–14,31 beinhaltet zwei Erzählstränge, die miteinander verbunden sind. Mit Ex 13,17 wird zunächst durch ‚als nun' eine Verbindung zum voher Berichteten hergestellt, die entweder temporal oder konditional zu deuten ist. Die in der Übersetzung nach Luther verwendete Konjunktion ‚als' kann in beiden Fällen verwendet werden. Die Elberfelder Bibel bietet die Übersetzung ‚und es geschah, als'. Diese kann ebenfalls als temporale sowie konditional Fortführung verwendet werden, so dass auch der Vergleich verschiedener Bibelübersetzungen an dieser Stelle zu keiner genaueren Bestimmung führt. Die einzelnen Schritte in der Erzählung werden mit der Kopula ‚und‘ oder der temporalen Konjunktion ‚da‘ miteinander verbunden. Einzig die Abschnitte der Erzählung, in denen kein Handlungsfortgang geschildert wird, beinhalten andere Verknüpfungen. Konstituiert wird die Erzählung durch einen in Ex 14,1 f. beschriebenen Gegensatz. Der von JHWH ersonnene Zugweg der Israeliten, die sich bei *Pi-Hahirot* rasten sollen, und dem beim Pharao erweckten Eindruck, die Israeliten hätten sich in der Wüste verirrt und an einem Ort gelagert, an dem es keine Rückzugsmöglichkeit vor einem herandrängenden Heer gäbe, führt dazu, dass die Ägypter die Isralitien als leichte Beute betrachten. Der durch die unterschiedliche Deutung des Ereignisses entstehende Gegensatz wird in V. 2 mit dem Wort ‚aber‘ markiert. Dieser Gegensatz wird im Folgenden aufgenommen. Im Anschluss an die Rede des Mose in V. 13 f. weist JHWH ihn an, die Israeliten durch das Meer zu führen. Die Ägypter lässt er folgen, die ihrerseits die Gefahr nicht erkennen. Anders als zuvor wird der Gegensatz durch ‚siehe‘ (V. 17) markiert. Letztmalig wird der Gegensatz zwischen Israel und Ägypten in den V. 28 f. aufgenommen. Während die Ägypter in den Wassermassen ertrinken, wird über die Israeliten berichtet, sie wären durch das Meer gezogen. Der Gegensatz wird erneut durch die Konjunktion ‚aber‘ angezeigt.

Beispiel 2: Neben den Spannungsbögen und den semantischen Feldern muss auf die Verknüpfungen der einzelnen Verse geachtet werden. Dabei fällt als erstes die häufige Verwendung der beiordnenden Konjunktion καί auf. Die Konjunktion καί (‚und‘) stellt eine einfache Verknüpfung her und leitet in der Perikope außer Vers 11 alle Verse (1.2.3.4.5 und 12) der Wundergeschichte ein. Die Verse des Streitgespräches dagegen werden (außer Vers 8) nicht mit καί (‚und‘) eingeleitet. Dies ist ein weiteres Beispiel für die Kohärenz der Perikope. Das καί (‚und‘) aus Vers 1 bildet den Übergang von der vorangegangenen Erzählung hin zu einer neuen Situation: Jesus ist jetzt wieder in Kapernaum. Dabei ist auch das Adverb πάλιν (‚wiederum, ferner‘) zu beachten, das eine Verbindung zu Mk 1,38 herstellt. Eine weitere Verknüpfung findet sich in Vers 2 und Vers 12: εἰμί (‚sein‘). Diese Konjunktion leitet jeweils die Folge eines bestimmten Umstandes ein. In Vers 2 ist die Folge, dass es keinen Platz mehr in dem Haus gibt, in dem Jesus sich aufhält. Daher stehen seine Zuhörer sogar bis vor der Tür. In Vers 12 leitet εἰμί (‚sein‘) die Folge der Heilung des Gelähmten ein, der seine wundersame Heilung allen demonstriert, indem er aufsteht und weggeht. Hier ist die Folge dieser Handlung, dass die Anwesenden staunen und Gott loben. Auch die Konjunktion ὅτι (‚dass‘) ist mehrfach anzutreffen: in Vers 1, 8, 10 und 12. In Vers 12 ist es allerdings nur ein ὅτι-*citativum*, das bei nachfolgender direkter Rede nur noch die Bedeutung eines Doppelpunktes hat und nicht übersetzt wird. Dagegen führt das ὅτι in den Versen 8 und 10 den Inhalt von ἐπιγνούς und εἰδῆτε aus.

In Vers 6, also zu Beginn des eingefügten Streitgespräches, steht die Partikel δέ (‚aber‘). δέ ist eine entgegenstellende Partikel. Hier kann sie einmal auf inhaltlicher Ebene verstanden werden, dass nicht nur Menschen anwesend sind, die von Jesus fasziniert sind, sondern auch Personen, die ihm kritisch gegenüberstehen. Auf der

Strukturebene passt es wiederum gut zu der Annahme, dass hier in Vers 6, vielleicht schon in 5 b, eine andere Geschichte eingefügt wird, die durch das δέ dem Rest der Perikope entgegengestellt wird. In Vers 10 fällt dazu noch die finale Konjunktion ἵνα („darum") auf. Durch ἵνα („darum") werden die Worte Jesu zu dem Gelähmten mit dem Zweck der Demonstration seiner Macht verbunden. Das δέ („aber") stellt hier wiederum eine Entgegenstellung dar.

Auswertung: In Beispiel 2 werden alle Verknüpfungen aufgezählt, die im Text verwendet werden. Darüber hinaus geht die Verfasserin auf ihre Funktion für den Erzählverlauf ein. Die Beobachtungen bestätigen die bereits zuvor in der Proseminararbeit genannte Vermutung, der Text sei aus zwei unterschiedlichen und wohl ursprünglich eigenständigen Erzählungen zusammengesetzt.

i) **Tempora**

Beispiel 1: Die Erzählung vom Durchzug durch das Schilfmeer bietet eine differenzierte Zeitstruktur. Während die Ereignisse im Präteritum geschildert werden, wird für die Vorvergangenheit das Perfekt verwendet (Ex 13,17). Die direkte Rede wird, sofern sie die Gegenwart betrifft, im Präsens wiedergegeben, die Ansagen JHWHs (Ex 14,3 f.) sowie die Zusage Moses, Gott werde für sein Volk kämpfen (V. 14), sind im Futur 1 abgefasst. Die Erfüllungsaussagen, mit denen festgehalten wird, dass das, was angesagt wurde, auch eingetreten ist, sind im Präteritum formuliert (V. 30).

Beispiel 2: Zunächst gehe ich auf die Verwendung von wörtlicher Rede in Mk 2,1-12 ein, die eine Handlungsunterbrechung zur Folge hat. Durch dieses retardierende Element, welches ein verzögerndes Moment darstellt, werden der Redefluss unterbrochen und die Spannung innerhalb der Erzählung erhöht. Dies geschieht zunächst in Vers 5 b, in dem Jesus dem Gelähmten Sündenvergebung zuspricht. In Vers 7 werden anhand eines inneren Monologs die Gedanken der Schriftgelehrten offenbart. Die Reaktion Jesu erfolgt in Form von direkter Rede in den Versen 8 bis 11. In den Versen, in denen die wörtliche Rede verwendet wird, findet jeweils ein Tempuswechsel von der Form der Vergangenheit in die Gegenwartsform statt. Somit stehen die Verse 1–5 a, 6, 8 a, 10 b, 12 a in der Vergangenheit, während die Verse 7, 8 b-10 a, 11 und 12 b in der Gegenwartsform geschrieben sind.

Zusammenfassend lässt sich sagen, dass die jeweiligen Tempuswechsel an den Stellen zu finden sind, an denen gleichzeitig Spannung aufgebaut wird, sodass der Tempuswechsel als Verstärkung der Spannungskurve anzusehen ist.

Auswertung: Der Luther-Text verwendet als Erzähltempus das Präteritum und in der direkten Rede das Präsens. Dadurch erscheint der Text auf einer Zeitebene. Das Beispiel zeigt diese prägnant auf und deutet sie bezogen auf die Kohärenz der Erzählung. Die Verfasserin sieht ihre These, der Text sei aus zwei unterschiedlichen Schichten zusammengesetzt, bestätigt, da die V. 6–10 eine andere Zeitform verwenden als der restliche Text. Eine Wertung dieser These kann erst in der Kohärenzprüfung anhand weiterer Argumente aus anderen Arbeitsschritten getroffen werden.

j) Erzählbrüche

Beispiel 1: Innerhalb der Erzählung vom Durchzug durch das Schilfmeer finden sich verschiedene Widersprüche, die Brüche im Erzählfluss hervorrufen. Zunächst fällt auf, dass in der Ansage JHWHs an Mose, das Herz des Pharaos zu verstocken, das Pronomen ‚ihnen' verwendet wird, obwohl Mose zur Gruppe hinzugehört und dementsprechend ‚euch' zu gebrauchen wäre. Zudem ist die Verstockungsansage widersprüchlich. Während JHWH in V. 4 ansagt, das Herz des Pharaos zu verstocken, wird in V. 5 berichtet, sein Herz wäre verwandelt. Zudem wird in diesem Vers Bezug zum Auszug der Israeliten und nicht zum scheinbaren Irrweg in der Wüste genommen. Die Herzensverwandlung setzt demzufolge aufgrund des Auszuges und nicht aufgrund der Möglichkeit ein, die Israeliten in der Wüste stellen zu können, wie es die V. 2–4 nahe legen. V. 8 berichtet wiederum davon, dass das Herz des Pharaos verstockt wurde.

Eine weitere Spannung besteht zwischen den V. 11–14 und V. 15. In den V. 11–14 wird ein Gespräch zwischen Mose und dem Volk wiedergegeben, in dem sich die Israeliten darüber beklagen, dass Mose sie in die Wüste führte, in der sie nun sterben müssen. Darauf sagt Mose dem Volk JHWHs Hilfe im Kampf mit den Ägyptern an (V. 13 f.). V. 15 fährt mit der Frage JHWHs fort, warum Mose zu ihm schreien würde. Diese Anmerkung stimmt nicht mit dem Voranstehenden überein.[18]

Beispiel 2: Innerhalb der Perikope werden zwei Zäsuren ersichtlich, die verhindern, dass der Text in sich kohärent ist. Der erste Erzählbruch befindet sich innerhalb des Verses 5. Hier wird die Sündenvergebung des Gelähmten vollzogen. Vers 5 b lässt sich von Vers 5 a abspalten, da der zweite Teil des Verses die anstoßende Situation für die Schriftgelehrten darstellt. Ab Vers 6 entsteht ein neuer Erzählstrang, der durch den Personenwechsel angedeutet wird. Der Blickwinkel wird nun von dem Gelähmten auf die Schriftgelehrten gerichtet, die Jesu Tat der Sündenvergebung anklagen. Bis Vers 10 a steht daraufhin eine Gegenrede von Jesus, welche die Vollmacht des Menschensohns verdeutlicht. Ab Vers 10 b wird ein erneuter Erzählbruch ersichtlich, der [...] dadurch entstand, dass das in Vers 5 a erstmals gebrauchte ‚sprach er zu dem Gelähmten' noch einmal in Vers 10 b aufgenommen wurde, um den Personenwechsel von Vers 10 zum folgenden Vers besser vor Augen zu führen. Der entscheidende Vers 10, der als Anrede an die Hörer des Predigers gerichtet wurde, wird nicht fortgeführt. Die eigentümliche Konstruktion weist auf einen Stilbruch hin, der die Funktion hat, den Übergang von dem Streitgespräch zur Heilung zu markieren. Der ungeschickte Übergang von der direkten Anrede in Vers 10 a zu dem erzählenden Element in Vers 10 b stört die Einheitlichkeit der Erzählung sowohl syntaktisch als auch logisch.[19] Die

---

[18] Ein Blick in die Forschungsliteratur zeigt, dass die an den deutschen Übersetzungen zu beobachtenden Erzählbrüche auch im hebräischen Text sichtbar sind, dass aber über diese hinaus weitere Spannungen, Widersprüche und stilistische Unterschiede festgestellt werden können. Eine ausführliche literarkritische Analyse bietet Gertz, Exoduserzählung, 195–206.

[19] Vgl. Schmithals, Markus, 151.

beiden aufgeführten Brüche weisen auf die Uneinheitlichkeit der Erzählung hin. Es kann somit davon ausgegangen werden, dass das Streitgespräch (Vers 5 b-10 a) einen späteren Einschub darstellt. Darauf weisen verschiedene Tatsachen hin. Wenn man beispielsweise alles zwischen ‚sagt er dem Gelähmten' (Vers 5) bis zur Wiederholung dieser Worte in Vers 10 auslässt, verschwinden alle Unreinheiten und der Erzählzusammenhang wird ersichtlich. Der spätere Einschub endet also mit denselben Worten, mit denen er begann. [...] Zusammenfassend ist festzuhalten, dass die Heilungserzählung vor dem Streitgespräch existiert haben muss. Die Heilungserzählung ist in sich logisch aufgebaut. Ebenso stellt das Streitgespräch eine abgeschlossene Erzählung dar. Aus diesem Grund kann davon ausgegangen werden, dass das Streitgespräch eine spätere Hinzufügung zu dem Heilungsbericht ist und aus der Zusammenfügung dieser beiden Erzählungen die vorliegende Perikope entstanden ist, die somit als Gesamtwerk in sich nicht kohärent ist.

Auswertung: Die bereits oben mehrfach vertretene These einer nachträglich erweiterten Erzählung wird mit diesem Arbeitsschritt kritisch überprüft. Die Verfasserin sammelt die bereits in mehreren Arbeitsschritten aufgewiesenen Spannungen und Brüche. An ihnen zeigt sie auf, welche Textanteile zur ursprünglichen Erzählung gehören und um welche Verse diese ergänzt wurde. Das Streitgespräch bezeichnet sie als eigenständige Erzählung, obwohl es keine Rahmenhandlung bzw. Situationsbeschreibung mehr enthält. Zudem verzichtet sie darauf, die Anteile des Autors aufzuweisen, der die Heilungsgeschichte mit dem Streitgespräch verband. Die Annahme, dass der Autor des Streitgesprächs auf die Wundergeschichte hin verfasst haben könnte, schließt die Verfasserin des Beispiels implizit aus. Textlinguistisch kann dies jedoch nicht erörtert werden, so dass die Beobachtung erst nach der diachronen Analyse gedeutet werden kann.

k) Gliederung

Beispiel 1: Inhaltliche Gliederung

13,18-22	Einleitung
V17 f.	Begründung des Zugwegs
V. 19	Überführung der Gebeine Josephs
V. 20–22	Zug Israels unter göttlicher Führung
14,1-4	Ankündigung JHWHs an Mose
V. 1	Einleitung
V. 2	JHWH weist Mose den Zugweg an
V. 3	Ankündigung der Reaktion des Pharaos
V. 4	JHWH wird den Pharao verstocken
14,5-9	Die Ägypter folgen den Israeliten
V. 5	Das Herz des Pharaos wird verwandelt
V. 6 f.	Aufbruch zur Verfolgung
V. 8	JHWH verstockt das Herz des Pharaos
V. 9	Ägypter verfolgen die Israeliten bis zum Schilfmeer

14,10-14	Streitgespräch zwischen Mose und dem Volk
V. 10	Die Israeliten sehen das ägyptische Heer heranrücken
V. 11 f.	Beschwerde des Volkes
V. 13 f.	Mose kündigt den göttlichen Schutz an
14,15-18	Rede Gottes an Mose
V. 15	Aufforderung an Mose, die Israeliten aufbrechen zu lassen
V. 16	Anweisung an Mose, das Meer zu teilen
V. 17	Ankündigung JHWHs, die Ägypter zu verstocken
V. 18	JHWH wird sich an den Ägyptern als herrlich erweisen
14,19-29	Zug durch das Schilfmeer
V. 19 f.	Gottes Engel und die Wolkensäule trennen die Heere voneinander
V. 21	Mose teilt das Meer
V. 22	Die Israeliten ziehen in das Meer
V. 23	Die Ägypter folgen den Israeliten
V. 24–25 a	JHWH verlangsamt die ägyptischen Streitwagen
V. 25 b	Die Ägypter erkennen JHWH
V. 26 f.	Die Wasser fluten zurück
V. 28	Die Ägypter ertrinken
V. 29	Die Israliten erreichen das andere Ufer
14,30 f.	Abschluss
V. 30	JHWH rettet Israel
V. 31	Israel vertraut auf JHWH und Mose

Funktionale Gliederung

13,18-22	Exposition
V. 17 f.	Einführung in die Situation
V. 19	Rückbindung
V. 20	Situationsschilderung
14,1-4	Ankündigung
V. 1	Einleitung
V. 2	Aufforderung
V. 3	Ansage der Reaktion
V. 4	Ankündigung
14,5-9	Erfüllung
V. 5	Voraussetzung
V. 6 f.	Situatiosschilderung
V. 8	Erfüllungsaussage
V. 9	Situationsschilderung
14,10-14	Ankündigung
V. 10	Situationsschilderung
V. 11 f.	Beschwerde
V. 13 f.	Ankündigung

14,15-18	Ankündigung
V.15f.	Handlungsanweisungen
V. 17f.	Ankündigung
14,19-29	Erfüllung
V. 19–25a	Situationsschilderung
V. 25b	Folgerung
V. 26f.	Situationsschilderung
28f.	Erfüllung
14,30f.	Abschluss
V. 30	Resumée
V. 31	Auswirkungen

Beispiel 2: Aufbauend auf die vorherigen Ausführungen, lässt sich die Perikope grob in zwei Texte gliedern: Die Erzählung über das Heilungswunder und das Streitgespräch.

1. Erzählung über das Heilungswunder
   Szene 1: Einleitende und vorbereitende Rahmenmotive der Erzählung
   (Vers 1f.)
   Szene 2: Exposition der Erzählung des Heilungswunders (Vers 3f.)
   Szene 3: Sündenvergebung (Vers 5)
   Heilung und Befehl zur Demonstration der Heilung (Vers 10b/11)
   Demonstration des Heilungserfolgs (Vers 12a)
   Szene 4: Reaktion der Menschenmenge (Vers 12b)
2. Streitgespräch
   Szene 1: Die Sündenvergebung als anstoßende Situation (Vers 5b)
   Szene 2: Die Anklage der Schriftgelehrten (Vers 6f.)
   Szene 3: Jesu Reaktion und die Vollmacht des Menschensohns (Vers 8–10a)[20]

Zusammenfassend ist festzustellen, dass Mk 2,1-12 Zäsuren aufweist. Die Verse 1–5a und 11f. bilden den Rahmen der Wundergeschichte. Die Verse 5b-10, in denen das Streitgespräch über die Sündenvergebung vorzufinden ist, wurde nachträglich als Einschub eingelegt. Der Begriff des ‚Menschensohns‘, der in Vers 10 zum ersten Mal verwendet wird, verbindet die beiden Erzählungen zu einem Ganzen. Durch die Erzählung gewinnt der Leser einen Erkenntnisfortschritt: Er erfährt, dass Jesus sowohl die Macht der Sündenvergebung auf Erden, als auch die Fähigkeit der Heilung besitzt und sich so seine Vollmacht vor der Menschenmenge offenbart.

---

[20] Vgl. Eckey, Markusevangelium, 112.

Beispiel 3: Aufgrund meiner Ergebnisse zur textlinguistischen Struktur erachte ich folgende Gliederung der Perikope für sinnvoll:

Verse 1–2 Exposition der Perikope: Einführung in die Situation
Verse 3–4 Einleitung der Wundergeschichte: Kranker gelangt zu Jesus
Vers 5 Zentrum der Wundergeschichte: Zuspruch der Sündenvergebung
Verse 6–7 Einleitung des Streitgespräches: Anwesenheit der Schriftgelehrten und ihr stiller Vorwurf
Verse 8–10 Kernaussage/Zentrum des Streitgesprächs: Jesu Rede an die Schriftgelehrten über seine Vollmacht
Vers 11 Fortführung der Wundergeschichte: Aufforderung an den Gelähmten, um Vollmacht zu demonstrieren
Vers 12 Schluss der Perikope: Reaktion der Anwesenden

Die zwei miteinander verbundenen Teilerzählungen würde ich wie folgt gliedern:

Verse 1–5 und 11–12 Wundergeschichte
Verse 6–10 Streitgespräch

Auswertung: Die mit den Beispielen 2 und 3 vorgelegten Gliederungen stellen jeweils eine Mischform von inhaltlicher und funktionaler Gliederung dar. Da mit diesem Arbeitsschritt die Teilergebnisse der Textlinguistik zusammengetragen werden, ist hier auf eine striktere Trennung zu achten. Die Einteilung in Szenen, die die Verfasserin von Beispiel 2 wählt, ist unpassend, da es sich nicht um abgeschlossene Szenen, sondern um Bestandteile einer Szene handelt. Sie versucht durch diese Gliederung seine These von zwei ursprünglich eigenständigen Texten zu untermauern, wählt jedoch eine Form, die dem Text nicht entspricht. Die die beiden Bestandteile des Textes – Heilungswunder und Streitgespräch – verbindenden Elemente werden in der Gliederung nicht berücksichtigt, so dass sie als unverbunden nebeneinander stehend erscheinen. Dies stimmt so aber nicht mit Mk 2,1-12 überein. – In Beispiel 3 wird der semantischen Verflechtung des Textes stärker Rechnung getragen. Die Verfasserin dieses Beispiels trennt zwar abschließend auch zwischen der Wundergeschichte und dem Streitgespräch, stellt in ihrer Gliederung den Text als zusammenhängende Einheit dar. Erst durch die Wahrnehmung, dass die V. 6 f. eine weitere Einleitung bilden, wird die These vom Text als einer erweiterten Einheit plausibel. Anders als in Beispiel 2 bleibt in Beispiel 3 offen, ob es sich um zwei ursprünglich eigenständige Einheiten oder um eine Fortschreibung des Textes handelt. Diese Offenheit ist nötig, da im Rahmen textlinguistischer Untersuchungen keine Aussage über die Quellenbeschaffenheit getroffen werden kann.

l) Kohärenz

Beispiel 1: Die Erzählung vom Zug durch das Schilfmeer weist verschiedene Elemente auf, durch die Kohärenz innerhalb der offensichtlich aus verschiedenen Textteilen zusammengesetzten Erzählung bewirkt wird. Zunächst fällt auf, dass durch V. 19 ein Rückbezug zu Gen 50,25 hergestellt wird und die Geschichte vom Zug durch das Schilfmeer zum Teil der Geschichte von der Rückkehr in das Stammland des

Stammens Joseph wird. Mit Ex 13,17 f. blickt der implizite Verfasser bereits auf die Ereignisse in Ex 14 voraus und nimmt vorweg, dass Israel einen Umweg wählen wird, damit JHWH die Ägypter vernichten kann. Den Zugweg verkündet JHWH Mose erst in Ex 14,2. Die Einleitung in die Erzählung dient also dazu, eine Verbindung zu den vorhergehenden Ereignissen herzustellen und zugleich das Kommende anzukündigen.

Als verbindendes Motiv in Ex 14 dient die Vorstellung von der Herzensverhärtung. Sie erscheint in Ex 14,4.5.8 und wird als Grund genannt, warum die Ägypter nicht in der Lage sind, die Gefahr zu erkennen. Der Wechsel von Ankündigung und Erfüllung des Angesagten durchzieht die gesamte Perikope. Durch ihn wird Kohärenz im Text bewirkt, da der Ablauf damit eine logische Verknüpfung erhält.

Die Kohärenz des Textes wird auch durch die Verwendung der Pro-Formen sichtbar. Mehrfach werden für die Israeliten sowie für den Pharao Pro-Formen verwendet (→ f), die voraussetzen, dass ihre Referenzen für den Leser eindeutig verständlich sind.

Beispiel 2: Abschließend lässt sich sagen, dass die Perikope (mit Ausschluss der Verse 6–10) in sich kohärent ist. Die einzelnen Verse fügen sich gut in den Gesamttext ein. Starke Brüche sind nicht zu erkennen. Vermutlich sind die Verse 6–10 nachträglich zu der Perikope hinzugefügt worden.[21] Dafür spricht der Wechsel in der Gattung. Während die Verse 1–5 und 11–12 Elemente einer typischen Wundergeschichte besitzen, haben die Verse 6–10 den Charakter eines Streitgesprächs.

Beispiel 3: In sich bleibt die Perikope dennoch kohärent. Die zwei Erzählungen, die in dieser Perikope miteinander verbunden werden, sind jeweils in sich stimmig. Dies wird unterstrichen von der Betrachtung der semantischen Felder, der Verknüpfungen, dem Gebrauch der Tempora, der Wiederholungen und der Art der Erzählung. Auch passen die beiden Teilerzählungen sehr gut zueinander. Sie werden durch die Spannungsbögen miteinander verbunden und auch die Wiederholungen von παραλυτικὸν (‚Gelähmter') und ἔγειρε καὶ ἆρον τὸν κράβαττόν σου (‚steh auf und nimmt dein Bett') ziehen sich wie ein roter Faden durch beide Teile. So werden sie auf der strukturellen und auf der inhaltlichen Ebene miteinander verbunden und sind kohärent. […]

Ob der Vers 5b noch zu der Wundergeschichte gehört oder den Beginn des Streitgespräches markiert, da hier der Anlass des Streites liegt, lässt sich anhand meiner Ergebnisse nicht eindeutig festmachen. Festhalten möchte ich aber nochmals, dass die Perikope, weil sie eben zwei Erzählungen enthält, zwei Pointen aufweist. Für die Heilungsgeschichte ist die zentrale Stelle die Heilung des Gelähmten, für das Streitgespräch liegt sie in der Vollmacht Jesu, Sünden zu vergeben. Ich fasse die Perikope so auf, dass Markus die Wundergeschichte nutzt, um an ihr Jesu Vollmacht zu thematisieren, weil ihm dieses Thema sehr wichtig ist. Daher könnte Vers 10 als

---

[21] Quelle: http://www.perikopen.de/Lesejahr_B/07_iJ_B_Mk2_1-12_Wehr.pdf.

Höhepunkt der Erzählung insgesamt angesehen werden, da hier explizit die Vollmacht des Menschensohnes angesprochen wird.

Auswertung: In beiden Beispielen werden die für die Kohärenzbestimmung entscheidenden Aspekte angeführt, wobei sich die Verfasserin von Beispiel 2 auf die die Kohärenz störenden Gesichtspunkte beschränkt, während die Verfasserin von Beispiel 3 auch die verbindenden nennt. Problematisch an Beispiel 2 erscheint zudem, dass das Ergebnis nicht semantisch, sondern gattungskritisch begründet wird. Damit setzt die Verfasserin bereits Gesichtspunkte der Textanalyse voraus, die erst im nächsten Methodenschritt erarbeitet werden und folglich zunächst eine Vermutung darstellen. Es wird sich erweisen müssen, ob die Gattungszuordnung zutrifft. – Die Verfasserin von Beispiel 3 weist die Textanteile ebenfalls zwei Gattungen zu, verwendet diese aber nicht als Argument für die Kohärenzprüfung. Die Kohärenz des Textes wird zunächst semantisch begründet und dabei werden die verbindenden Aspekte angeführt. Erst nach der Trennung der beiden Erzählteile wird mit den beiden Pointen ein Aspekt genannt, der auf eine erweiterte Einheit hinweist.

4 Die Aussageabsicht des Autors (synchron)

4.1 Formkritik

Ziele

→ Unterscheidung zwischen textinternen und leserorientierten Aussagen
→ Erschließung der grundsätzlichen Aussagerichtung des Textes

Leitfragen

→ Welche sind textinterne, welche sind leserorientierte Aussagen?
→ Welche generelle Aussagerichtung besitzt der Text?

Methoden

→ Der Text wird Satz für Satz auf die seine Aussagerichtungen hin überprüft und eine generelle Tendenz wird bestimmt.
→ Dabei sind textinterne und leserorientierte Aussagen zu unterscheiden.
→ *Nicht: Wiederholung der textlinguistischen Analyse* (→ 3.2 Textlinguistische Fragestellungen)

Hilfsmittel

→ 10.5 Einleitungen
→ 10.6 Methodenlehre

Begriffserklärung Form und Gattung

Mit dem Begriff *Form* wird die Summe aller sprachlichen Charakteristika eines konkreten Textes bezeichnet. Texte enthalten Form bildende Elemente (*Formeln*), durch die die Form für den Rezipienten eindeutig erkennbar wird. Die Unterscheidung zwischen Formeln und Form ist eine quantitative. *Formeln* sind sprachliche Einheiten unterhalb der Satzebene. Bei der Aussagerichtung eines Satzes wird von einer *Form* gesprochen. Die gewählte Form bestimmt den Verstehensvorgang mit. So lassen sich Form und Inhalt eines Textes nicht voneinander trennen. Der Leser wird durch die jeweiligen Form bildenden Elemente von vornherein in seinem Verständnis des Inhalts gelenkt. Das heißt, die Aussagerichtung und der Informationsgehalt werden bereits durch die Form angezeigt. Welcher Form ein *konkreter Text* angehört, ergibt sich aus dem Textelement mit der stärksten Signalwirkung für den Leser.

Von der Form ist die *Gattung* eines Textes zu unterscheiden. Eine Gattung ist ein überindividuelles, in vielen Texten wiederkehrendes, typisches Sprachmuster. Dieses prägt die Ausgestaltung sprachlicher Äußerungen und ist daher für das Verständnis des einzelnen, einem bestimmten typischen Sprachmuster folgenden Textes von erheblichem Wert. Gattungen sind mithin Sprachkonventionen, die den Erwartungshorizont des Lesers und die sprachliche Gestaltung seitens des Autors bestimmen. (vgl. die heutigen Gattungen Formbrief, Liebesbrief oder Augenzeugenbericht). Ein konkreter Text wird eine Gattung in der Regel nicht in rhetorisch-literaturkritisch beschreibbarer ‚Reinform' bieten, sondern sie modifizieren und auf einen bestimmten Aspekt hin zuspitzen, sie gegebenenfalls auch mit anderen Gattungen kombinieren.

So können z. B. Wundergeschichten wie Mk 10,46-52 bei näherer Betrachtung treffender als Nachfolgegeschichte oder wie Mk 2,1-12 als Bericht über die Vollmacht Jesu beschrieben werden.

Biblische Autoren tendieren dazu, bekannte Gattungen aufzunehmen und auf andere Situationen zu übertragen. Dies ist in alttestamentlichen, vor allen prophetischen Texten stärker als in neutestamentlichen Texten greifbar. An der Modifizierung von Gattungen wird das innovative Potential eines Textes deutlich. Dieser Aspekt wird unter → 5.1 Traditionsgeschichte aufgenommen.

4.1.1 Zur Zielsetzung des Methodenschrittes

In der Formkritik wird zum einen die grundsätzliche Aussagerichtung des Textes beschrieben. Mit ihr wird deutlich, welches auf die Leserschaft bezogene Ziel der Verfasser mit seiner Darstellung verfolgt. Das Textelement mit der größten Signalwirkung für die Leserinnen und Leser ist für die grundsätzliche Aussagerichtung ausschlaggebend. Die Analyse des Einzeltextes bleibt auf die Beschreibung der Form beschränkt.

Die Bestimmung einer Gattung kann nur im Vergleich von mehreren ähnlichen Texten erfolgen. Die Gattungsanalyse ist demzufolge ein *intertextueller* Aspekt, der den Rahmen einer Proseminararbeit an einem spezifischen Text überschreitet. Für die Auswertung der Sekundärliteratur, in der gattungskritische Aspekte angeführt werden, werden an dieser Stelle die grundlegenden Aspekte dieser Methoden ausgeführt:

Bei der Bestimmung einer Gattung sind die Aspekte aufzuzeigen, die für die Gattung spezifisch sind. Teilweise zeigen die biblischen Texte die Gattung an (z. B. Ex 15 ‚Lied‘ oder Ps 78 ‚Unterweisung‘), teilweise können die Texte Gattungen zugeordnet werden, die antike Autoren benannten und deren Spezifika sie ausführten. Eine derartige Einordnung in literarische Gattungen ist nur aufgrund der Kenntnis antiker Literaturgattungen möglich. Die in der römisch-hellenistischen Antike geläufigen literarischen Gattungen werden in Klaus Berger, *Formen und Gattungen des Neuen Testaments* dargestellt und mit Textbeispielen belegt. Aufgrund spezifischer sprachlicher Merkmale werden Gattungen häufig Situationen zugeordnet, in denen der Sprachgebrauch typischerweise verwendet wird (*Sitz im Leben*). Die Möglichkeit, Rückschlüsse auf eine typische Situation, in der die Gattung verwendet wurde, ziehen zu können, wird von neueren Untersuchungen vermehrt ausgeschlossen. Die biblischen Autoren verwendeten häufig das Stilmittel der Entfremdung von Gattungen, so dass durch die Gattung kaum auf die ursprüngliche Verkündigungssituation zurückgeschlossen werden kann.

4.1.2 Zu den Leitfragen

a) Welche sind textinterne, welche sind leserorientierte Aussagen? Die Unterscheidung der textinternen und der leserorientierten Aussagen ist eine wesentliche Voraussetzung der formkritischen Analyse. Hierbei ist es wichtig, Aussagen, die rein textintern zu verstehen sind, von den Aussagen, die eine Signalwirkung auf die Leserschaft besitzen, zu unterscheiden. Ausgangspunkt ist die Überlegung, dass der Autor im Text Signale setzt, mit denen er seine Adressaten mittelbar oder unmittelbar anspricht. *Für die Bestimmung der grundsätzlichen Aussagerichtung sind die leserorientierten Aussagen relevant.*

b) Welche generelle Aussagerichtung besitzt der Text? Nach den Regeln antiker Rhetorik gibt es grundsätzlich drei Aussagerichtungen: Der Text kann etwas darstellen (dann ist er *epideiktisch*), er kann ein bestimmtes Verhalten empfehlen (dann ist er *symbuleutisch*) oder er kann etwas begründen (dann ist er *dikanisch*).

1) Darstellende (*epideiktische*) Texte wollen der Leserschaft ein bestimmtes Wissen vermitteln. Es geht ihnen also darum, einen Informationsgehalt bekannt zu machen.

2) Beratende (*symbuleutische*) Texte wollen den Rezipienten zu einem Verhalten bzw. zu einer Verhaltensänderung anleiten. Das kann auf unterschiedlichen Ebenen geschehen. Der Leser kann eine direkte Handlungsanleitung bekommen oder ihm kann ein beispielhaftes Verhalten geschildert werden, das er nachahmen, ablehnen oder auf andere Handlungsbereiche und -ebenen übertragen kann.

Typische Beispiele für symbuleutische Gattungen sind bedingte Heils- oder Unheilsansagen, die nach dem Schema ‚wenn Du X tust, passiert Dir Y‘ funktionieren, oder Seligpreisungen, insofern diese ein mögliches, Heil förderndes Verhalten thematisieren. Bedingte Unheilsansagen sind immer *symbuleutisch*, da sie im Sinne einer *paradoxen Intervention* (Nennung des Unheils zur Vermeidung desselben)[1] auf die Abwendung eines drohenden Geschicks zielen.

3) Die beurteilenden (*dikanischen*) Texte dienen ebenfalls zur Unterstützung des Meinungsbildungsprozesses. In ihnen werden Urteile, historische Entwicklungen und Zustände oder Geisteshaltungen positiv oder negativ bewertet und begründet. Bestehende Zustände werden dadurch legitimiert oder verurteilt. Das *Urteil*, ob positiv oder negativ, ist bereits gefällt. Eine Verhaltensänderung, um etwa drohendes Unheil abzuwenden, ist nicht mehr möglich oder sinnvoll; die Konsequenzen früheren (Fehl-)Verhaltens sind nicht mehr zu vermeiden. *Dikanische Texte sind in den biblischen Schriften eher die Ausnahme.*

4.1.3 Zur Methodik

a) Unterscheidung textinterner und leserorientierter Aussagen:
Zunächst ist der Untersuchungstext Satz für Satz nach seiner Aussagerichtung zu prüfen. Hierbei erfolgt die sukzessive Unterscheidung zwischen *erzählinternen* Aussagerichtungen und solchen, die die *Leserschaft* berühren. So deutet nicht jeder in einem Text begegnende Kausalzusammenhang automatisch auf eine dikanische, nicht jede erzählinterne Aufforderung auf eine symbuleutische Aussagerichtung hin. Die Aussagerichtung eines Textes ist streng auf die Reaktion des Erzählten bzw. Gesagten bei der *Hörer- und Leserschaft* bezogen. Rein erzählinterne Aufforderungen oder Begründungen, die nicht auf eine Reaktion von Hörer oder Leser zielen, sind nicht zu berücksichtigen. Es ist auch denkbar, dass ein erzählintern gefälltes Urteil

---

[1] Vgl. Lehnert, Provoktion Israels.

über Dritte (*dikanisch*) mit Blick auf die Leserschaft abschreckend, zur Vermeidung des gleichen Schicksals, wirken soll (*symbuleutisch*). Zur Darstellung erzählinterner und leserorientierter Aussagerichtungen empfiehlt sich eine *Satz-für-Satz-Analyse* in Tabellenform.

Typische Textsignale, die auf die Leserschaft zielen, sind:

1) Eine Schlussermahnung, die direkt die Leserschaft anspricht.
2) Jede Form generalisierender Aussagen („jeder, der'; ‚alle, die' u. ä.; Aussagen in der 3.pers.sg. oder pl., die über die textinternen Akteure hinausweisen).
3) Anreden und Imperative in der 2.pers.sg. oder pl., durch die sich die Leser angesprochen fühlen können.
4) Besonders betonte Aussagen (z. B. ‚Fürchte Dich nicht' oder ‚Wahrlich, ich sage euch').

Es ist auf jeden Fall zu fragen, welche Adressaten im Blick sein könnten. Dabei ist jedoch damit zu rechnen, dass ein und derselbe Text an mehrere verschiedene Lesergruppen gerichtet ist (z. B. an das Nordreich Israel, an Juda/Jerusalem, an die Exilsgemeinde, an die Tempelgemeinde, an die Priesterschaft, an die Jünger Jesu, an die nachösterliche Gemeinde, an die Gegner Jesu und der Christen). Je nach Lesergruppe kann die Aussagerichtung wechseln.

b) Beurteilung vom Ende her: Nach der Satz-für-Satz-Analyse stellt sich die Aufgabe, die grundsätzliche Aussagerichtung des Untersuchungstextes zu bestimmen. Diese ergibt sich vom Textgefälle, in der Regel vom Ende des Untersuchungstextes, her. So kann durchaus ein Schlusssatz einen ansonsten epideiktischen zu einem symbuleutischen Text werden lassen.

c) Bestimmung der Leserschaft(en); Wechsel der Aussagerichtung: Zuletzt ist zu fragen, ob sich im Laufe der Textrezeption die Aussagerichtung geändert haben könnte. Bei biblischen Texten sind immer mindestens zwei Rezeptionsebenen zu berücksichtigen:

1. die im Kontext vorausgesetzte historische Situation im Leben des Propheten, im Leben Jesu oder der Apostel (die narrative Ebene);
2. die Situation der Leserschaft (die Ebene nachträglicher Rezeption).

Der Blickwinkel der unterschiedlichen Zielgruppen auf den Text kann durchaus variieren – was für die einen symbuleutisch ist, kann für die anderen epideiktisch oder dikanisch sein.

4.1.4 Textbeispiele

Beispiel 1: Die Beauftragung Jesajas wird in Jes 6 im Rahmen einer Vision des thronenden JHWHs beschrieben. Dazu werden verschiedene Elemente kombiniert. Die V. 1–4 sind durchweg *epideiktisch*. In ihnen wird der Leser in die Situation eingeführt: Der irdische König ist verstorben und Jesaja sieht in einer Vision den thronenden Königsgott JHWH mit den ihn umgebenden Seraphen. Mit V. 5 verändert sich die Form. Jesaja erkennt, dass die Situation für ihn gefährlich ist, und stößt einen Weheruf aus, in dem er seine Unreinheit beklagt. Dieser Vers ist *dikanisch*, da Jesaja ein Selbsturteil fällt. In den V. 6–7 wird die Reinigung des Propheten durch die Seraphen beschrieben. Diese dient der Vorbereitung auf den folgenden Auftrag; sie ist *dikanisch* und begründet gegenüber dem Leser, warum Jesaja nicht vergehen musste, sondern den folgenden Auftrag übernehmen konnte. Der Verstockungsauftrag, den JHWH erteilt, wird als Gespräch zwischen Gott und Jesaja geschildert. Dieses erstreckt sich von V. 8–13 und beinhaltet unterschiedliche Formen. Die Auswahl des Propheten in V. 8, die durch eine Frage Gottes und die freiwillige Meldung Jesajas erfolgt, und der Verstockungsauftrag in V. 9 sind *epideiktisch*. Der Leser wird durch das Gespräch über die Sendung des Propheten in Kenntnis gesetzt. Ab V. 10 wird der Grund für den Auftrag und die aus ihm resultierenden Folgen genannt. Der Auftrag ist *symbuleutisch*. Der Inhalt der Botschaft, zu der Jesaja gesendet wird, ist *dikanisch*, da die Gründe für das kommende Unheil genannt werden. Da der Text auf die Vernichtungs- und Restaurationsansagen hinausläuft, ist er insgesamt *dikanisch*. Mit ihm wird ein Urteil über den Zustand des Gottesvolkes gesprochen, der zur Bestrafung durch JHWH führen wird. Mit dem Blick auf das nach dem Unheil wieder einsetzende Heil wird die Gruppe derer sichtbar, an die sich der Text in seiner Endgestalt richtet: Der Text ist für die Gemeinde verfasst, die nach dem göttlichen Gericht danach fragt, warum es zu einer Zerstörung des Landes und zur Deportation der Bevölkerung kam. Damit erhält der Text eine zweifache Aussagerichtung: Zum einen erklärt er, warum es zu diesen Ereignissen kam, zum anderen stellt er prototypisch dar, was der Gemeinde geschehen kann, wenn die in Jes 5 angeprangerten Missstände erneut eintreten werden. Damit erhält der Text neben seiner *dikanischen* Ausrichtung auch einen *symbuleutischen* Aspekt.

Beispiel 2: Auf den ersten Blick scheint die Perikope [Mk 2,1-12] zu den Wundergeschichten zu zählen. Diese Annahme ist für einen Teil der Geschichte zutreffend, und zwar wie bei der Gliederung angegeben für die Verse 1–5 und 11–12. Eine Erzählung muss bestimmte Elemente beinhalten, damit sie zu den Wundergeschichten gezählt wird. Zu Beginn muss sie die Situation und auch die Krankheit des Betroffenen beschreiben. Nach der Beschreibung folgt nun die Bitte an Jesus, den Kranken zu heilen, mit dem daran anschließenden Wundervollzug. Abgeschlossen werden Wundergeschichten mit den erstaunten Ausrufen der Anwesenden, der sogenannten Akklamation. Alle diese Punkte sind auch in den angegebenen Versen zu finden. Die Verse 6–10 zählen allerdings nicht zu der Wundergeschichte. Sie beschreiben die Auseinandersetzung Jesu mit den Schriftgelehrten. Insgesamt gehört der Text also der *epideiktischen*, der darstellenden Textsorte, an, da eindeutig die *epideiktisch* ausgerichteten Verse überwiegen. Nur in Vers 5 hat ein Teil des Verses eine *dikanische* Aussagerichtung. Anhand dieses Ergebnisses ist zu erkennen, dass die Perikope weder eine beratende noch eine begründende Funktion einnehmen möchte. Dies korrespondiert gut mit dem Thema der Textstelle: Jesu Vollmacht. Er möchte sie nicht begründen. Er möchte den Anwesenden, in erster Linie den Schriftgelehrten, zeigen, dass er tatsächlich diese Vollmacht besitzt und daher auch in Vollmacht Sünden vergeben kann.

Auswertung: Das alttestamentliche ‚Musterbeispiel' zeigt, wie die Formanalyse vorgenommen werden soll. Die einzelnen Verse werden auf ihre Aussagerichtung hin befragt. Anschließend wird nach den Rezipienten und der möglichen Wirkung des Textes auf seine Hörer/Leser gefragt. – Anders als in Beispiel 1 geht die Verfasserin von Beispiel 2 von einer möglichen Gattungszuordnung ‚Wundergeschichte' aus und sucht nach den Elementen im Text, die die Zuordnung zur Gattung bestätigen. Dabei muss sie erkennen, dass der Text Anteile enthält, die einer Wundergeschichte nicht zugerechnet werden können. Für diese bestimmt sie die Aussagerichtung und kommt schließlich zu der Einsicht, dass die Erzählung die Vollmacht Jesu begründen möchte. Als Rezipienten werden die im Text genannten Schriftgelehrten erkannt; die Frage nach der weiteren Leserschaft bleibt aus. Letztlich ist diese Form der Analyse unbefriedigend, da sie nicht auf eigenen Beobachtungen aufbaut. Die Frage nach den Rezipienten und damit nach der Ausrichtung des Textes bleibt unbeantwortet. Eine scharfe Trennung zwischen Aktanten und Rezipienten der Erzählung wäre wichtig, um die Aussagerichtung des Textes zu bestimmen.

4.2 Textpragmatische Analyse

Ziele

→ Aufzeigen der auf den Leser bezogenen, pragmatischen Funktionen des Textes (‚Lernziele')
→ Aufweisen der ‚Erzählstrategie' und der ‚Leserlenkung'

Leitfragen

→ Welche Lernziele sind im Einzelnen erkennbar?
→ Gibt es eine Hierarchie der Lernziele?
→ Wie erreicht der Autor sein Lernziel bzw. seine Lernziele?

Methoden

→ Zuspitzung der textlinguistischen Analyse (→ 3.2 Textlinguistische Fragestellungen) und der formgeschichtlichen Betrachtung (→ 4.1 Formkritik)

→ *Nicht: Wiederholung der textlinguistischen Analyse (*→ 3.2 Textlinguistische Fragestellungen*)*

Hilfsmittel

→ 10.1 Bibelausgaben

4.2.1 Zur Zielsetzung des Methodenschrittes

Während durch die Formkritik bereits sichtbar wurde, welchen Zweck der Autor mit seinem Text verfolgt (*Intention*), wird in der pragmatischen Analyse aufgezeigt, *wie* der Autor sein Ziel erreicht. Die Textpragmatik setzt die Arbeit der Textlinguistik und der Formkritik voraus und greift vor allem die festgestellten Basisoppositionen, semantischen Felder, erzählerischen Schwerpunkte, den Spannungsverlauf und die syntaktische Gestaltung auf. Die Ergebnisse dieser Arbeitsschritte werden mit dem Ziel ausgewertet, die Strategie, die der Autor verfolgt, um seine Leserschaft zu einem bestimmten Verständnis zu lenken, nachzuvollziehen.

4.2.2 Zu den Leitfragen

a) Welche Lernziele sind im Einzelnen erkennbar? Diese Ziele können auf unterschiedlichen Ebenen liegen:

1) *informative* (kognitive, referenzielle) Ebene: Der Text zielt auf eine kognitive Verstehensleistung, auf Information, auf ein wörtliches Verständnis des Gesagten.
2) *expressive* (affektive, emotionale) Ebene: Der Text zielt darauf ab, Gefühle hervorzurufen bzw. auf eine Veränderung bestimmter Haltungen (Angst, Leichtsinn, Euphorie u. ä.) und Einstellungen religiös-moralischer oder allgemein-gesellschaftlicher Art hinzuarbeiten.
3) *praktische* (pragmatische, direktive) Ebene: Der Text zielt auf ein bestimmtes Verhalten oder eine konkrete Verhaltensänderung der Rezipienten.

b) Gibt es eine Hierarchie der Lernziele? Die genannten Ebenen hängen indirekt mit den in der Formkritik (→ 4.1) behandelten Aussagerichtungen (*epideiktisch, symbuleutisch, dikanisch*) zusammen. So überwiegt bei epideiktischen Textsorten die informative und bei symbuleutischen Textsorten die praktische Ebene. Gleichwohl schwingen die anderen Ebenen jeweils mit.

c) Wie erreicht der Autor sein Lernziel bzw. seine Lernziele? Die Erzählstrategie, mit der der Autor den Lesevorgang steuert, betrifft alle Ebenen des Textes: vom Bildfeld über die Wahl der Akteure und die Szenenfolge bis hin zu subtilen Mitteln der Leserlenkung:

1) Am Anfang und am Ende des Textes kann der Autor Lesehinweise platzieren, die das Verständnis des Folgenden vorstrukturieren bzw. Missdeutungen des Textes vorgreifen (z. B. als die Qualifizierung eines Textes als Unterweisung und/oder Rätsel [vgl. Ps 78,1 f.], als Vertrauensaufforderung [,Fürchte dicht nicht' vgl. Jes 7,4; 40,9; Lk 1,30] oder als Gleichnis [z. B. Mt 13,24. 31. 33 u. ö.]).

2) Die Wahl der erzählten Welt ist nicht zufällig. Eine bekannte Erzählwelt weckt bei kundigen Leserinnen und Lesern theologische Assoziationen (→ 5.1 Traditionsgeschichte) und erleichtert die Bereitschaft, in die erzählte Welt einzutreten.

3) Ebenso erfolgt in erzählenden Texten die Konstellation der Akteure bewusst. Durch sie werden Autoritätsgefälle, Konkurrenzen oder Ähnliches ausgedrückt. Damit wird nicht nur Spannung erzeugt, sondern es werden Entscheidungen über Sympathie oder Antipathie des Lesers vorgegeben.

4) Die szenische Abfolge beeinflusst ganz wesentlich den Lesevorgang. Das kann man sich verdeutlichen, indem man versucht, die Szenen einer Erzählung in ihrer Abfolge zu vertauschen. Welcher Effekt entsteht dadurch?

5) Gerade in Texten, in denen der Autor Gefühle ansprechen möchte, ist die Schaffung von Identifikation oder Antifixierung ganz wesentlich. Wird etwa aus dem Blickwinkel eines bestimmten Akteurs erzählt, kann dies zu Sympathie oder Antipathie führen; Selbstgespräche sind dafür ein beliebtes Stilmittel. Dasselbe gilt für Übertreibungen, Extravaganzen, Missverständnisse und anderes mehr.

6) Häufig erfolgt die Lenkung des Rezipienten durch rhetorische oder suggestive Fragen. Die gewünschte Antwort liegt auf der Hand und soll vom Hörer/Leser nachvollzogen werden.

7) Erzählinterne, allgemein gehaltene Formulierungen oder Handlungsaufrufe im Plural weisen über die in der Erzählung angesprochenen Personen indirekt auf die Leserschaft und sind als suggestive Handlungsanweisungen zu verstehen. Davon sind rein erzählinterne Anweisungen zu unterscheiden, die sich nicht verallgemeinern lassen.

8) Die Aussparung von Informationen, die als bekannt vorauszusetzen sind, ist ebenfalls als Teil der Leserlenkung anzusehen. Die Leser sollen mitdenken und die ‚Leerstellen‘ füllen.

9) Der Schluss einer Erzählung ist ein beliebter Ort, um noch einmal das Verständnis in eine bestimmte Richtung zu lenken. Schlussformel bzw. abschließende Formulierung geben das Verständnis vor, ein offenes Ende oder ein besonderer ‚Aha-Effekt‘ laden die Rezipienten ein, eigene Schlüsse und Konsequenzen aus dem Erzählten zu ziehen.

4.2.3 Zur Methodik

a) Das Hauptlernziel: In der textpragmatischen Analyse werden die Beobachtungen der → 3.2 Textlinguistische Fragestellungen und der → 4.1 Formkritik weitergeführt und auf die Frage, wie der Autor seine Aussageziele (→ *a* und *b*) erreicht, zugespitzt. Hierfür werden die textpragmatischen Indizien (→ *c*) analysiert und im Anschluss ausgewertet bzw. zusammengeführt.

Die Analyse des textpragmatischen Lernzieles bzw. der textpragmatischen Lernziele erfolgt kleinschrittig, indem die Funktionen der einzelnen Aspekte für die Vermittlung beschrieben werden. An dieser Stelle werden die Ergebnisse der → 4.1 Formkritik aufgenommen. In ihr wurden bereits Formeln und Formen aufgezeigt und die Funktionen der einzelnen Sätze bestimmt. In der Textpragmatik ist nun danach zu fragen, inwiefern diese Funktionen der Erreichung des Hauptlernziels dienen. Dazu sind die Lernziele nach dem Hauptziel und den Teillernzielen auf der informativen, affektiven und praktischen Ebene zu unterscheiden und zu benennen.

b) Die Lenkung von Akteuren und Lesern: Der Erkenntnisprozess sowohl der textinternen Akteure als auch der Leser ist zu beschreiben. Dabei sind die faktische Argumentation und die emotionale Lenkung zu differenzieren. Damit wird zugleich deutlich, wie die durch den Vermittlungsprozess intendierte Veränderung von geistiger Haltung und/oder Verhalten verwirklicht wird.

Die Leserlenkung geschieht oftmals dadurch, dass durch bestimmte Formeln oder Formen Vorerwartungen des Lesers geweckt werden, die erfüllt oder gebrochen werden können. Eine Brechung der Lesererwartung wird häufig durch die Verwendung von verfremdenden Ausdrücken (*Tropen*) erreicht. Als Tropen werden in den biblischen Schriften verneinende Umschreibungen von Sachverhalten (*Litotes*), *Personifikationen* (eine Figur, die Gegenständen oder Abstrakta eine Stimme gibt [so z. B. das Gespräch der Bäume in der Jotam-Fabel in Ri 9,7-15]), *Ironie* (Behauptung einer Tatsache mit dem Ziel, das Gegenteil auszudrücken), Umschreibungen einer Sache durch eine andere (*Metapher*; z. B. Achill, der Löwe), der Ersetzung eines Namens durch eine verwandte Bezeichnung in einem übertragenen Gebrauch (*Metonymie*, z. B. Gal 2,7 ‚Aposteldienst der Beschneidung‘ für ‚die Beschnittenen‘) und *Hyperbeln* (Übertreibungen) gebraucht. Ihr Einsatz zeigt, welche Strategie der Verfasser für die Leserlenkung verfolgt und auf welchen Ebenen (*kognitive* oder *emotionale* Ebene) er den Leser ansprechen will.

4.2.4 Textbeispiele

Beispiel 1: Die formkritische Analyse der Schilfmeererzählung in Ex 13 f. zeigte, dass diese Erzählung einen symbuleutischen Charakter besitzt. Wie die Israeliten soll der Leser Vertrauen zu Gott und zu Mose fassen. Im Anschluss an die Plagenerzählung, in der Gott sich als Herr über die Natur erweist, wird mit der Meerwundererzählung deutlich, dass er auch Herr über die Geschichte ist und sich in der Konfrontation mit anderen Machthabern als der mächtigere erweist.

Dieses Ziel erreicht der Autor, indem er das Geschehen am Schilfmeer als von Anfang an von Gott geplantes Ereignis darstellt. Zwar wird einleitend noch darauf hingewiesen, dass JHWH die Israeliten den Weg in die Wüste nehmen ließ, damit diese nicht aufgrund der Kämpfe gegen die Philister nach Ägypten umkehren würden. Damit wird die grobe Zugrichtung vorgegeben; die spezifische erfährt Mose erst in Ex 14,1-4. In der Rede vermittelt JHWH ihm, warum er die Israeliten in eine scheinbar aussichtslose Lage führen wird. Er nutzt diese, um sich am Pharao und dessen Heer zu verherrlichen. Damit es dazu kommen kann, sucht JHWH nicht nur die geeigneten lokalen Voraussetzungen, sondern er nimmt dem Pharao durch die Herzensverstockung die Möglichkeit, die Gefahr der sich ergebenden Situation zu erkennen. Obwohl Gott Mose über diesen Vorgang in Kenntnis setzt, teilt dieser den Israeliten nicht mit, was geschehen wird. Vielmehr nutzt der Erzähler die durch das Heranrücken des ägyptischen Heeres entstehende Situation, die Israeliten gegen Moses Führung rebellieren zu lassen. Mose antwortet auf das Ansinnen des Volkes mit der Zusage, JHWH werde für sie streiten. Mit ihr wird die Intention des Erzählers deutlich. Der Leser soll verstehen, dass Gott als geschichtsmächtiger Gott sein Volk vor den mächtigsten Heeren schützt und so für seinen Bestand sorgt. Es verwundert nur, dass die Israeliten sich dieses Schutzes nicht schon aufgrund der Wolken- und Feuersäule bewusst sind. Sie scheinen diese wohl nur als Mittel zur Führung des Volkes anzusehen.

Mit der Moserede an das Volk wird vom Autor ein zweites Mal das Stilmittel der Ankündigung und der im Folgenden erzählten Erfüllung verwendet. Die Ansage des Mose, JHWH werde für sein Volk streiten (Ex 14,14), wird in V. 25 aufgenommen. In diesem Vers äußern die Ägypter, dass JHWH für Israel wider Ägypten streitet. Mit dieser Aussage wird zugleich die Ankündigung Gottes an Mose erfüllt, die Ägypter werden JHWH als Herrn anerkennen. Die Zusage Moses an das Volk und die Ankündigung JHWHs an Mose werden durch dasselbe Ereignis am Schilfmeer als wahr qualifiziert. Der Erzählablauf führt also dazu, dass der Hörer/Leser das göttliche Wort als zuverlässig erfährt.

Ihren wunderhaften Charakter erhält die Erzählung schließlich dadurch, dass das geschilderte Ereignis den Erfahrungen der Menschen widerspricht. Ein Mensch kann nicht trockenen Fußes durch das Meer ziehen. Aus der Perspektive eines Israeliten betrachtet, der nur die Zusage des Mose vernahm, Gott werde für sie streiten, dem das Gespräch zwischen Gott und Mose in Ex 14,15-18 jedoch nicht bekannt ist, muss Mose als Magier erscheinen, der mit seinem Stab Herrschaft über die Natur ausüben kann. Dieser Eindruck wird für den Hörer/Leser der Geschichte relativiert, da dieser darum weiß, dass Gott der in dieser Aktion Handelnde ist. Dass der Israelit Mose als Wundertäter ansehen musste, deutet auf den emotionalen Aspekt, der diese Erzählung durchzieht. Die Geschichte vom Durchzug durch das Schilfmeer ist von dem Gefühl der Furcht des Volkes Israel geprägt. Bereits in Ex 13,17 wird als Grund für die Zugrichtung angegeben, Gott würde befürchten, die Israeliten würden vor Kämpfen gegen die Philister zurückschrecken. Als die Israeliten das heran-rückende ägyptische Heer sehen, tritt genau diese Angst auf, die durch die Zusage Moses in Ex 14,14 gemindert wird. Sie löst sich erst nach der erfolgten Rettung am Schilfmeer auf, da die Israeliten nach dem Erlebnis JHWH fürchteten und ihm glauben. Damit erreicht der Autor sein Ziel, die Furcht vor irdischen Machthabern wie dem ägyptischen König in Gottesfurcht und damit in den Glauben an den mächtigen Gott JHWH zu verwandeln.

Beispiel 2: Durch die perspektivische Darstellung [in Mk 2,1-2] und das subtile Einspielen von Emotionen will der Verfasser den Leser dahin führen, die Schriftge-lehrten nun endgültig als Gegenspieler Jesu wahrzunehmen, die nicht fähig sind, die göttliche Macht, die von Jesus ausgeht, zu erkennen. Jesus allerdings durchschaut ihre gedachten (!) Vorwürfe und reagiert auf sie, indem er die Schriftgelehrten darauf anspricht. Hier wird die Vollmacht Jesu deutlich gemacht, da er in die Herzen der Menschen sehen kann und ihre Gedanken kennt. Für den Leser ist spätestens an dieser Stelle deutlich, dass Jesus wirklich in Vollmacht spricht. Er ist und bleibt der Sympathieträger der Erzählung, und die Schriftgelehrten bestärken durch ihre Vorwürfe nur ihre Rolle als Gegenspieler, als Antipathieträger. An dieser Stelle sollten nun auch die Schriftgelehrten Jesu Vollmacht anerkennen, da er sie offen auf ihre Zweifel anspricht. Etwas Derartiges bleibt aber aus. Auch wird dem Leser hier suggeriert, dass Jesus in die Herzen der Menschen schaut, weiß, was sie bewegt. Die Schriftgelehrten, die in der damaligen Zeit die eigentlichen Ratgeber in Glaubens-fragen waren, können dagegen nicht so tiefgründig in die Menschen sehen wie Jesus.

Sie sehen nur das Vordergründige, das Oberflächliche. Jesu Frage, was leichter sei, erwartet keine Antwort, scheint vielmehr die Schriftgelehrten noch mehr vorzuführen. Das Paradoxe an der Vorstellung der Schriftgelehrten ist, dass sie die körperliche Heilung als die schwierigere Aufgabe ansehen, weil sie nachprüfbar ist, die Sündenvergebung aber als die leichtere, weil sie eben nicht nachzuprüfen ist. Dabei hat die körperliche Heilung die Funktion, Jesu Vollmacht zu unterstreichen.

Der Autor des Markus-Evangeliums möchte mit diesem Text zeigen, dass Jesus ein Menschensohn mit göttlicher Vollmacht ist. Dies sollen die Leser anerkennen und über Jesu Werk mitstaunen. Das ist der Aussageinhalt, den der Autor den Lesern zu vermitteln versucht. Dabei lenkt er den Leser wie zuvor beschrieben mit teils indirekten, teils offensichtlichen Strategien, die die Schriftgelehrten als die unfähigen Gegenspieler Jesu darstellen, die seine Göttlichkeit aus ihrem Unglauben heraus nicht erkennen können. Die Funktion, der Verwendungszweck des Textes liegt dabei auf der Bestärkung der Anhänger Jesu und auf der Degradierung der Schriftgelehrten, dessen Autorität und Stellung in Frage gestellt wird. Da der Autor vermutlich aber nicht nur einen christlichen Leserkreis ansprechen will, möchte er auch Skeptiker und Menschen, die Jesus kritisch gegenüberstehen, erreichen. Ihnen soll die Vollmacht Jesu verdeutlicht werden, davon möchte er sie überzeugen. Das bedeutet für die Wirkung des Textes, dass er für die einen eine Bestätigung ihres Glaubens ist, für die anderen eine Anregung zum Nachdenken über herrschende Verhältnisse die Stellung der Schriftgelehrten betreffend. Der Text ist eine Anregung zum Nachdenken über Jesus und seine Lehre in Vollmacht.

Insgesamt kann festgehalten werden, dass der Autor sein Ziel, die Vollmacht Jesu zu verdeutlichen, den gesamten Text über sehr gut verfolgt und durch verschiedene sprachliche Mittel den Leser gezielt dahin lenkt, Jesu Vollmacht anzuerkennen und zu bestaunen.

Beispiel 3: Wie bereits in den vorherigen Methodenschritten erwähnt, liegt das Aussageziel der Perikope in der Offenbarung der Vollmacht Jesu durch die von ihm an dem Gelähmten vollzogene Sündenvergebung und Heilung. Wie wird diese Vollmacht Jesu im Hinblick auf die Leser dargestellt? [...] Der Abschnitt zeigt in vorbildlicher Weise, wie sich einzelne Textdetails zu einem textpragmatischen Gesamtbild zusammenfügen lassen. Jede Kleinigkeit wird auf die textpragmatische ‚Goldwaage' gelegt, mit einem erstaunlichen Erkenntniszugewinn. [...] Die Erzählung ist generell epideiktisch, und so ist ihre pragmatische Hauptfunktion im informativ-referenziellen Bereich zu sehen.

Die Perikope soll zusammenfassend den Leser zur Nachfolge Jesu motivieren. Das Vertrauen des Gelähmten und seiner vier Freunde in die Vollmacht Jesu soll auf den Leser übertragen werden, sodass auch er die Macht der Sündenvergebung und Heilung erfahren kann. Das Augenmerk des Lesers wird innerhalb der Perikope vollkommen auf die Person Jesu gelenkt. Er ist derjenige, der in die Herzen und Gedanken der Schriftgelehrten sehen kann, an den sich der Gelähmte und seine Freunde voller Vertrauen wenden, selbst wenn es Hindernisse zu überwinden gilt und um den sich eine große Menschenmenge voller Interesse für seine Botschaft sammelt.

Die Person Jesu zeichnet unverwechselbare Einmaligkeit aus. Jesus ist durch seine Eigenschaften und den Besitz jeglicher Vollmacht mit keiner anderen menschlichen Gestalt vergleichbar.

Auswertung: In Beispiel 2 stellt die Verfasserin die textpragmatische Strategie des Evangelisten dar und weist sowohl den Schriftgelehrten als auch Jesus ihre jeweiligen Rollen zu. Dazu zieht sie Teilergebnisse vorangehender Arbeitsschritte ein. Im Gegensatz zu ihr verzichtet die Verfasserin von Beispiel 3 auf Rückbezüge zu den Ergebnissen vorangehender Arbeitsschritte und kann daher die spezifische Personal-konstellationen nicht aufzeigen. Dieses gelingt der Verfasserin von Beispiel 2. So kann sie auf die intendierte Leserschaft schließen, für die der Evangelist diese Erzählung schuf. Allerdings fokussiert sich die Verfasserin des Beispiels auf das Gegenüber von Jesus und den Schriftgelehrten und bedenkt die Funktion der vier Freunde, die den Gelähmten zu Jesus bringen, nicht weiter. Trotz der sichtbaren Mängel in Beispiel 3 gelingt es der Verfasserin, den Transfer zwischen der Erzählung und der Welt der Leser zu schlagen.

5 Kontextuelle Analyse/das innovative Potential (diachron)

Mit der Traditionsgeschichte setzt die diachrone Analyse des Textes ein. In Kapitel 5 steht die Frage im Vordergrund, aus welchen literarischen Quellen ein Autor schöpfte, um seinen Text zu verfassen. Dazu sind Texte zu analysieren, die den Untersuchungstext beeinflussten. Die Analyse mündet in die Beschreibung des *innovativen Potentials* des Textes. Dieses ergibt sich vor allem aus der Analyse, wie der Autor die vorliegende Tradition verändert.

5.1 Traditionsgeschichte

Ziele

→ Nachweis von Traditionen, Motiven und Prätexten, die der Autor aufnimmt
→ Herausstellung des Propriums des Textes im Vergleich zu älteren Texten

Leitfragen

→ Gibt es biblische Prätexte, an denen sich der Autor orientiert?
→ Welche Motive und Formulierungen werden im Text aufgegriffen?
→ Wie werden die Traditionen bearbeitet?
→ *Nicht: Untersuchung und Darstellung einer mündlichen Vorgeschichte des Textes*

Methoden

→ Suche nach Schlüsselbegriffen (analoger Sprachgebrauch; Suche nach vergleichbaren Wortfeldern)
→ Rückführung des Textes auf seine Traditionen und Suche nach Texten mit vergleichbaren Traditionen
→ Rückführung des Textes auf seine Grundstruktur und Suche nach Texten mit vergleichbarer Grundstruktur

Hilfsmittel

→ 10.3.4 Konkordanzen

→ 10.4 Kommentarreihen

Begriffserläuterung: Tradition und Motiv

Der Begriff *Tradition* wird in der heutigen Zeit nahezu synonym mit dem Begriff Brauch/Brauchtum verwendet. Mit Tradition wird „etwas, was im Hinblick auf Verhaltensweise, Ideen, Kultur o. ä. in der Geschichte, von Generation zu Generation [innerhalb einer bestimmten Gruppe] entwickelt und weitergegeben wurde [und weiterhin Bestand hat]"[1], bezeichnet. In der Exegese werden zwei dem Traditionsbegriff immanente Aspekte getrennt beschrieben. In der älteren Traditionsgeschichte wurde mit der Beschreibung der *traditio* die Vorgeschichte der Tradition bis zu ihrer Aufnahme in den Untersuchungstext betrachtet. In den vergangenen beiden Jahrzehnten verschob sich der Schwerpunkt hin zur Beschreibung des *traditum*, das heißt des aufgenommenen und verarbeiteten Stoffes.[2] Diesen entlehnten biblische Autoren ihrer Lebenswelt, indem sie auf Vorgänge, Begebenheiten oder Gegenstände Bezug nahmen und diese theologisch deuteten. Eine Tradition entstand also dann, wenn Vorgänge, Begebenheiten oder Gegenstände durch einen Autor eine theologische Deutung erfuhren und sie sowie ihre Deutung(en) von weiteren Autoren aufgenommen und evtl. um weitere Aspekte ergänzt bzw. variiert wurden.

Von der Tradition ist das *Motiv* zu unterscheiden. Dieser Begriff bezeichnet ein „[bekanntes] allgemeines Thema o. Ä., Bild oder bestimmte Form [als typischer, charakterisierender Bestandteil] eines Werkes der Literatur, bildenden Kunst o. Ä."[3]. Zwar lädt das Motiv den Betrachter bzw. im Falle biblischer Texte Hörer/Leser zur Deutung ein, doch trägt das Motiv bei seiner Aufnahme in den Text noch keine Deutung, durch die der Text geprägt wird.

Der Übergang vom Motiv zur Tradition und damit die Differenzierung der beiden Begriffe wird durch das folgende Beispiel deutlich: In Jes 5,1-7 wird das Motiv Weinberg verwendet, um Israel in seinem Verhältnis zu Gott darzustellen. Die

---

[1] Quelle: http://www.duden.de/rechtschreibung/Tradition.
[2] Zur Trennung von *traditio* und *traditum* sowie zur aktuellen Pointierung der Traditionsgeschichte vgl. Kreuzer/Vieweger, Proseminar I, 89 f., und Becker, Exegese, 121.
[3] Quelle: http://www.duden.de/rechtschreibung/Motiv.

Erläuterung des Motivs in V. 7 zeigt, dass seine Deutung den Hörern/Lesern nicht bekannt war. Die Vorstellung ‚Weinberg = Israel‘ wird in den biblischen Schriften dann zu einer Tradition, wie die Aufnahme sowohl in Mk 12,1-12parr als auch in in Mt 20,1-16 zeigt. In beiden Texten muss das Motiv nicht näher erklärt werden, seine Deutung dem antiken Hörer/Leser geläufig ist.

5.1.1 Zur Zielsetzung des Methodenschritts

a) Traditionsgeschichte im Sinne eines traditionsgeschichtlichen Vergleichs: Die traditionsgeschichtliche Untersuchung des Textes dient dazu, die ihm bekannten und von ihm aufgenommenen theologischen Vorstellungen aufzuzeigen und ihre Deutung bzw. Veränderung durch den neu verfassten Text herauszustellen. Dieses gelingt, indem die geistige Welt, von der ein Autor geprägt ist, anhand von Motiven und Traditionen untersucht wird. Das bedeutet, dass der zu untersuchende Text mit älteren Texten verglichen wird, um die Spezifika des neu entstandenen Textes aufzuzeigen. In diesem Sinne ist die Traditionsgeschichte ein traditionsgeschichtlicher Vergleich.

b) Texte als Glieder einer Traditionskette: Bei der Rezeption von Traditionen sind verschiedene Vorgänge zu unterscheiden. Alttestamentliche Autoren nahmen von der Frühzeit an Anleihe an vorgegebenen altorientalischen Vorstellungen, die sie auf die Verhältnisse in Israel und Juda übertrugen. Die sich ausprägenden Traditionen wurden im Traditionsprozess um weitere Motive ergänzt, so dass sich die Traditionen inneralttestamentlich und zwischentestamentlich fortentwickelten. Die neutestamentlichen Autoren konnten bereits aus einem breiten Traditionsstrom schöpfen, um ihre Botschaft zu vermitteln. Sie nahmen jedoch nicht nur die ihnen bekannten frühjüdischen Traditionen, sondern auch griechisch-hellenistische Vorstellungen auf. Die Traditionsrezeption erfolgte mit unterschiedlichen Zielsetzungen. Die Autoren schlossen sich an überlieferte Vorstellungen an, verwarfen sie, prägten sie neu oder fokussierten sie auf einen bestimmten Aspekt.

Exkurs: Abgrenzung von der Überlieferungsgeschichte

In verschiedenen, vor allem älteren exegetischen Methodenlehren wird die Traditionsgeschichte mit der Rekonstruktion einer mündlichen Vorform eines Textes (*Überlieferungsgeschichte*) sowie der Entwicklungsgeschichte einer Tradition verbunden. Das Ziel jener Ansätze ist es, die Geschichte einer Tradition bis hin zu ihrer Verwendung im Untersuchungstext aufzuzeigen. Dies ist für die Beschreibung der Aufnahme einer Tradition in einem einzelnen Text insofern nicht wichtig, als dass die antiken Autoren ihre Texte nicht im Bewusstsein des Wachstums der Schriften verfassten, sondern auf einen für sie jeweils geschlossenen Traditionsbestand zurückgriffen. Die Rekonstruktion der Geschichte einer Tradition ist daher für die Deutung der Tradition im Einzeltext unerheblich, sofern nur Vergleichsbeispiele aus älteren Texten herangezogen werden.

c) Assoziationsfelder und Sprachkonventionen: Die traditionsgeschichtliche und die religionsgeschichtliche Arbeit (→ 5.2 Religionsgeschichtlicher Vergleich) führen zur Erhebung von *Assoziationsfeldern*, die bei Hörern und Lesern hervorgerufen werden, wenn sie mit Erzählungen oder Texten konfrontiert werden. Um Assoziationsfelder wachzurufen, verwenden Autoren *Sprachkonventionen,* die diejenigen kennen, die mit der theologischen, kulturellen und sprachlichen Tradition vertraut sind. So lassen die verwendeten Sprachkonventionen einen Rückschluss auf die kulturelle Prägung des Autors und der intendierten Leserschaft zu. Die alttestamentlichen Verfasser wandten sich etwa in vorexilischer Zeit an die Bevölkerung des Nord- oder Südreichs, in der nachexilischen Zeit an die Kultgemeinde Israel, die im Land oder in den Diasporagemeinden außerhalb Palästinas lebte. An diese richten sich auch die neutestamentlichen Autoren. Judentum und Hellenismus als prägende Kultureinflüsse bilden dabei nicht grundsätzlich einen Gegensatz, wie dies in der älteren Forschung häufig behauptet wurde. Vermittelnde Positionen zwischen beiden finden sich im Judentum in den ersten drei Jahrhunderten v. Chr. in unterschiedlichen Ausprägungen.

Eine besondere und in den biblischen Schriften sehr häufig verwendete Sprachkonvention ist die *Metapher*. In ihr werden zwei Wirklichkeitsbereiche miteinander verschränkt (z.B. ‚Achill ist ein Löwe' – Mythologie und Tierwelt), um einen bestimmten Aspekt der zu beschreibenden Sache hervorzuheben (im Beispiel der besondere Mut des Achill). Die in Metaphern verwendeten Motive können aus allen Bereichen der Alltagswelt entlehnt sein. Die Bedeutung einer Metapher ist durch den unmittelbaren Kontext (textlinguistisch-strukturell) zu ermitteln. Metaphern sind grundsätzlich *dynamisch*, das heißt ihre konkrete Bedeutung kann von Text zu Text wechseln. Der unmittelbare Kontext gilt als ausschlaggebend für die aktuelle Bedeutung der Metaphorik. Dabei kann eine traditionsgeschichtliche Vorgabe als Negativfolie dienen. Dem Hörer/Leser, der eine frühere Verwendung einer Metapher kennt, fällt die neue Bedeutung auf. Durch den veränderten Sinn der Metapher wird die Tradition aktualisiert.

d) Kriterien für Textabhängigkeit: Textabhängigkeit wird zunächst durch *direkte Zitate* deutlich. Solche Zitate finden sich innerhalb der biblischen Schriften jedoch nur an wenigen Stellen. Daher sind andere Formen von literarischer Abhängigkeit einzubeziehen. Abhängige Texte weisen eine vergleichbare Verwendung der Leitbegriffe auf, auch wenn sich der Autor des neu entstehenden Textes von den Aussagen des vorausgehenden Textes abgrenzt. Um Bezüge zwischen den Texten herstellen zu können, sind Entsprechungen auf der semantischen und der linguistischen Ebene nötig.

Exkurs: Traditionsgeschichte und religionsgeschichtlicher Vergleich

In der exegetischen Methodenlehre werden innerbiblische Traditionsgeschichte und religionsgeschichtlicher Vergleich getrennt, obwohl diese beiden Aspekte eng miteinander verknüpft sind. Die Ausprägung einer Tradition ist von der Aufnahme und Integration von Motiven bestimmt, durch die die einmal geprägte Tradition näher oder mit anderer Gewichtung beschrieben wird. Bei ihrer Motivauswahl beschränkten sich die biblischen Autoren jedoch nicht auf Aspekte ihrer eigenen Lebenswelt, sondern nahmen auch Anleihe an Vorstellungen aus ihrer Umwelt. Für die Arbeit am Text bedeutet dies, dass in der Traditionsgeschichte zunächst die Aufnahme der biblischen Tradition zu prüfen ist, dann im religionsgeschichtlichen Vergleich die Übernahme aus weiteren Texten und erst im Anschluss eine Deutung der Neuinterpretation der Tradition durch den Autor erfolgen kann.

5.1.2 Zu den Leitfragen

a) Gibt es biblische Prätexte, an denen sich der Autor orientiert? Um das zu entscheiden, ist vorab eine Unterscheidung zu treffen. Dazu ist zwischen ausgewiesenen Zitaten, die ein sicherer Hinweis für den direkten Einfluss eines Prätextes sind, und *Anspielungen,* die auf die Aufnahme von bestimmten Texten, Traditionen und Motiven deuten, zu differenzieren. Die Anspielungen weisen darauf hin, dass der Verfasser auf Vorstellungen zurückgriff, die den Leserinnen und Lesern bekannt waren und zu denen sie Bezüge herstellen konnten.

b) Welche Motive und Formulierungen werden im Text aufgegriffen? Wie werden die Traditionen bearbeitet? Nach der Frage nach Prätexten stellt sich die Frage, welche Traditionen und Motive der Verfasser in seinen Text aufnahm. Aber nicht nur die Frage nach einzelnen traditionellen Vorgaben ist zu stellen, sondern auch die Frage, *wie* der Autor diese gegebenenfalls veränderte. Erst hier wird deutlich, was der Autor Neues sagen wollte (*innovatives Potential*).

5.1.3 Zur Methodik

a) Auswahl von Leitbegriffen: Für die traditionsgeschichtliche Arbeit ist es zunächst wichtig, tragende Begriffe und grundlegende Gedankenstrukturen herauszuarbeiten. Dabei ist es sinnvoll, die Begriffe nach semantischen Feldern zu sortieren, um zu sehen, aus welchem Begriffsfeld der Autor Vorstellungen entlehnt. Zudem ist die Frage nach den Leitbegriffen des Textes wichtig, da diese den Text prägen. Es ist zu prüfen, ob sie in älteren Texten erscheinen und ob sie Assoziationen beim Hörer/Leser hervorgerufen haben können (→ 3.2 Textlinguistische Fragestellungen). Leitbegriffe und die ihnen zugehörigen Begriffsfelder sind in der *Konkordanz* nachzuschlagen. Die gefundenen Textstellen sind anschließend dahingehend zu überprüfen, ob sie dem Autor als Vorlage gedient haben können. Wichtig ist dabei herauszustellen, welchen Bezug der aufgefundene Text zum Untersuchungstext besitzt. Reine Begriffs- oder Stichwortübereinstimmungen verraten in der Regel nichts über eine Abhängigkeit vom Prätext.

b) Konkordanzarbeit: Bei der Konkordanzarbeit sind bestimmte Grundsätze zu beachten, um zu einem aussagekräftigen Ergebnis zu kommen:

1) Die reine Stichwortsuche ist nicht ausreichend. Vielmehr sind *Synonyma* einzubeziehen, da auch diese das Begriffsfeld prägen.
2) Für die Auswahl der Texte ist zudem nach vergleichbaren Wortverknüpfungen, thematischen Kontexten oder nach metaphorischem Gebrauch eines Begriffs zu suchen. Bei der Aufnahme von Traditionen stellen Autoren selten einfache Stichwortverbindungen (Einzelbegriffe) her, sondern nehmen Wort- bzw. Bildfelder auf.
3) Werden in Texten Metaphern verwendet, sind diese zu dekodieren. Dies ist vor allem dann nötig, wenn ihre Deutung nicht aus der Alltagskultur erfolgen kann, sondern wenn die Metapher bereits eine theologische Prägung besitzt, die im neu entstandenen Text aufgegriffen und ggf. verändert wird (→ c).
4) Außerdem ist jenseits der semantischen Ebene nach der zugrunde liegenden Denkstruktur zu fragen. Diese wirkt sich vielfach auf die Form des

Textes aus, so dass die Aufnahme und Neukontextualisierung von Gattungen bei den Hörern/Lesern Assoziationen hervorrufen können, die mit theologischen Gehalten belegt sind.

Aus den genannten vier Aspekten ergibt sich eine Grundregel: *Je mehr Textbelege sich für eine theologische Vorstellung oder Formulierung auffinden lassen, desto eher ist von einer Sprachkonvention und von einem bewusst aufgerufenen Assoziationsfeld zu sprechen.*

c) Innovation durch Veränderung: Nachdem Prätexte bzw. Motive sowie die mit ihnen verbundenen Assoziationen analysiert sind, ist in einem zweiten Schritt darzulegen, wie ein Autor die Traditionen für seine eigene Botschaft nutzbar macht. Überkommene Vorstellungen fließen nicht identisch in die neuen Texte ein, sondern werden auf die gegebene Situation bezogen und dem Aussageziel des Autors untergeordnet. Dadurch wird die Tradition aktualisiert und modifiziert. Hieraus erschließt sich das *innovative Potential* des Textes.

Diese Methodik ist im Folgenden auch auf den religionsgeschichtlichen Vergleich anzuwenden, nur ist dabei neben dem zeitlichen auch das lokale Verhältnis der Texte zueinander zu bedenken (→ 5.2.2 Zu den Leitfragen).

5.1.4 Textbeispiele

Beispiel 1: Jes 6 ist einer von wenigen Texten des Alten Testaments, in denen JHWH als König bezeichnet wird. Verwendet wird dieser Titel für Gott vor allem bei Deuterojesaja, im Moselied Ex 15 und in verschiedenen Psalmen. In ihrer heutigen Form stammen diese Texte anders als Jes 6 aus der exilisch-nachexilischen Zeit; ob sie auf vorexilischen Grundschichten basieren, ist unklar, so dass sie nicht als Quelle für die vorexilische Zeit ausgewertet werden können. Doch auch wenn JHWH in Texten der vorexilischen Zeit selten als König bezeichnet wird, finden sich verschiedene Spuren der Verehrung Gottes wie eines Königs. Insignien und Gegenstände, die für einen Königshof typisch sind, werden mit ihm und seiner Sphäre verbunden.

In Jes 6,1 wird die Vision mit einer Beschreibung des Thrones Gottes eingeleitet: ‚Ich sah JHWH auf einem hohen und erhabenen Thron sitzen'. Der Tempelinnenraum (das Allerheiligste) wird als Thronraum beschrieben, der bereits vom Saum des Königsmantels Gottes gefüllt wird. Da der Prophet JHWH als hoch und erhaben thronend beschreibt, muss er mehr als nur den ausgefüllten Tempelinnenraum gesehen haben. Dies deutet darauf hin, dass das Gebäude als nach oben offen gedacht wurde, auch wenn man von außerhalb des Tempels ein nach oben durch ein Dach begrenztes Gebäude wahrnahm. Das Allerheiligste des Tempels wurde als Raum verstanden, in dem Erde und Himmel zusammentreffen. Dieser Raum wird in Jes 6 als Thronraum beschrieben, wie er Menschen durch Audienzen beim König bekannt war. Was im weiteren Verlauf der Vision Jesajas geschildert wird, wird im Stile der Audienz bei einem König dargestellt (→ 3.1.3).

In einem weiteren aus vorexilischer Zeit stammenden Text Ps 24,7-10 wird das göttliche Königtum mit der Kriegsmächtigkeit JHWHs verbunden. Das Königtum Gottes beruht auf dem gewonnen Kampf. Als siegreicher Held wird JHWH als ‚König der Herrlichkeit‘ bezeichnet. Dies klingt in Ps 29 mit, wenn die Göttersöhne aufgefordert werden, Gott ‚Ehre/Herrlichkeit‘ zu erweisen. Das Verhalten der Göttersöhne ist das des Volkes, wenn der König in seinem Palast erscheint. Der Palast steht in Jerusalem. Diese Stadt scheint schon vor der Eroberung durch David Sitz einer Königsgottheit gewesen zu sein. Darauf deutet der Name des Stadtfürsten *Melchisedek* ‚König ist der (Gott) Sedek‘ hin, mit dem Abraham in Gen 14,18 zusammentrifft. Zudem wird Jerusalem in Ps 48,3 als ‚Stadt eines großen Königs‘ beschrieben. Aus V. 4 geht hervor, dass mit dem König JHWH und nicht ein irdischer König gemeint ist.

Die wenigen vorexilischen Texte, in denen die Königsherrschaft JHWHs erwähnt wird, sind von Motiven und Vorstellungen des Auftretens eines irdischen Königs geprägt. Was in Jes 6 beschrieben wird, gleicht einer Audienz bei einem irdischen Machthaber. Da es aus vorstaatlicher Zeit, in der es in Israel noch keinen König gab, keine gesicherten Hinweise auf die Verehrung JHWHs als König gibt, ist anzunehmen, dass sich in Israel erst mit der Ausbildung des irdischen die Vorstellung vom göttlichen Königtum etablierte. Der Autor von Jes 6 verwendet Motive, die vom Leser mit dem irdischen Königtum in Verbindung gebracht werden, um das göttliche zu beschreiben. Dabei wird das göttliche Königtum als über die irdischen Dimensionen hinausgehend dargestellt. Die Größe, Bedeutung und Macht des irdischen Königtums werden potenziert, um die göttliche Königsherrschaft zu beschreiben.

Beispiel 2: Mit der Textstelle in Daniel wird die eschatologische Perspektive des kommenden *Menschensohns* gezeigt. In Mk 2,10 wird hingegen angenommen, dass Jesus, der in Daniel angekündigte Menschensohn, bereits auf Erden in seiner Hoheit wirkt, indem er Menschen die Vergebung ihrer Schuld durch Gott zuspricht. Jesus wird somit als der vollmächtig auf Erden wirkende Menschensohn vorgestellt. – Bei dem Begriff ‚Sünde vergeben‘ und ‚Heilung‘ hat der Autor möglicherweise Bezug auf Psalm 103,3 genommen. In dem Psalm wird deutlich, dass, wenn Gott Sünde vergibt, er gleichzeitig heilt. Der Autor von Mk 2,1-12 verändert das Material so, dass es für ihn passend ist, womit die Perikope einen innovativen Charakter besitzt. Für ihn sind Jesus und Gott gleichwertig anzusehen, wodurch Jesus als göttlich gilt und somit übernatürliche Taten, die nur Gott zustehen, vollbringen kann. – Zu dem Begriff ‚Heilung‘ lässt sich die Textstelle Spr 12,18 als Prätext ausmachen. Spr 12,18 entsprechend, tritt Jesus als der Weise auf, der durch sein Wort zeigt, wie man richtig leben soll. Jesus ist die Charakterfigur eines weisheitlichen Menschen. Mit ihm spricht der richtige Weise, der die Weisheit Gottes, die als die einzig wahre und richtige Weisheit anzusehen ist, kennt. Durch die Textstelle wird deutlich, dass Heilung allein durch das Wort Jesu, also ohne jegliche Berührung, möglich ist. Somit scheint das heilende Befehlswort Jesu auch in Mk 2,1-12 die entscheidende Rolle zu spielen, da dem Gelähmten allein durch Jesu Wort volles Leben wiedergegeben wird. [...]

Zusammenfassend lässt sich durch die Traditionsgeschichte feststellen, dass die Begriffe ‚Sünden vergeben‘, ‚Heilung‘ und ‚Vollmacht‘ in direktem Bezug zu dem Schlüsselbegriff ‚Menschensohn‘ stehen. Der in Dan 7,13 f. angekündigte Menschensohn, der in Mk 2,10 in der Person Jesus offenbart wird und seinen Herrschaftsauftrag auf Erden bereits ausführt, handelt stellvertretend für Gott und besitzt allein durch ihn die Vollmacht zur Heilung und Sündenvergebung.

Beispiel 3: Anders aber als bei Jesus gibt es im Alten Testament keinerlei Hinweise darauf, dass die Propheten die Macht haben ἀφιέναι ἁμαρτίας (‚Sünden zu vergeben‘). Nur Gott allein besitzt nach alttestamentlicher Tradition die Fähigkeit Sünden zu vergeben. In Ps 34,23 wird bereits gesagt, dass derjenige, der an Gott glaubt, von seinen Sünden befreit wird. Weitere Belegstellen sind Mi 7,18 ‚Wer ist ein Gott wie du, der die Schuld verzeiht und die Sünde vergibt dem Rest seines Eigentums‘, und Ps 78,38 ‚Er aber in seiner Gnade und seinem Erbarmen, er vergab ihre Schuld‘. In Ps 32,2 wird berichtet, dass man kein falsches Herz haben darf, da man sonst seine Schuld nicht vergeben bekommt. Gott besitzt also die Fähigkeit in die Herzen der Menschen zu schauen. Jesus besitzt ebenfalls diese Fähigkeit und kann daher mit Gott gleichgesetzt werden, denn auch er schaut in ἐν ταῖς καρδίαις (‚in die Herzen‘) der Schriftgelehrten. Jesus wird in Mk 2,7 von den Schriftgelehrten der ‚Gotteslästerung‘ (βλασφημία) beschuldigt. In Ex 22,27 wird zum ersten Mal das Gebot der Gotteslästerung genannt: ‚Du sollst Gott nicht lästern.‘ In Dtn 31,20 stellt Gott dann fest, dass die Menschen ihn in der Zukunft lästern und seinen Bund brechen werden. Jesus wird der Gotteslästerung beschuldigt, da er Sünden vergibt und dies nach der alttestamentlichen Vorstellung ja nur Gott allein kann. [...] Ein letzter wichtiger Schlüsselbegriff ist das Verb ἐξίστημι (‚sich entsetzen‘). Es scheint eine alttestamentliche Tradition zu sein, dass so auf etwas Göttliches reagiert wird. Als Samuel in 1 Sam 16,4 als Gesandter Gottes nach Bethlehem kommt, ‚entsetzten sich die Ältesten der Stadt‘. In Ps 48,6 wird vom Entsetzen der Stadt Gottes gesprochen und in Mi 7,17 steht geschrieben ‚sie werden sich fürchten vor dem Herrn, unserem Gott, vor dir sich entsetzen.‘ Dieses Entsetztsein nimmt auch Joel auf: ‚Völker werden sich vor ihm entsetzen und jedes Angesicht erbleicht.‘ [...]

Fazit: In der Erzählung *Die Heilung eines Gelähmten* lassen sich mehrere Traditionen aus dem Alten Testament wiederfinden. Sowohl Gott als auch die Propheten heilen Menschen. Im Alten Testament besitzt Gott allein die Fähigkeit Sünden zu vergeben. Jesus ist mit Gott gleichzusetzen, da er der Menschensohn ist und die Vollmacht Gottes besitzt. Die Anschuldigung der Gotteslästerung ist ebenfalls auf eine alttestamentliche Tradition zurückzuführen, denn demnach besaß Gott allein die Macht der Sündenvergebung. Die Schriftgelehrten mit ihren ‚falschen Herzen‘ erkennen den Messias nicht und fordern indirekt die körperliche Heilung. Der hierfür verwendete Imperativ ἔγειρε (‚steh auf‘) lässt sich ebenfalls im Alten Testament finden. Auch das Entsetzen der Menschen, welches in Mk 2,12 beschrieben wird, entstammt einer alttestamentlichen Tradition, in der auf Göttliches häufig mit Entsetzen reagiert wird.

Auswertung: In beiden neutestamentlichen Beispielen werden die wesentlichen Leitbegriffe und Motive herausgestellt und in ihrer Bedeutung für den Untersuchungstext analysiert. Beide Verfasserinnen zeigen auf, dass die Erzählung auf alttestamentlichen Traditionen basiert, dass, und dies zeigt Beispiel 3, Aspekte, die in der Hebräischen Bibel von Gott ausgesagt werden, auf Jesus übertragen sind. Die Aussagen über Gott werden verschiedenen Psalmentexten entnommen. Mit Beispiel 2 wird zudem die weisheitliche Tradition des gerechten Menschen deutlich, in deren Licht Jesus in Mk 2,1-12 dargestellt wird. Hier zeigt der Verfasser das innovative Potential des Evangelisten, der die Funktion des aus Dan 7,13 stammenden Menschensohnes weisheitlich interpretiert und im Auftreten Jesu das Wirken des endzeitlichen Menschensohnes erkennt.

5.2 Religionsgeschichtlicher Vergleich

Ziele

→ Ermitteln von religionsgeschichtlichen Analogien
→ Bestimmen der Eigenheiten des Textes im Vergleich mit außerbiblischen Texten

Leitfragen

→ Wie ist das sachliche Verhältnis der zu vergleichenden Texte zu umschreiben?
→ Welches Proprium besitzt der biblische Text?

Methoden

→ Untersuchung von äußeren und inneren Kriterien hinsichtlich der Beziehung der Texte zueinander:
  a. Abfassungszeit und -ort
  b. Vergleich von Semantik, Motivik, Thematik und Struktur
→ Profilierung des biblischen Textes

Hilfsmittel

→ 10.2 Texteditionen und Quellensammlungen

5.2.1 Zur Zielsetzung des Methodenschrittes

a) Erhebung von Assoziationsfeldern: Der religionsgeschichtliche Vergleich dient wie die zuvor behandelte Traditionsgeschichte dazu, historische Assoziationsfelder zu erheben, die bei Ersthörern bzw. Lesern hervorgerufen wurden. Dabei unterscheidet sich die religionsgeschichtliche Arbeit in einigen wenigen Punkten von der traditionsgeschichtlichen. Während im traditionsgeschichtlichen Vergleich biblische und frühjüdische Texte dahingehend befragt werden, ob sie Einfluss auf spätere biblische Texte besaßen, werden zum religionsgeschichtlichen Vergleich Texte und Bildzeugnisse herangezogen, die der Umwelt Israel-Palästinas entstammen.

b) Das jüdische bzw. christliche Proprium des Textes: Das Ziel des religionsgeschichtlichen Vergleichs besteht darin, das spezifisch Alt- oder Neutestamentliche eines Textes aufzuzeigen, mit dem das innovative Potential der biblischen Texte sichtbar wird. Wichtig ist es, wie bei der traditionsgeschichtlichen Arbeit die Unterschiede zu den Vergleichstexten herauszuarbeiten, da durch diese das Proprium des biblischen Textes erkennbar wird. Während beim Vergleich biblischer und frühjüdischer Texte der zeitliche und räumliche Bezug vorausgesetzt wird, ist bei der Analyse der Texte aus der nichtjüdischen Umwelt gesondert nach ihnen zu fragen. So ergeben sich für den religionsgeschichtlichen Vergleich spezifische Aufgabenstellungen.

c) Das Vergleichsmaterial – Texte und Bilder: Die alttestamentlichen Autoren nahmen Vorstellungen unterschiedlicher Herkunft auf. Traditionen und Motive aus Kanaan, Philistäa, Phönizien, Syrien, Ägypten, aus den mesopotamischen Großreichen (Assyrien, Babylon), Persien und in späteren Zeiten aus dem Hellenismus wirkten auf die Gedankenwelt der Verfasser ein. Die neutestamentlichen Autoren griffen zeitgenössische frühjüdische und hellenistische Vorstellungen auf.

Neben Texten dienen die aus der materiellen Kultur bekannten Bildträger (Münzen, Siegel, Abbildungen auf Stelen oder in Wandinschriften, Statuen), deren Motive in Texten aufgenommen wurden und deren Bezug zur untersuchten Perikope dargestellt werden soll, als Informationsquelle für die biblischen Texte. Die Bezüge der biblischen Texte zu diesen Bildern können vielfältig sein. Wenn sich ein direkter Bezug nachweisen lässt, was eigentlich nur dann der Fall ist, wenn das Bild materiell direkt mit dem Text verbunden ist, können die Bilder als Illustration des Textes dienen. Darüber hinaus können sie den Text inhaltlich ergänzen. Auch in Fällen, in denen kein direkter Bezug aufweisbar ist, zeigen die Bilder, dass die abgebildete Vorstellung ein wichtiger Aspekt seiner Kultur ist. Herkunft und Stil eines Motivs können Auskunft über den Ursprung biblischer Motive geben.

5.2.2 Zu den Leitfragen

a) Wie ist das sachliche Verhältnis der zu vergleichenden Texte zu umschreiben? Neben Traditionen und Motiven können Problemstellung und Lösungsansatz sowie strukturelle Analogien untersucht werden. Diese weisen auf vergleichbare Deutungsmuster der beschriebenen Realität bzw. auf bekannte Begründungsstrukturen hin. Ausgesprochene Parallelen, also weitreichende Übereinstimmungen formaler oder inhaltlicher Art, finden sich eher selten. In der Regel ist von Analogien, das heißt von Übereinstimmung in Teilaspekten, zu sprechen.

Die literarischen Bezüge können unterschiedlicher Art sein. *Direkte literarische Abhängigkeit* ist eher die Ausnahme. Von einer *indirekten Einflussnahme* spricht man dann, wenn die zu vergleichenden Texte lediglich übereinstimmende Begriffe oder Motive aufweisen. Häufiger lassen sich durch den Vergleich biblischer und außerbiblischer Texte *Traditionen* nachweisen, die über den soziokulturellen Kontext biblischer Texte hinaus auf antike Leitkulturen verweisen. Religionsgeschichtliche Studien zeigen, dass in biblischen Texten Traditionen aus jeweils zeitgeschichtlich bestimmenden Leitkulturen aufgenommen wurden. Liegt keine direkte literarische Abhängigkeit vor, lässt sich an den übereinstimmenden Motiven und Begriffen zumindest sehen, dass diese aufgrund ihrer Bedeutsamkeit in unterschiedlichen Kontexten verwendet wurden.

b) Welches Proprium besitzt der biblische Text? Aus den Übereinstimmungen und Unterschieden ist das spezifisch Jüdische bzw. Christliche des Untersuchungstextes auszuweisen. Um hier keine Fehlurteile zu fällen, sind Problem- bzw. Themenstellung sowie die Lösungsansätze der zu vergleichenden Texte präzise zu bestimmen. Unterschiedliche Fragestellungen führen in der Regel zu unterschiedlichen Antworten. Belastbare Unterschiede sind nur dann festzustellen, wenn eine vergleichbare Fragestellung zu einer unterschiedlichen Lösung führt.

5.2.3 Zur Methodik

a) Das Problem der Textdatierung: Zunächst ist zu bedenken, in welchem zeitlichen Verhältnis die Texte zueinander stehen. In seltenen Fällen enthalten die Vergleichstexte direkte Hinweise auf ihre Abfassungszeit; hier kann eine recht genaue Datierung erfolgen. Ist dies nicht der Fall und wird eine Materialanalyse nötig, ist meist nur die Bestimmung eines ungefähren Entstehungszeitraums möglich. Ein Vergleich der Texte ist auch dann möglich, wenn das Alter nur ungefähr bekannt ist oder der außerbiblische jünger als der biblische Text ist. Natürlich können jüngere Texte keinen Einfluss auf ältere Texte genommen haben. Es ist jedoch möglich zu prüfen, ob sie Motive oder Traditionen verarbeiten und damit Teil eines Rezeptionsprozesses einer älteren Vorstellung sind. Möglich ist auch, dass der Vergleichstext vom biblischen Text abhängig und damit ein Teil seiner Wirkungsgeschichte ist. Bei Texten und Bildzeugnissen, die in einem größeren zeitlichen Abstand zum Untersuchungstext verfasst wurden, ist zu fragen, ob der Text/das Bild zur Abfassungszeit des neu entstandenen Textes noch bekannt war. *Je mehr Texte aus unterschiedlichen Zeiten dieselben Motive oder Traditionen aufweisen, desto wahrscheinlicher ist es, dass diese bei der Abfassung des biblischen Textes bekannt waren und beim Hören und Lesen assoziiert werden konnten.*

b) Regionale Verortung: Neben den zeitlichen Bezügen ist die geographische Verbreitung des Textes zu untersuchen. Wenn der Vergleichstext nur regionale Bedeutung besaß, ist zu überlegen, inwiefern es einen möglichen Austausch zwischen der Region, aus der er stammt, und der Entstehungsregion des biblischen Textes gab. Lässt sich weder eine weitere Verbreitung des Textes noch eine Verbindung zwischen den beiden Regionen aufweisen, ist eine direkte Einflussnahme auszuschließen. Trotzdem zeigt der Vergleichstext, dass die Tradition oder das Motiv in der Umwelt der biblischen Schriften bekannt und gebräuchlich war. Lassen sich räumliche Beziehungen aufzeigen, ist danach zu fragen, ob die Vorstellung auch in Texten aus anderen Regionen erscheint. Auch hier gilt der methodische Grundssatz: *Je mehr Texte aus unterschiedlichen Regionen angeführt werden können, desto höher die Wahrscheinlichkeit, dass die Traditionen oder Motive des Untersuchungstextes von den Erstlesern assoziiert werden konnten.*

c) Vergleichbare Aspekte: Neben Traditionen und Motiven können Problemstellung und Lösungsansatz sowie strukturelle Analogien (*Erzählmuster*) untersucht werden. Diese weisen auf vergleichbare Deutungsmuster bzw. auf bekannte Begründungsstrukturen hin.

d) Hinweis zur Leserfreundlichkeit: Grundsätzlich ist es hilfreich, außerbiblische Texte und Bildquellen im Fließtext oder in einem Anhang zur Exegese abzudrucken.

5.2.4 Textbeispiele

Beispiel 1: Als Vergleichstext für die Thronvision Jesajas in Jes 6 ist vor allem ein mesopotamischer Text von Interesse, der zeigt, dass Visionen von thronenden Gottheiten in der altorientalischen Literatur durchaus geläufig sind. Die auf der Tafel VAT 10057 überlieferte ‚Erzählung von der Unterweltsvision eines assyrischen Kronprinzen'[4], die ca. 670 v. Chr. entstand, berichtet davon, dass der assyrische Prinz *Kûmma* im Schlaf eine Vision erlebte, in der er dem Unterweltsgott *Nergal* auf seinem Thron sitzend begegnete. In den Z. 51–57 werden drei Aspekte geschildert, die an Jes 6 erinnern. In den Z. 51–53 werden *Nergal*, seine Insignien und die von Furcht gefüllte Unterwelt beschrieben. In den Z. 53–56 folgt der Schrecken des Visionärs, gegen den sich der Zorn *Nergals* richtet. In den Z. 56 f. greift schließlich der Wesir *Išum* ein, der *Nergal* beruhigen kann.[5] Konstitutive Elemente für die Thronvision sind offensichtlich die Beschreibung der thronenden Gottheit, das Erschrecken des Visionärs, vor dem Thron der Gottheit zu stehen, und das Eingreifen eines Wesens bzw. einer Person aus der Thronsphäre, die den Visionär vor den Folgen der Gottesbegegnung schützt. Im Vergleich mit Jes 6 fallen jedoch auch entscheidende Unterschiede zwischen den beiden Visionen auf. Nergal ist der assyrische Unterweltsgott. Eine Begegnung mit ihm im Traum ist demnach als Ankündigung des bevorstehenden Todes des Visionärs zu deuten. Dass *Kûmma* durch den Einspruch des Wesirs aus der Thronsphäre entfliehen kann, zeigt, dass er nicht sterben wird, sondern dem drohenden Tod entgehen kann. Während Jes 6 die Beauftragung des Propheten schildert, wird in VAT 10057 dem Prinzen verkündet, dem drohenden Tod entrinnen zu können.[6] Gemeinsam ist beiden Texten, dass geschichtliche Begebenheiten durch die Begegnung mit einer Gottheit begründet werden können. Hinweise auf direkte literarische Beziehungen finden sich keine, doch zeigt der Vergleich, dass Thronvisionen zur Begründung geschichtlicher Begebenheiten verwendet werden.

Beispiel 2: Ein mit der neutestamentlichen Gelähmtenheilung [Mk 2,1-12] vergleichbares Wunder in Kombination mit der Frage um die Vollmacht des Messias ist außerhalb des Neuen Testaments […] nicht zu finden. Dafür können aber einzelne Elemente des Textes wiedergefunden werden. Beispielsweise gibt es bei Lukian eine Parallele, da auch er das Heilen von Krankheiten in Beziehung setzt zu dem Verhalten

---

4 Einleitung und Übersetzung des des Texts in von Soden, Unterweltsvision, 37–52.
5 Die Einteilung des Abschnitts stammt von Hartenstein, Unzugänglichkeit Gottes, 207.
6 Vgl. dazu Wagner, Gottes Herrschaft, 117 A124.

des Betroffenen gegenüber seinen Sünden: „Niemals ferner erschien er (sc. Demonax) schreiend oder in Zorn geraten oder unwillig, selbst dann nicht, wenn er jemanden tadeln musste. Doch die Fehler (Sünden) griff er an, den Fehlenden (Sündern) aber verzieh er. Und er hielt es für richtig, das Vorbild von den Ärzten zu nehmen, die die Krankheiten heilen, gegenüber den Kranken aber keinen Zorn anwenden. Denn er dachte, dass das Fehlen (Sündigen) Merkmal des Menschen sei, Merkmal eines Gottes aber oder eines gottgleichen Menschen, Verstöße wieder in Ordnung zu bringen."[7] Beide Aspekte, das Heilen der Krankheit und das Verhalten gegenüber Sünden, werden jeweils in Relation zwischen dem Betroffenen und dem Helfer gesehen. Der Betroffene ist der Kranke oder der Sünder, der Helfer dagegen der Arzt oder Lehrer. Allerdings geht es bei Markus um die gottgegebene Vollmacht, die Jesus ganz selbstverständlich nutzen kann, Lukian behandelt es auf einer anderen, einer erziehenden Ebene. Ihm geht es um das pädagogische Einwirken des Lehrers auf den sündig gewordenen Schüler und die Technik des Arztes, Krankheiten zu heilen. Dennoch verbinden beide die Vergebung beziehungsweise Behandlung der Sünden ‚mit Gott und dem gottgleichen Menschen'[8].

Ein weiterer Text in Bezug auf Sündenvergebung, die nicht von Gott selbst zugesprochen wird, findet sich im Jubiläenbuch 41,42. Dort heißt es: „Und er (sc. Juda) begann zu klagen und zu flehen vor dem Herrn wegen der Sünde. Und wir (sc. die Engel) sagten es ihm im Traum, dass ihm vergeben sei. Denn er hatte sehr gefleht und geklagt, und er tat es nicht mehr."[9] Hier wird Juda seine Sündenvergebung verkündet, aber nicht durch Gott selbst, sondern durch einen Engel, der autoritativ in Gottes Namen spricht. Dabei wird wiederum das Problem der Schriftgelehrten deutlich, die meinen, dass nur Gott Sünden vergeben kann. Derjenige, der auf Erden Sünden vergeben kann, muss zumindest ein Bote Gottes sein, der in seinem Auftrag handelt und sein Wort auf Erden verkündet. Dass Jesus genau dies ist, erkennen sie dagegen nicht.

Im Bereich der jüdischen Literatur kann es keine Parallelstellen geben, die von Krankenheilungen berichten, da im jüdischen Glauben nur Gott allein die Macht hat zu heilen, nicht aber ein Mensch. Daher ist auch keine Stelle bekannt, in der der Messias aus seiner eigenen Vollmacht heraus einem Menschen Sündenvergebung zuspricht. Für Juden ist sie das alleinige Recht Gottes.[10] Es gibt aber durchaus Stellen, bei denen ein Zusammenhang zwischen Sünde und Krankheit beziehungsweise zwischen Heilung und Sündenvergebung angesprochen wird. In einer dazu beispielhaften Textstelle heißt es (Schab 55a: R. Ammi): „Es gibt keinen Tod ohne Sünde u[nd] keine Züchtigungen (Leiden) ohne Schuld [...]".[11] Abschließend bleibt festzuhalten, dass lediglich einzelne Motive aus der Heilung des Gelähmten und dem darin eingebetteten Streitgespräch um die Vollmacht Jesu auf Erden in außerbib-

---

7 Berger/Colpe, Religionsgeschichtliches Textbuch, 35 f.
8 Berger/Colpe, Religionsgeschichtliches Textbuch, 35.
9 Berger/Colpe, Religionsgeschichtliches Textbuch, 35.
10 Vgl. Strack/Billerbeck, Matthäus, 495.
11 Vgl. Strack/Billerbeck, Matthäus, 495.

lischen Quellen zu finden sind. Daher sind die Perikope und ihre Zusammenstellung an sich einzigartig und nicht noch einmal an einer anderen Stelle außer in den Synoptischen Evangelien zu finden.

Beispiel 3: In dem Text Plutarchs *Fragen über die römischen Gebräuche* wird das ‚Phänomen der Dachaufdeckung', welches sich in Mk 2,1-12 wiederfindet, näher beschrieben. Es wird berichtet, dass es sowohl den Toten als auch anderen unreinen Gestalten nicht gestattet war den Eingang zu passieren. Hierbei handelt es sich um eine Vorsichtsmaßnahme, um Schaden zu verhindern. Als unreine Menschen galten unter anderem Kranke, wie bei Markus 2,1-12 der Gelähmte. Es ist anzunehmen, dass die Dachaufdeckung nicht nur die Anstrengungen der vier Freunde zeigt, sondern es sich hierbei um eine alte Tradition handelt, die den Römern bekannt war.[12] [...]

In Kapitel 7 des *Demonax* des Lukian lässt sich eine ähnliche Auffassung von ‚Sünde, Krankheit und Sündenvergebung' finden. Demnach ist es ein Merkmal des Menschen, dass er sündigt, und ein Merkmal eines Gottes oder gottgleichen Menschen, die Fehler der Menschen wieder in Ordnung zu bringen. Wie bereits in der Traditionsgeschichte herausgearbeitet, ist es immer der Mensch, der die Sünde begeht, und Gott oder Jesus, der gottgleiche Mensch, der die Sünden den Menschen vergibt. Es wird auch hier davon ausgegangen, dass es einen Zusammenhang zwischen Krankheit und Sünde gibt. Ist der Mensch von seinen Sünden befreit, so ist er auch von seiner Krankheit geheilt. Im Neuen Testament wird nicht immer Krankheit mit Sünde gleichgesetzt.[13] [...] – Im Jubiläenbuch aus dem 2. Jh. v. Chr. wird geschildert, wie ein Engel Juda seine Sünde vergibt. Während im Alten Testament nur Gott und im Neuen Testament Jesus als Menschensohn Sünden vergeben kann, haben hier die Engel als Boten bzw. Mittler Gottes die Gabe der Sündenvergebung. Eine Tradition aus dem Alten Testament wird erweitert.[14] – Im Targum Jes 35 wird der Messias mit der Sündenvergebung in Beziehung gesetzt. Die Vergebung der Sünden erfolgt durch Jesu Fürbitte, durch die Befolgung seiner Worte oder allein durch den Willen Gottes. Im Unterschied zu diesem jüdischen Text spricht im MkEv Jesus die Sündenvergebung selbst zu, da er als Bote Gottes fungiert.[15]

Auswertung: Anhand der außerbiblischen Zeugnisse wird das Profil von Mk 2,1-12 deutlich. Während die in Beispiel 2 erwähnte Erzählung von der Krankenheilung, die von Lukian geschildert wird, zwar auch den Aspekt der Sündenvergebung beinhaltet, wird das Proprium des Markustextes, die Vollmacht Jesu, auch mittels der Parallele aus Jub 41,42 besonders hervorgehoben. Damit wird einer der entscheidenden Gesichtspunkte der markinischen Theologie sichtbar. Der Verfasser von Beispiel 3 zeigt, dass der Vorgang, das Dach aufzudecken, geläufig war, so dass die Rahmen-

---

[12] Vgl. Berger/Colpe, Religionsgeschichtliches Textbuch, 34.
[13] Vgl. Berger/Colpe, Religionsgeschichtliches Textbuch, 34 f.
[14] Vgl. Berger/Colpe, Religionsgeschichtliches Textbuch, 35.
[15] Vgl. Berger/Colpe, Religionsgeschichtliches Textbuch, 35 f.

erzählung typologisch erscheint. Beiden Verfassern gelingt es auf diese Weise, das markinische Proprium und damit das typisch Christliche des Textes aufzuweisen. Während die Inhalte der außerbiblischen Texte in beiden Beispielen dargestellt werden, werden die Ausprägung der literarischen Bezüge sowie die Entstehungszeiten der Texte nicht weiter bedacht. Allein in Beispiel 3 wird einmalig das Alter des Jubiläenbuches angegeben. Daraus wird jedoch kein Schluss gezogen. Damit die Ergebnisse des religionsgeschichtlichen Vergleichs für die Untersuchung von Mk 2,1-12 fruchtbar gemacht werden können, sind diese Aspekte der Analyse wichtig.

5.3   Synoptischer Vergleich im weiteren und im engeren Sinn

Ziele

→ Aufzeigen des Verhältnisses zu Parallelüberlieferungen
→ Herausstellen des Propriums des Untersuchungstextes

Leitfragen

→ Welches sind die Unterschiede zwischen den Parallelüberlieferungen?
→ Was besagt das Ergebnis über die sachliche Pointierung der einzelnen Texte?

Methoden

→ Textvergleich, ggf. tabellarisch
→ sachlich-theologische Auswertung des Vergleichs
→ *Nicht: Rekonstruktion einer ältesten Textgestalt*

Hilfsmittel

→ 10.3.3 Synopsen
→ 10.3.6 Digitale Medien

5.3.1 Zur Zielsetzung des Methodenschrittes

In diesem Arbeitsschritt wird die Frage nach dem Verhältnis des Untersuchungstextes zu Parallelüberlieferungen gestellt. Dafür wird der Terminus *Synoptischer Vergleich* verwendet. Dieser wird *im engeren Sinne* für den Vergleich der Texte der synoptischen Evangelien gebraucht. Das Phänomen der Mehrfachüberlieferung von Texten findet sich jedoch nicht nur in diesen neutestamentlichen Büchern, sondern betrifft zum Teil auch das Johannesevangelium sowie apokryphe Evangelien. Ebenso gibt es im Alten Testament mehrfach Parallelüberlieferungen. In diesen Fällen ist von einem *Synoptischen Vergleich im weiteren Sinn* zu sprechen.

Grundlage des *Synoptischen Vergleichs im engeren Sinn* ist die Zwei-Quellen-Theorie. Textbeobachtungen an allen drei synoptischen Evangelien legen den Schluss nahe, dass das Markusevangelium das älteste der synoptischen Evangelien ist und dem Matthäusevangelium und dem Lukasevangelium neben einer Spruchsammlung (Logienquelle Q) als Quelle diente.

Ursprünglich war die Methode Bestandteil literarkritischer Arbeit an den Synoptischen Evangelien und diente dazu, die älteste als die theologisch relevante Textgestalt aufzeigen. So versuchte man, die jeweils ursprüngliche Form eines Textes zu rekonstruieren, um sich den darin enthaltenen Jesustraditionen zu nähern. Durch redaktionsgeschichtliche Studien wurde die Zielsetzung modifiziert. Derzeit stehen das theologische Profil des auszulegenden Textes im Kontext des jeweiligen Evangeliums im Fokus der Untersuchungen. Durch den Vergleich von Parallelüberlieferungen wird das besondere sachlich-theologische Profil des Textes sichtbar.

5.3.2 Zu den Leitfragen

a) Welches sind die Unterschiede zwischen den Parallelüberlieferungen? Die Unterschiede, die auf der semantischen, motivischen, thematischen oder strukturellen Ebene liegen können, sind in der Regel nicht zufällig, sondern der theologischen Gesamtkonzeption des Autors geschuldet. Daher sind sie der Ausgangspunkt zur Bestimmung des Propriums des Untersuchungstextes.

b) Was besagt das Ergebnis über die sachliche Pointierung der einzelnen Texte? Jede Textvariante bzw. jede Parallelüberlieferung hat eine eigene sachlich-theologische Ausrichtung. Diese verdankt sich unterschiedlichen Problemstellungen, differierenden theologischen Schwerpunkten und je eigenen Adressaten. Die Erklärung der Unterschiede zwischen synoptischen Varianten ist das übergeordnete Ziel des Methodenschrittes.

5.3.3 Zur Methodik

a) Textvergleich: Zur Vorbereitung des Textvergleichs bietet es sich zunächst an, die Unterschiede tabellarisch aufzulisten. Damit werden die Eigenheiten des Textes deutlich, die dann auf ihre stilistischen und sachlich-theologischen Tendenzen zu überprüfen sind.

b) Beschreibung des Propriums des Untersuchungstextes: Die einzelnen Unterschiede sind in einem abschließenden Schritt zusammen zu betrachten und auf eine stilistische und/oder eine sachlich-theologische Gesamttendenz hin auszuwerten. Das Ergebnis führt zur Umschreibung des stilistischen bzw. sachlich-theologischen Propriums des Untersuchungstextes.

5.3.4 Textbeispiele

Beispiel 1: Die Erzählung von der Einweihung des von Salomo erbauten Tempels findet sich im Alten Testament in zwei Versionen. 1Kön 8 und 2Chr 5–7 überliefern sie. Zwar schildern die beiden Texte denselben Vorgang, doch unterscheiden sich die beiden Darstellungen an verschiedenen Stellen voneinander. Beide Texte beinhalten eine Rahmenhandlung und ein Weihgebet Salomos (1Kön 8,12-61 // 2Chr 6,1-42). Darüber hinaus bietet 2Chr 7 in den V. 12–22 eine Antwort JHWHs auf das Gebet Salomos, das im deuteronomistischen Text fehlt. Die markanten inhaltlichen Unterschiede zwischen den beiden Darstellungen fallen im Text des Weihgebets auf, so dass zunächst diese beiden Textabschnitte miteinander verglichen werden.

Das Weihgebet Salomos beginnt jeweils mit einem Tempelweihspruch. Doch während der Spruch in 1Kön 8,12 die kosmologische Vorstellung beinhaltet, JHWH habe die Sonne am Himmel platziert, er selber wolle aber im Wolkendunkel wohnen, bietet 2Chr 6,1 nur den zweiten Teil, also die Ankündigung, JHWH wolle im Wolkendunkel wohnen. Darüber hinaus fällt im Chroniktext die Hochwertung Davids durch Salomo auf. 2Chr 6,5 enthält die Aussage, JHWH habe seit dem Einzug in das Land weder eine Stadt gewählt, an der sein Name wohnen solle, noch einen Mann, der über Israel herrschen solle. Die zweite Aussage fehlt in 1Kön 8,16. 2Chr 6,6 erwähnt dann die Erwählung Davids zum Fürsten über Israel, die 1Kön 8,16 f. folgerichtig nicht bietet.

Eine weitere Differenz findet sich bei der Erwähnung der Ladeeinbringung. 1Kön 8,21 beinhaltet eine Erinnerung an den Exodus, die in 2Chr 6,11 fehlt. Der Auszug aus Ägypten wird in 1Kön 8,51 nochmals aufgenommen; die Fassung des Chronisten bietet ihn erneut nicht. Zudem fehlt in 2Chr 8,39 der Bezug zum Exil. Während Salomo nach 2Chr 6,39 darum bittet, JHWH solle seinem Volk zu Recht verhelfen und ihm vergeben, wenn es sündigte, wird in 1Kön 8,50 darum gebeten, dass sie bei denen, die sie gefangen halten, Erbarmen finden. Diesen Ausblick auf die Geschichte verlagert der Chronist in die Rede JHWHs an Salomo, die er über die deuteronomistische Fassung hinaus mit der Tempelweiherzählung verbindet. Im Gegensatz zur deuteronomistischen Version bietet die chronistische damit eine Trennung zwischen der menschlichen, rückwärts gewendeten Perspektive, in der der Mensch auf die Heilstaten JHWHs sieht und ihnen im Kult entspricht, und dem Ausblick auf das künftige Fehlverhalten des Volkes. Die Begründung für das Exil, die 2Chr 7,22 gibt, entspricht der deuteronomistischen, da hier die Verehrung anderer Götter als einziger Grund für die Strafe Gottes genannt wird. Zugleich hebt der Chronist mit ihr die Bedeutung des rechten Kultes hervor, mit dem der Mensch auf Gottes Handeln antwortet. Dieses wird dadurch deutlich, dass 2Chr 6 anders als 1Kön 8,55-61 keinen Segen Salomos erwähnt. Statt einen Segen zu sprechen, bittet Salomo JHWH, sich nach der Einbringung der Lade zu seiner Stätte aufzumachen, dort Ruhe zu finden und seinen Priester Heil zu erweisen.

Die Aspekte des Erscheinens JHWHs und seiner Einwohnung werden im Weihgebet nicht bedacht, werden aber in der Rahmenerzählung thematisiert. Der Deuteronomist begnügt sich damit, die Füllung des Heiligtums mit der Wolke Gottes nach der Einbringung der Lade zu beschreiben. In der chronistischen Fassung wird der Aspekt, dass der Mensch im Kult der göttlichen Gegenwart entspricht, betont. In 2Chr 5,10-14 wird berichtet, dass die levitischen Musiker *uni sono* JHWH loben und preisen, während die Wolke, in der JHWH wohnt, in das Heiligtum einzieht. Gott ist der Handelnde, während die Gemeinde ihm in ihrem Tun entspricht. Auch das erste Opfer am Tempel wird vom Chronisten in dieser Perspektive geschildert. Während 1Kön 8 berichtet, Salomo habe JHWH ein Dankopfer zur Weihe dargebracht, wird in 1Chr 7,1-3 eine Opferszene beschrieben, die Lev 9,23 f. in Grundzügen entspricht. Im Vergleich zu der Opferszene in 1Kön 8,62 f. ist es nicht Salomo, der das Opfer darbringt, sondern die Priester bereiten das Opfer zu, das JHWH durch das Feuer verspeist. Erneut wird vom Chronisten also der kultisch-rituelle Vorgang hervorgehoben, der das Handeln Gottes im Kult begleitet.

Fazit: Die chronistische Fassung der Tempelweihgeschichte betont im Gegensatz zur deuteronomistischen Fassung die kultischen Vorgänge, die im Tempel stattfinden. Leitend ist das Verständnis, dass der Mensch in seinem Handeln für Gott den Anweisungen, die Gott für dieses Handeln gab, entsprechen muss. Der Aktive im Kult bleibt Gott; die Priester übernehmen allein vorbereitende oder begleitende Maßnahmen, damit sich das Kultgeschehen ereignen kann. Salomo als Tempelerbauer besitzt in der chronistischen Fassung eine im Vergleich zur deuteronomistischen Fassung untergeordnete Funktion. Er bleibt als König derjenige, der den Tempel erbaute, doch wird er vom Dienst am Tempel ausgeschlossen. Die Priester bereiten auch das königliche Opfer zu. Der Vergleich der beiden Fassungen zeigt, dass die chronistische Fassung inhaltlich über die deuteronomistische in Form von Erweiterungen hinausgeht.

Beispiel 2:

Aspekt	Markus 2,1-12	Matthäus 9,1-8
Umfang	12 Verse	8 Verse
Gemeinsamkeiten	Beim Streitgespräch besteht eine Hauptübereinstimmung. Grundsätzliche Verknüpfung von Heilungswunder und Streitgespräch. Der Menschensohn hat Vollmacht zur Sündenvergebung (V.10), bis auf eine Wortumstellung gleich.	Beim Streitgespräch besteht eine Hauptübereinstimmung. Grundsätzliche Verknüpfung von Heilungswunder und Streitgespräch. Der Menschensohn hat Vollmacht zur Sündenvergebung (V.6), bis auf eine Wortumstellung gleich. *Die Übernahme des Begriffes Menschensohn zeigt auf, dass Matthäus die Bedeutung des Begriffes kannte.*
Veränderungen	Im Streitgespräch wird die Kritik der Schriftgelehrten an dem Handeln Jesu inhaltlich konkret ausgeführt, und zwar in Form von zwei rhetorischen Fragen sowie einer Feststellung (V. 7).	Im Streitgespräch wird die Kritik der Schriftgelehrten nur kurz erwähnt (dieser lästert Gott), jedoch nicht inhaltlich ausgeführt. *Beim Leser wird damit offenbar Hintergrundwissen bezüglich des Grundes vorausgesetzt.*
Autorenintention	Markus stellt die Einmaligkeit des Wunders durch die Reaktion der Menge: ‚Wir haben so etwas noch nie gesehen' (V.12), besonders heraus, was möglicherweise dadurch zu erklären ist, dass die Perikope als Auftakt mehrerer Wunderberichte gilt.	Matthäus belässt es bei Beschreibung der Reaktion der Menge bei den Begriffen ‚fürchten' und ‚preisen', da vor der Perikope zahlreiche Zeichen und Wunder geschildert werden.

Aspekt	Markus 2,1-12	Lukas 5,17-26
Umfang	12 Verse	10 Verse
Gemeinsamkeiten	Beim Streitgespräch besteht eine Hauptübereinstimmung, es ist in vielen Teilen identisch. Grundsätzliche Verknüpfung von Heilungswunder und Streitgespräch.	Beim Streitgespräch besteht eine Hauptübereinstimmung, es ist in vielen Teilen identisch. Grundsätzliche Verknüpfung von Heilungswunder und Streitgespräch.
	Der Menschensohn hat Vollmacht zur Sündenvergebung (V. 10), bis auf eine Wortumstellung gleich.	Der Menschensohn hat Vollmacht zur Sündenvergebung (V. 24), bis auf eine Wortumstellung gleich.
	Allein Mk will die Besonderheit der Sündenvergebung auf Erden herausstellen, weshalb er diesen Begriff an den Schluss setzt.	*Die Übernahme des Begriffes ‚Menschensohn‘ zeigt auf, dass Lukas die Bedeutung des Begriffes kannte.*
Veränderungen	Jesus spricht den Gelähmten als ‚mein Sohn‘ an, wodurch eine persönliche, väterliche, schützende, annehmende und vertraute Beziehung ausgedrückt wird.	Jesus spricht den Gelähmten als ‚Mensch‘ an. Hier fehlt gegenüber Mk und Mt nicht nur das persönliche, intime Verhältnis, sondern mit der Bezeichnung des Gelähmten als Mensch und Jesus als Mensch stehen beide auf einer Stufe.
	Reaktion der Menschen auf die Heilung: ‚Wir haben so etwas noch nie gesehen‘. Somit eine neutrale Reaktion des Erstaunens, die dem Leser eine selbstständige Bewertung offen lässt.	Reaktion der Menschen auf die Heilung: ‚Wir haben heute seltsame Dinge gesehen‘. Eine fragwürdige, evtl. negative Reaktion, die durch die beschriebene Furcht unterstützt wird und dem Leser dem Freiraum einer eigenen Bewertung vorwegnimmt.

Aspekt	Markus 2,1-12	Lukas 5,17-26
Zuwachs/ Sondergut	Keine vorausgehende Erwähnung bezüglich der Kraft zu heilen.	V. 17: Jesus hat die Kraft des Herrn zu heilen
	Als geistliche Führer werden ausschließlich Schriftgelehrte erwähnt.	Neben den Schriftgelehrten erwähnt Lk auch Pharisäer, somit auch religiöse/politische Führer.
	Die Reaktion der Menschen auf die Heilung: Sie entsetzten sich und priesen Gott.	Die Reaktion der Menschen auf die Heilung: Sie entsetzten sich und priesen Gott. Zudem kommt die Furcht Gottes über sie.
Abweichungen	Ort des Geschehens ist Kapernaum.	Ohne Ortsangabe.
	Der Kranke wird durch das Dach herabgelassen.	Laut Lk handelt es sich um ein Ziegeldach.
	Beschreibung des Heilungs-wunders.	Ausführlichere Darstellung des Heilungswunders wie bei Markus.
Autorenintention	Markus stellt die Einmaligkeit des Wunders durch die Reaktion der Menge: ‚Wir haben so etwas noch nie gesehen' (V.12), besonders heraus, was dadurch zu erklären ist, dass die Perikope als Auftakt mehrerer Wunderberichte gilt.	Während bei Markus und auch Matthäus die Heilung als Resultat der Sündenvergebung zum Schluss der Perikope interpretiert werden kann, *stellt Lukas als einziger Autor die Kraft Jesu zur Heilung konkret heraus, und zwar bereits zu Anfang der Perikope.* Dies mag damit zusammenhängen, dass Lukas Arzt war (Kol 4,14) und er daher ein starkes Gewicht auf diesen Aspekt legt. Lk weist auf die göttliche Vollmacht Jesu hin und stellt so den Zusammenhang zu Gott her. Der Leser erfährt dadurch bereits zu Beginn etwas über die Vollmacht Jesu.

Im Vergleich der drei Parallelüberlieferungen fällt grundsätzlich auf, dass die Bedeutung des Glaubens und der Sündenvergebung in allen Evangelien fast identisch vorkommt. Dies ist darin begründet, dass es sich dabei um die Kernaussage der Perikope handelt, die alle Schreiber beibehalten haben.

Die *Matthäusversion* kann vergleichsweise als ‚Kurzfassung' bezeichnet werden. Es wird deutlich, dass sein Schwerpunkt auf der Auseinandersetzung mit den Schriftgelehrten vor dem Hintergrund der Heilung liegt. Als einziger Autor verzichtet Matthäus auf das Hinunterlassen des Gelähmten durch das Dach und auf eine ausführliche Exposition der Geschichte (es fehlt z. B. jegliche Beschreibung der Menschenmenge und eine Zeitangabe). Dem Leser ist somit eine plastische Vorstellung des Geschehenen nur schwer möglich. Matthäus führt den Leser direkt auf den Kernpunkt des Glaubens, ohne jegliche Ausführungen, die lediglich vom Wesentlichen ablenken könnten. – Gegenüber Matthäus ist bei *Lukas* in einigen Bereichen ein Zuwachs an Information festzustellen, die sich insbesondere auf eine unterstützende Darstellung des Heilungswunders auswirken. Des Weiteren legt er Wert auf die einzelnen Menschengruppen, die von überall her zu Jesus kommen. Lukas stellt dadurch heraus, dass Jesus im Zentrum des öffentlichen Interesses steht. Es ist wohl nicht das alleinige Bedürfnis der Menschen, der Lehre Jesu zuzuhören, sondern auch die Neugier der Menge, die sich ein Bild von *dem* Menschen machen wollen, der eine solche Anziehungskraft besitzt. – Allein bei *Markus* bekommt der Leser eine ausführliche Schilderung der Geschichte, insbesondere der Menschenmenge. Erst hierdurch wird für den Leser die Notwendigkeit verständlich, weshalb der Gelähmte nur durch das Dach zu Jesus gelangen konnte. Eine wichtige Rolle spielt dabei das Vertrauen der vier Freunde in die Heilungskraft Jesu. Allein dadurch war ihnen keine Mühe zu groß, den Gelähmten zu Jesus zu führen. Markus legt somit an dieser Stelle einen besonderen Wert auf das Motiv des [stellvertretenden] Glaubens und die Wirksamkeit Jesu.

Zusammenfassend ist herauszustellen, dass Matthäus [...] als einziger Autor [...] auf die Beschreibung verzichtet, wie der Gelähmte zu Jesus gelangt. Lukas legt seinen inhaltlichen Schwerpunkt auf das Heilungswunder. Des Weiteren stellt er die Beliebtheit Jesu bei der Menschenmenge dar, die sich in Scharen um ihn versammeln. Markus legt besonderen Wert auf die Beschreibung der Menschenmenge, die für den Gelähmten den Weg zu Jesus versperren. Damit einhergehend, schildert Markus die Notwendigkeit, den Gelähmten durch das Dach zu Jesus hinunterzulassen. Markus hebt in diesem Zusammenhang insbesondere das Vertrauen und das Motiv des Glaubens des Gelähmten und seiner vier Freunde hervor, denen es jede Mühe Wert war, zu Jesus zu gelangen.

Die Einbeziehung des so genannten *Thomasevangeliums*[16] erfolgt abschließend zu diesem Methodenschritt. Ein derart intensiver synoptischer Vergleich wie bei den Evangelien der Bibel ist mit dem Thomasevangelium nicht möglich. Zwar werden im Thomasevangelium einzelne kurze Textpassagen aus den Evangelien der Bibel in Spruchform wiedergegeben, jedoch nicht in einem Zusammenhang ganzer Abhand-

---

[16] Vgl. Berger/Nord, Neues Testament, 667.

lungen, wie beispielsweise bei der vorliegenden Perikope. Ein direkter Textvergleich mit dem Thomasevangelium zeigt, dass es keine unmittelbare Übereinstimmung mit dem Markus-Text gibt. Eine minimale Anknüpfung kann durch den Inhalt der Logien 106 und 108 des Thomasevangeliums gemacht werden. Konkret gibt Jesus im Rahmen der Textausführung indirekt zu erkennen, dass er der Menschensohn ist; er spricht hier von ‚Söhnen des Menschen'. Die Wirksamkeit des Menschensohns im Thomasevangelium bezieht sich auf das Versetzen von Bergen, somit werden übernatürliche Kräfte, die auch als göttlich bezeichnet werden könnten, frei. Im Markusevangelium wird die Selbstbezeichnung ‚Menschensohn' mit der Fähigkeit der Sündenvergebung genannt. Nach dem Verständnis der Schriftgelehrten konnte Sündenvergebung nur durch Gott erfolgen, womit ebenfalls eine übernatürliche Wirkung dargestellt wird. Zusammenfassend lässt sich die Selbstbezeichnung ‚Menschensohn' im Zusammenhang mit übernatürlichen Auswirkungen, die auf Gott hinweisen, feststellen.

Beispiel 3: Das Matthäusevangelium endet mit einer sehr interessanten Bemerkung. Es wird gesagt, dass Gott den Menschen diese Macht gegeben hat: τὸν θεὸν τὸν δόντα ἐξουσίαν τοιαύτην τοῖς ἀνθρώποις (‚Gott, der solche Vollmacht den Menschen gab'). Gott hat nicht nur seinem Sohn diese Macht gegeben, sondern auch den Menschen. Die Gemeinde, für die Matthäus geschrieben hat, führt selbst Heilungen durch. – Allein Lukas verwendet für die Schriftgelehrten, anders als Markus und Matthäus, den Ausdruck νομοδιδάσκαλοι (‚Gesetzeslehrer') und nicht den Begriff γραμματεύς (‚Schriftgelehrter'). Auch die Φαρισαῖοι (‚Pharisäer') treten nur bei ihm auf. Dem Verfasser des Lukasevangelium ist es besonders wichtig zu zeigen, dass die Φαρισαῖοι καὶ νομοδιδάσκαλοι (‚Pharisäer und Gesetzeslehrer') von überall her angereist sind: Γαλιλαίας καὶ Ἰουδαίας καὶ Ἰερουσαλήμ (‚Galiläa, Judäa und Jerusalem'). Es wird gezeigt, dass die Φαρισαῖοι καὶ νομοδιδάσκαλοι (‚Pharisäer und Gesetzeslehrer') ein großes Interesse an Jesus zeigen, jedoch stets ungläubig bleiben. Fazit: Nach dem synoptischen Vergleich lässt sich festhalten, dass allein Markus die Vollmacht Jesu legitimieren und mit Mk 2,1-12 die Menschen zum Glauben bekehren möchte. Lukas und Matthäus übernehmen zwar die Sündenvergebung und Krankenheilung und ebenso die Vollmachtsverkündigung, setzen jedoch unterschiedliche Akzente. Matthäus schrieb für eine Gemeinde, die selbst davon ausgeht, dass sie heilen kann und Gott diese Macht auf die Menschen übertragen hat.

Auswertung: Die abgedruckten Beispiele 2 und 3 bieten jeweils eine ausführliche Auswertung der Gemeinsamkeiten und Unterschiede der synoptischen Parallelen. Beispiel 2 enthält neben der Auswertung eine tabellarische Übersicht, die als Grundlage für den synoptischen Vergleich dient. Die detaillierte Zusammenstellung ermöglicht es der Verfasserin, die inhaltlich-theologischen Profile der einzelnen Versionen genau zu beschreiben. Über den eigentlichen biblischen Befund geht sie hinaus, indem sie auch die Logien 106 und 108 des Thomasevangeliums als Vergleichstext heranzieht. In Beispiel 3 wird der Schwerpunkt auf die Besonderheiten des markinischen Textes gelegt, indem zunächst die Spezifika der matthäischen und der lukanischen Version beschrieben werden und diese dann in Beziehung zum Untersuchungstext gesetzt werden. Dabei wird die Vollmacht Jesu als das für die markinische Version tragende theologische Motiv benannt.

6 Der Text als Teil eines theologischen Gesamtkonzepts (synchron)

Der Text ist Teil eines historischen Kommunikationsgeschehens, in welchem die Überlieferung, die eigene theologische Überzeugung, die Intention sowie die vorliegende Situation der Zielgruppe(n) im Sinne eines theologisch-pragmatischen Gesamtkonzepts ineinander greifen. Ins Blickfeld rückt mit der Kompositions- und Redaktionskritik das Verhältnis des Untersuchungstextes zum biblischen Buch, dessen Teil er ist. Der Autor kombinierte vorliegende Überlieferungen, interpretierte sie und gab ihnen damit eine spezifische Prägung. Die Redaktionskritik besitzt nun das Ziel, dieses Ineinander unterschiedlicher Gestaltungsfaktoren zu erklären und das theologische Konzept des Autors aufzuzeigen.[1]

Begriffserklärung: Redaktion und Komposition

Der Begriff Redaktion wird im heutigen Sprachgebrauch für das Redigieren und Herausgeben von Texten verwendet.[2] Dies zeigt, dass unter Redaktion das *Überarbeiten* und nicht das Verfassen eines Textes verstanden wird. Vergleichbar wird der Begriff auch in der exegetischen Literatur gebraucht. Redaktion bezeichnet den Prozess der Überarbeitung eines Textes. Der Prozess kann auf unterschiedliche Weise durchgeführt werden. Der Redaktor kann bereits vorhandene Quellen miteinander kombiniert (*Kompilation*), bestehende Texte um literarisch zuvor nicht eigenständige Teile ergänzt (*Bearbeitung*) oder fortgeschrieben haben (*redaktionelle Auslegung*). Bei der Zusammenfügung von Quellen trugen Redaktoren auch eigene Formulierungen ein, um einen kohärenten Erzählablauf zu bewirken. Mit der Überarbeitung des/der vorliegenden Texte(s) bringt der Redaktor seine eigene theologische Prägung in den Text ein. Teilweise wurden Texte mehrfach bearbeitet, so dass sich einzelne *Redaktionsschichten* und damit

---

[1] Zum redaktonellen Prozess vgl. Abb. 25: Redaktion als Neukodierung in Egger/Wick, Methodenlehre, 256.

[2] Quelle: http://www.duden.de/rechtschreibung/Redaktion.

Redaktionsstufen voneinander unterscheiden lassen. Die Tätigkeit eines Redaktors blieb häufig nicht auf Einzeltexte beschränkt. Oftmal überarbeiteten Redaktoren mehrere Texte innerhalb eines Buches bzw. in verschiedenen Büchern, so dass sich Querverbindungen zwischen den Texten ergaben (*übergreifende Redaktion*). Dies dient dazu, den gesamten Text auf die Aussageintention des jeweiligen Redaktors zu beziehen.

Das klassische Beispiel für eine Kompilation ist die Sintfluterzählung in Gen 6,5–9,6, aus der mittels Literarkritik ein priesterschriftlicher und ein nicht-priesterschriftlicher Erzählanteil extrahiert werden können. Diese Form der Quellenkombination lässt sich auch in der Erzählung vom Schilfmeerwurder in Ex 13,21–14,31 beobachten. Beispiele für Bearbeitungen finden sich in den biblischen Schriften viele. Eine Form der Bearbeitung ist die Glossierung. Eine solche ist z.B. in Jes 7,17 mit ‚der König von Assur' zu finden, durch das das ursprüngliche Heilswort in ein Unheilswort verkehrt wird. Diese Glossierung in Jes 7,17 gehört einer übergreifenden Redaktion an (‚Assur-Redaktion'), die auch in Jes 8,6f., 10,5-19 u.ö. im Jesajabuch tätig wurde. Die Fortschreibung als Mittel redaktioneller Tätigkeit ist in diesem Textbereich ebenfalls zu beobachten. Das Unheilswort in Jes 7,18 wurde sukzessive um weitere Unheilsworte aus verschiedenen Zeiten ergänzt. Diese sind jeweils durch die Einleitung ‚zu der Zeit' als einzelne Sprüche charakterisiert.

Ein Aspekt redaktioneller Tätigkeit ist die *Komposition*. Sie bezeichnet die Zusammenstellung einzelner, zuvor meist eigenständiger Texte zu einem größeren Textzusammenhang.

6.1 Kompositionskritische Analyse

Ziele

→ Klärung des Verhältnisses zu den Nachbartexten
→ Nachweis des gestalterischen Prinzips des Autors
→ Ermittlung der Funktion des Textes

Leitfragen

→ Was verbindet den Text inhaltlich mit seinem Kontext?
  a. Sind thematische, formale, intentionelle oder motivische Linien erkennbar?
  b. Ist hinter der Textanordnung ein leitendes Gestaltungsprinzip zu erkennen?

→ Was macht den Text für seinen Kontext unverzichtbar?

Methoden

→ Lektüre des Textes in seinem literarischen Kontext. Analyse von sprachlichen, thematischen oder strukturellen Leitlinien
→ *Nicht: Klärung von Einleitungsfragen grundsätzlicher Art*

Hilfsmittel

→ 10.1 Bibelausgaben
→ 10.3.3 Synopsen

6.1.1 Zur Zielsetzung des Methodenschrittes

Nachdem der Text in seiner diachronen Dimension betrachtet wurde, ist er
nun in seinen synchronen Beziehungen zum Gesamttext wahrzunehmen.
Dessen theologische Leitlinien sind zu untersuchen. Sie ergeben sich aus vielen
Einzelaussagen, deren Summe zu einer Gesamtsicht der theologischen Konzeption führt. Ein erster Schritt der redaktionskritischen Arbeit ist die
kompositionskritische Analyse. Aus der Anordnung des Stoffes im einzelnen
Buch lassen sich erste Rückschlüsse auf die theologischen Interessen des
Autors ziehen. In der Kompositionskritik wird die Funktion des Textes in
seinem näheren literarischen Kontext betrachtet. Im Fokus steht das kompositorische Prinzip des Autors und damit die Frage, weshalb der zu
bearbeitende Text an einer bestimmten Stelle des Buches steht und welches
seine Funktion im Blick auf den Fortgang des Erzählfadens ist.

6.1.2 Zu den Leitfragen

a) Was verbindet den Text inhaltlich mit seinem Kontext? Der Untersuchungstext steht mit verschiedenen anderen Texten zusammen, die seinen literarischen
Kontext bilden und die seinen Sinn mitbestimmen. Die Textverbindungen
bestehen in Rahmungen, semantischen, thematischen und/oder strukturellen
Bezügen. Mit übergeordneten Textrahmungen zeigt der Verfasser an, dass
nacheinander stehende Einzeltexte als zusammenhängender Abschnitt innerhalb des Buches gelesen und gedeutet werden sollen. Das oben formulierte
Analyseziel setzt ein bewusstes kompositorisches Prinzip des Autors voraus.
Somit ist nach den verbindenden semantischen, inhaltlichen und strukturellen

Elementen zu suchen, die der nähere Kontext enthält. Ihre Funktion und Bedeutung für das kompositorische Gestaltungsprinzip sind darzulegen.

b) Was macht den Text für seinen Kontext unverzichtbar? Die durch die Textfolge bewirkte Kontextualisierung führt dazu, dass jede Perikope zu einem unverzichtbaren Bestandteil des Kontextes wird. Zu fragen ist von daher nach dem inhaltlichen Alleinstellungsmerkmal des Untersuchungstextes innerhalb des Gesamttextes, das ihn für den Autor unverzichtbar macht.

6.1.3 Zur Methodik

a) Bestimmung der Makrostruktur des Gesamttextes: Es geht an dieser Stelle nicht darum, einen bibelkundlichen Gesamtabriss des biblischen Buches zu liefern. Vielmehr sind der nähere Kontext und die Verortung des Untersuchungstextes in ihm zu beschreiben. Die Verortung kann durch den chronologischen oder argumentativen Ablauf des Buches, aber auch durch thematische Schwerpunktsetzungen bestimmt sein.

b) Darstellung der Verbindungen zwischen des Texten: Innerhalb des abgesteckten Abschnittes ist anschließend nach den verbindenden Aspekten zu suchen. Diese können auf der *semantischen Ebene* zu finden sein. Um sie aufzuzeigen, bietet es sich an, den Text samt seinem Kontext zu kopieren und verbindende Stichwörter farbig zu markieren. Hierdurch werden erste Zusammenhänge erkennbar. Die verbindenden Aspekte können auch auf der *thematischen Ebene* liegen. Um sie zu entdecken, ist es notwendig, das Thema bzw. die Themen der Perikope und der sie umgebenden Texte zu benennen. Schließlich ist die *strukturelle Ebene* zu berücksichtigen. Es ist zu prüfen, ob die Texte eine verbindende Grundstruktur oder eine übereinstimmende Form besitzen. Oft wurden in den Redaktionsprozessen gleichartige Texte zusammengestellt, so dass die Kontextzusammenstellung textlinguistisch und formkritisch zu betrachten ist.

c) Die Unverzichtbarkeit der Perikope: Um die Alleinstellungsmerkmale der Perikope für ihren Kontext zu erfassen, bietet es sich an, sie gedanklich aus dem Kontext herauszuschneiden und die Nachbartexte ohne den Untersuchungstext fortlaufend zu lesen. Das kann entweder zur Feststellung führen, dass der Untersuchungstext wesentlich zum Verständnis des äußeren Handlungsablaufs bzw. der Argumentation notwendig ist und/oder eine besondere inhaltliche Ausrichtung besitzt, die dem Kontext ansonsten fehlen würde. Die

Probe kann aber auch zu dem Ergebnis führen, dass der Text für seinen Kontext verzichtbar wäre. Dieser Eindruck kann entstehen, wenn Texte zwar semantische bzw. thematische Bezüge oder strukturelle Übereinstimmungen aufweisen, die untersuchte Perikope aber jeweils nur an die Nachbartexte anknüpft. Wurde die Perikope später in den Kontext integriert, dann nimmt sie Aspekte der Nachbartexte auf, ohne selber auf diese eingewirkt zu haben.

6.1.4 Textbeispiele

Beispiel 1: Bereits bei der Abgrenzung der Perikope wurde erwähnt, dass die in Jes 6 geschilderte Thronvision die sog. Denkschrift einleitet. An sie schließen sich die Erzählung von den drei Zeichen für König Ahas (Jes 7,1-9.10-17) und das Volk (Jes 8,1-4) an. Jes 7,18-20 und Jes 8,5-8.11-15 beinhalten Unheilsansagen für Juda/ Jerusalem. In Jes 8,16-22 wird die Versiegelung der Botschaft angekündigt. Abgeschlossen wird die Denkschrift mit einer Weissagung über die Befreiung und die bevorstehende Geburt eines neuen Königs (Jes 8,23-9,6). Dieser Ablauf von der Warnung vor dem kommenden Unheil über die Zerstörung des Landes durch die Feinde bis hin zur Restauration wird in Jes 6 vorweggenommen. In Jes 6,11-13 werden die Zerstörung des Landes und die Deportation der Bevölkerung angekündigt. Dieses wird in den folgenden Abschnitten mehrfach aufgenommen, wobei sich thematische, aber keine semantischen Beziehungen ergeben. Während in Jes 6,11 die Akteure, die die Zerstörung herbeiführen werden, ungenannt bleiben, werden in Jes 7,18 zunächst Ägypten und Assur, in Jes 7,20; 8,5-8 nur Assur als diejenigen angeführt, die Juda besiegen werden. Das kommende Unheil wird jeweils als Zerstörung des Landes dargestellt; die in Jes 6 erwähnten Deportationen werden nicht aufgenommen. Die Verfasser, die die Unheilsansagen in Jes 7 f. erstellten, verwendeten dabei mehrfach das Flussmotiv (Jes 7,18; 8,7), das in Jes 6 allerdings nicht erscheint. Dafür besteht zwischen der Vision und der Ansage in Jes 8,5-8 ein enger semantischer Bezug. In Jes 6,3 wird die Füllung des Landes mit der Herrlichkeit JHWHs besungen. Sie erweist sich im Ertrag des Landes, der durch das Gericht wegfallen wird. An der Zerstörung des Landes wird sichtbar, dass die Herrlichkeit JHWHs das Land nicht mehr füllt. Zu dieser Ansage findet sich in Jes 8,5-8 ein Pendant. Mit seinem Spruch verheißt der Prophet, dass der König von Assur und seine Herrlichkeit das Land überfluten werden und dass die ‚Ausdehnung seiner Flügel' die Fülle der Weite des Landes werden (Jes 8,8). Mit den ‚Ausdehnungen seiner Flügel' werden die assyrischen Kriegszeichen, die auf Stelen und Standarten zu sehen sind, bezeichnet. Diese werden das Land füllen. Damit ergeben sich zwei direkte semantische Beziehungen. An die Stelle der göttlichen Herrlichkeit, die die Fülle des Landes ist, tritt die Herrlichkeit des assyrischen Königs, dessen Kriegszeichen das Land füllen werden. Diese sind Symbole der Verheerung des Landes, das nach der Okkupation keinen Ertrag mehr hervorbringen wird.[3]

---

[3] Zu ‚Fülle' und zu ‚Herrlichkeit' in Jes 6; 8 vgl. Hartenstein, Unzugänglichkeit Gottes, 78–105; Hartenstein, JHWH und der ‚Schreckensglanz' Assurs, 87–94.

Die Gerichtsansagen schließen sich in Jes 7 an drei prophetische Worte an, in denen König Ahas bzw. dem Volk das Ende der syrisch-ephraimitischen Koalition angesagt werden. Jes 7,1-10.11-17; 8,1-4 stehen unter der in Jes 7,9 b genannten Bedingung, dass König und Volk JHWH trauen müssen, um zu bestehen (‚glaubst du nicht, so bleibst du nicht‘). Aus dem Kontext von Jes 7 f. lässt sich nicht entnehmen, ob dies auch geschieht. Die deuteronomistische Darstellung der Ereignisse in 2Kön 16 gibt jedoch darüber Auskunft, dass König Ahas den assyrischen Herrscher um militärische Hilfe bat, was die direkte Abhängigkeit Judas von Assur zur Folge hatte. Durch die in 2Kön 16 geschilderte Begebenheit wird deutlich, dass die bedingte Heilsansage in Jes 7,9 b nicht eintraf, da die Bedingung nicht erfüllt wurde. In Jes 7 f. bleibt dieser Vorgang unerklärt; die Voranstellung der Thronvision verdeutlicht jedoch, warum dies geschah. Der in Jes 6,9 f. dem Propheten gestellte Verstockungsauftrag, den Jesaja im Folgenden ausführt, erläutert, warum die Bedingung, Gott zu vertrauen, von König und Volk nicht eingehalten werden kann. Der Bezug des Auftrags zu den drei folgenden Zeichen wird nicht nur durch die Textreihenfolge, sondern auch durch eine semantische Verknüpfung erreicht. In Jes 6,10 wird der Prophet zu ‚diesem Volk‘ gesendet. Dieser Terminus wird in der Unheilsansage Jes 8,6 wieder aufgenommen. Das dort verwendete Motiv, die Ablehnung der sanft fließenden Wasser Schiloahs, deutet auf eine Ablehnung des davidischen Königshauses und eine Unterstützung der Okkupationspläne Arams und des Nordreiches Israel hin. Diese werden laut der drei Heilsansagen des Propheten jedoch scheitern.

Die Funktion der Thronvision für die Denkschrift wird anhand der dargestellten Zusammenhänge sichtbar. Sie begründet, warum König und Volk nicht in der Lage waren, die Botschaft des Propheten anzunehmen und ihr zu folgen. Die in Jes 6 als *terminus ad quem* für die Dauer des Gerichts angesagte Landeszerstörung wird in den folgenden Sprüchen konkretisiert. Ebenso wird in Jes 7,21 f. mit dem verheißenen wirtschaftlichen Aufschwung[4] und in Jes 9,1-6[5] mit der Ansage des Kommens eines neuen Herrschers die Zusage neuen Heils nach dem Gericht in Jes 6,13 b genauer beschrieben. Ohne Jes 6 wäre dem Leser nicht verständlich, warum der Prophet König und Volk bedingtes Heil ankündigt und zugleich vor dem kommenden Unheil warnt. Erst der Verstockungsauftrag erklärt diesen Zusammenhang, da die Angesprochenen nicht in der Lage sind, die Botschaft des Propheten anzunehmen und die angekündigten Folgen zu vermeiden.

Beispiel 2: Da die Perikope [Mk 2,1-12] innerhalb einer Abfolge von Wundergeschichten steht, soll zum Vergleich nunmehr auf die Nachbartexte nochmals Bezug genommen werden. Zu Beginn steht die Heilung der Schwiegermutter des Petrus, die an Fieber litt und in einem Haus in Kapernaum außerhalb der Öffentlichkeit durch Berührung Heilung erfährt. Der Effekt des Wunders wird in ihrem Dienen sichtbar. Obwohl die Heilung an einem Sabbat vollzogen wurde, kommt es zu keinem Konflikt. Als nächstes wird ein Aussätziger durch die Berührung Jesu geheilt. Trotz Schwei-

---

4   Vgl. Wagner, Gottes Herrschaft, 263 f.
5   Vgl. Wagner, Gottes Herrschaft, 207–246.

gegebots macht der Geheilte ‚Werbung' für Jesus, wodurch das Geschehen in der Öffentlichkeit bekannt wird. Die Kunde vom Messias lässt sich nicht weiter unterdrücken. Es kommt zu ersten Spannungen mit den Priestern, ohne dass es zum Konflikt wird, da Jesus sich den Riten (*Torah*) unterstellt. Die Heilungswunder Jesu werden in Mk 2,1-12 fortgesetzt. Während bei dem Aussätzigen im Nachhinein ein Teil der Öffentlichkeit von der Heilung erfährt, geschieht die Heilung des Gelähmten in einem Haus in Kapernaum vor den Augen einer Menschenmenge (Öffentlichkeit) durch das Wort Jesu. Die Reaktion des Gelähmten ist das Aufstehen. Hervorzuheben ist, dass Jesus im Geist die stillen Vorwürfe der Gotteslästerung durch die Schriftgelehrten erkennt und darauf mit dem Heilungswunder reagiert. Hier liegt der deutlich markante Punkt dieses Textes innerhalb des Markusevangeliums. Der Konflikt der Schriftgelehrten gegenüber Jesus bezüglich seiner Vollmacht als Gottessohn nimmt hier seinen Anfang, wodurch die Perikope für das Evangelium unverzichtbar ist. Die Schriftgelehrten sehen die Aussage Jesu als Gotteslästerung an, worauf die Todesstrafe stand.[6] Durch die Öffentlichkeit fühlen sie sich geradezu herausgefordert hier als etablierte Geistlichkeit klar Stellung zu beziehen. In den folgenden Kapiteln weitet sich dieser Konflikt aus, weil sich Jesus nicht der damalig herrschenden Meinung anpasst. So isst er beispielsweise mit Zöllnern und heilt am Sabbat, und das auch noch in der Synagoge.

[...] Zusammenfassend ergibt sich aus der kompositionskritischen Analyse die Unverzichtbarkeit der Perikope für das gesamte Markusevangelium.

Beispiel 3: Markus positioniert die *Heilung des Gelähmten* am Anfang seines Evangeliums. In dem vorhergehenden Kapitel hält sich Jesus schon in Kapernaum auf. Diese Stadt hängt mit der Synagoge und dem Sabbat zusammen und ist daher ein guter Schauplatz für Jesu erste Auseinandersetzungen mit dem Judentum. Bei der ersten Auseinandersetzung in Mk 1,21 geht es um den Sabbat, in Mk 1,40 um Reinheit und in der Perikope schließlich um die Sündenvergebung. Anhand dieser Konfliktfelder wird die Vollmacht Jesu in Form einer theologischen Steigerung behandelt. Der Konflikt intensiviert sich immer mehr, bis sich die Schriftgelehrten in Mk 2,1-12 schließlich äußern, auch wenn diese Äußerung nicht verbalisiert, sondern nur gedacht wird. Auf diese Erzählung folgt eine Jüngerberufung, hier die des Zöllners Levi. Jesus setzt sich mit Zöllnern und Sündern an einen Tisch, was für die Schriftgelehrten undenkbar wäre. Daran ist schon zu sehen, dass sich der Konflikt zwischen den Schriftgelehrten und Jesus immer weiter zuspitzt. Darauf folgen Themen, die den Sabbat behandeln. Jesu Umgang mit Sabbat und Tora ist der Kernkonflikt zwischen ihm und den Schriftgelehrten, da sie es als ihren Aufgabenbereich ansehen, Jesus sich aber auf Grund seiner göttlichen Vollmacht über sie hinwegsetzt.

Die *Heilung des Gelähmten* ist für das Evangelium unverzichtbar, da die Rechtfertigung der Sündenvergebung klarstellt, dass Jesus im Auftrag Gottes handelt.

---

6 Vgl. Grundmann, Markus, 77.

Dieses Thema ist hier neu. Zuvor ging es zum einen um die Reinheit und Reinigungsriten, zum anderen stellt sich Jesus in Mk 1, 40-45 bewusst unter die Tora und priesterliche Vorstellungen. Zudem wird hier zum ersten Mal der Menschensohn erwähnt: Jesus bezeichnet sich selbst als ὁ υἱὸς τοῦ ἀνθρώπου („Menschensohn').

Auswertung: Als Grundlage für die kompositionskritische Analyse verwendet die Verfasserin von Beispiel 2 ein gattungskritisches Merkmal, das sie aus der Literatur entnimmt, es jedoch nicht im Rahmen ihrer Proseminararbeit aufweist. Sie versteht den Untersuchungstext als Teil einer Sammlung von Wundergeschichten (Mk 2,1-3,6). Sie bezieht sich auch auf die vorangehenden Erzählungen und versucht, Mk 2,1-12 in ihrem Kontext zu deuten. Dabei erkennt sie nicht, dass mit Mk 2,1 ein neuer Abschnitt innerhalb des Buches einsetzt. Inhaltlich hebt Beispiel 2 die Außenwirkung, die der Evangelist Jesus durch sein Handeln gewinnen lässt, besonders hervor. Die Vollmacht Jesu, die in Mk 2,1-12 thematisiert wird, ist eines der entscheidenden theologischen Themen des Evangeliums, dessen Behandlung in der Redaktionskritik fortgeführt werden sollte. Wenn auch nicht so explizit, wird dieses verbindende Thema auch von der Verfasserin des Beispiels 3 erwähnt. Anders als in Beispiel 2 wird die Rechtfertigung der Sündenvergebung als Alleinstellungsmerkmal der Perikope erkannt, durch das diese Erzählung für das gesamte Evangelium unverzichtbar ist. Leider fehlt beiden Beispielen eine semantische Fundierung, durch die die Bezüge besser sichtbar geworden wären.

6.2 Redaktionskritik

Ziele

→ Bestimmung der theologischen Gesamtkonzeption des Autors
→ Ermittlung der Situation der Zielgruppen
→ Darstellung des Textes als Teil eines historischen Kommunikationsgeschehens

Leitfragen

→ Ist die Pointierung des Untersuchungstextes zufällig oder Hinweis auf ein theologisches Interesse des Autors?
→ Wie wirkt sich die Theologie des Autors auf die Gestaltung des Einzeltextes aus?
→ Auf welche konkreten Fragen gibt der Text Antworten?
→ Für welche Problemstellungen bietet der Text Lösungen an?

Methoden

→ Arbeit mit der Konkordanz im gleichen Evangelium bzw. beim gleichen Autor nach Schlüsselbegriffen und herausgearbeiteten sachlich-sprachlichen Propria

→ Suche nach Texten mit vergleichbarer Thematik und/oder Denkstruktur

→ Bündelung der Ergebnisse früherer Arbeitsschritte mit dem Ziel, das Verhältnis zwischen Text und historischer Situation zu klären

→ *Nicht: Darstellung der Einleitungsfragen; diese sind nur soweit aufzunehmen, soweit sie den Untersuchungstext betreffen oder erklären*

Hilfsmittel

→ 10.3.4 Konkordanzen

→ 10.3.5 Lexika

→ 10.4 Kommentarreihen

6.2.1 Zur Zielsetzung des Methodenschrittes

Die Redaktionskritik versteht den zu bearbeitenden Text als Teil eines theologischen Gesamtkonzepts und als Teil eines historischen Kommunikationsgeschehens. Die einzelnen biblischen Texte sind jeweils Teil eines größeren Werkes. Als solche sind sie Bestandteil eines Argumentationsganges, mit dem der Verfasser seine Hörer/Leser von der Richtigkeit seiner Botschaft überzeugen will. Aussagen, die in den einzelnen Perikopen getroffen werden, stehen in einem weiteren Kontext. Sie sind Bausteine der Theologie des Autors und Ergebnis eines Kommunikationsgeschehens, in welchem eine bestimmte Problemlage bzw. Fragestellung der Adressaten durch den Autor einer Lösung zugeführt wird. Aufgabe der Redaktionsgeschichte ist es, die theologischen Leitlinien, die sich im behandelten Text zeigen und die im Gesamtwerk von Bedeutung sind, aufzuweisen und in ihren kommunikativen Kontext zu stellen.

6.2.2 Zu den Leitfragen

a) Wie wirkt sich die Theologie des Autors auf die Gestaltung des Einzeltextes aus? In → 4.1 Formkritik und → 4.2 Textpragmatische Analyse wurde die Aussagerichtung des Untersuchungstextes aufgezeigt. Die Redaktionskritik weist nun nach, in welchen anderen Textabschnitten des biblischen Buches, aus dem der zu behandelnde Text stammt, vergleichbare Aussagen getroffen werden. Bei alttestamentlichen Texten ist zuvor zu prüfen, zu welchen Redaktionsstufen die Texte gehören. Ausgehend vom Untersuchungstext, können nur solche Texte behandelt werden, die auf früheren oder derselben Redaktionsstufe stehen. Die theologischen Aussagen der relevanten Texte sind zu vergleichen und aufeinander zu beziehen. Auf diese Weise wird eine theologische Leitlinie des Redaktors herausgearbeitet. Entscheidend ist, dass die vom Autor gebotenen Nuancen deutlich werden. Es geht also nicht darum, einen Abriss der gesamten Theologie des biblischen Buches zu bieten, sondern zu zeigen, welches theologische Thema im untersuchten Text behandelt wird, an welchen weiteren Stellen sich der Autor noch dazu äußert und welches Gesamtbild, bezogen auf dieses einzelne Thema, sich daraus ergibt.

b) Für welche Problemstellungen bietet der Text Lösungen an? Biblisch-theologische Vorstellungen und Aussagen sind an einen spezifischen histori-schen Kontext gebunden. Die Gestaltung des Textes (Komposition, Auswahl der Stoffe, theologische Nuancierung) ist von der Intention des Autors bestimmt. Die Vermittlung der theologischen Aussage des Autors ist der entscheidende Faktor im Kommunikationsgeschehen. Aus der gestalterischen und theologischen Nuancierung des Textes kann auf Situation bzw. Problem-stellung der Zielgruppe(n), für die der Autor seinen Text verfasste, zurück-geschlossen werden. Für einen solchen Schluss ist zu bedenken, welche Themen auf der untersuchten Redaktionsstufe bevorzugt behandelt und welche Pro-blemlösungen dort erkennbar werden. Zudem ist danach zu fragen, ob sich ein gemeinsamer traditionsgeschichtlicher bzw. theologischer Hintergrund, der auf das geistesgeschichtliche Umfeld des Redaktors hindeutet, finden lässt.

6.2.3 Zur Methodik

Die redaktionskritische Arbeit bewegt sich auf den drei Ebenen Semantik, Thematik und Struktur. Auf diesen Ebenen ist das Verhältnis des Unter-suchungstextes zum Gesamttext zu klären. Ausgangspunkt ist die Annahme, dass sich die Formulierung des Teiltextes wesentlich der Theologie des Autors verdankt. So betrachtet, geht es um das Phänomen der *Intertextualität*, das heißt der gegenseitigen Beeinflussung von Texten innerhalb ein und desselben Makrotextes. Wie sich die theologischen Auffassungen des Autors im Text niederschlagen, ist zu überprüfen. Dazu ist zu prüfen, ob der Text mit seinen sprachlichen Spezifika den erkennbaren Eigenheiten des biblischen Buches entspricht.

a) Suche nach Schlüsselbegriffen und Propria im Gesamttext: In einem ersten Schritt, der die semantische Ebene ins Auge fasst, ist Konkordanzarbeit nötig. Ausgehend von den zuvor ermittelten Schlüsselbegriffen und Eigenheiten der Perikope ist zu fragen, wo die Schlüsselbegriffe und gegebenenfalls Synonymbegriffe an anderen Stellen im Gesamttext, in welchem Sinne und in welchem inhaltlichen Zusammenhang vorkommen. Die Schlüsselbegriffe können, sofern sie vom Autor auch an anderer Stelle pointiert benutzt werden, Indizien für eine theologische Schwerpunktsetzung sein (z. B. der Begriff ‚Nationen‘ im Zwölfprophetenbuch oder der Begriff ‚Vollmacht‘ im Markusevangelium)

b) Suche nach Texten mit vergleichbarer Thematik: Ein zweiter Arbeitsschritt betrifft die thematische Ebene. Hierfür ist das Thema der Perikope zu benennen und mit anderen Texten zu vergleichen. Auch hier kann die Konkordanz helfen, sofern nach Begriffen gesucht wird, die zur gleichen Thematik passen (z. B. zum Thema Verhältnis zwischen Gruppen in der Gemeinde: Hier sind möglicherweise Begriffe wie ‚Gerechte‘, ‚Ungerechte‘, ‚Große‘, ‚Kleine‘, ‚Erste‘, ‚Letzte‘, ‚Sünder‘ u. ä. aufschlussreich). Der Themenabgleich weist über die semantische Ebene hinaus. Der Erfolg dieses Arbeitsschrittes hängt davon ab, ob es gelingt, Themen von Texten zu benennen. Wenn es gelingt, ist dies ein großer Schritt zur Entschlüsselung der theologischen Konzeption des Autors. Als Hilfsmittel kommen Kommentare oder Begriffslexika in Frage.

c) Suche nach Texten mit vergleichbarer Denkstruktur: Die dritte, strukturelle Ebene ist die anspruchsvollste. Hier geht es nicht um die thematische Oberfläche des Textes, sondern um Tiefenstrukturen im Denken des Autors.

Dieses wird an einem Beispiel aus dem Matthäusevangelium sichtbar: Das Thema von Mt 21,33-46 ist die Frage der Erwählung bzw. die Deutung des Schicksals Jesu und wie beides zusammenhängt. Der Autor zeigt mit dem Gleichnis auf, dass die ursprünglichen Träger der Erwählung durch andere abgelöst werden. Diese Struktur gilt es in anderen matthäischen Texten aufzuspüren. Kommentare zum Text (insbesondere deren Vorspann, in welchem ein grober Überblick über die theologischen Grundlinien gegeben wird) können für diese Ebene wertvolle Hinweise liefern.

d) Erläuterung des Verhältnisses zwischen Text und historischer Situation: Aus den Ergebnissen sind gegebenenfalls Rückschlüsse auf die Situation bzw. Problemstellung der Zielgruppe(n) zu ziehen. Dazu ist zu erklären, für wen, weshalb und wozu der Text so gestaltet wurde, wie wir ihn heute lesen können. Auch hierfür sind die exegetischen Kommentare zu Rate zu ziehen, und hier besonders die jeweiligen Einführungen.

6.2.4 Textbeispiele

Beispiel 1: In der Erzählung vom Durchzug der Israeliten durch das Schilfmeer wird ein theologisches Motiv an zwei Stellen verwendet, das in weiteren Texten des Exodusbuches erscheint. Durch die ‚Verherrlichung' JHWHs, die in Form einer Selbstoffenbarung erfolgt, wird die Einwohnung Gottes inmitten seines Volkes dargestellt. In Ex 14 bleibt das Motiv zunächst auf die Ägypter bezogen. Die Offenbarung der Herrlichkeit JHWHs erfolgt durch die Geschichtsereignisse; die Herrlichkeit Gottes ist hingegen noch nicht visuell erfahrbar.[7] Dies wird semantisch daran deutlich, dass ‚verherrlichen' in Ex 14,4.17 als Verb verwendet wird. Die mit der Verherrlichung verbundene JHWH-Erkenntnis kann nur aus der Geschichte abgeleitet werden. Gott ist den Israeliten nur in seinem Handeln an den Ägyptern erkennbar. Die göttliche Tat für Israel entspricht der Ankündigung Moses, JHWH werde für sein Volk streiten.

Die Offenbarung der Herrlichkeit JHWHs wird in weiteren priesterschriftlichen Texten konkretisiert, indem Gottes Herrlichkeit vor Israel sichtbar wird. Zunächst erscheint sie in Ex 16,7.10 in der Ferne über der Wüste als Bestätigungszeichen, dass Gott täglich Wachteln und Manna geben wird. In Ex 24,15-18 lässt sich die göttliche Herrlichkeit auf dem Sinai nieder, an dessen Fuße das Volk Israel verweilt, um Mose die Anleitungen für den Bau der Stiftshütte zu erteilen. In Ex 29,45 f. kündigt JHWH den Einzug seiner Herrlichkeit in die Stiftshütte an; von diesem wird schließlich in Ex 40,34 f. berichtet. Die Herrlichkeit Gottes ist Israel als Licht sichtbar (‚wie ein verbrennendes Feuer' Ex 24,17), so dass JHWHs Gegenwart in der Stiftshütte als Erleuchtung des Zeltes erfahrbar ist.

Mit der Herrlichkeits-Theologie der Priesterschrift zieht sich ein Erzählfaden durch das Buch Exodus, der sich von den ersten Erfahrungen mit JHWH als Beschützer Israels in den geschichtlichen Krisenphasen bis hin zur dauerhaften Gegenwart Gottes inmitten seines Volkes erstreckt. Die Gewissheit, JHWH werde auch in diesen schwierigen Situationen für sein Volk einstehen, deutet auf das Exil als Abfassungszeit der priesterschriftlichen Herrlichkeits-Theologie hin. Die Stiftshütte wird zum dauerhaften Aufenthaltsort Gottes inmitten seines Volkes und übernimmt damit die Funktion, die in vorexilischer Zeit der Tempel besaß. Dieses wird auch an der verwendeten Terminologie deutlich. Der Begriff ‚einwohnen' wird dazu verwendet, die Form der Gegenwart Gottes im Tempel auszudrücken.[8] Da es sich bei der Stiftshütte jedoch um eine mobiles Zelt handelt, das für ein Leben außerhalb des Landes Palästina geschaffen ist, lebte Israel zur Zeit der Abfassung des Textes nicht im Land. „Der priesterschriftliche Verfasser will seinen Zeitgenossen, die teilweise gewiß

---

[7] Vgl. Wagner, Gottes Herrlichkeit, 115–122.
[8] Vgl. Mettinger, Dethronement of Sabaoth, 90.

noch Zeugen der einstigen Tempelherrlichkeit waren, sowie künftigen Generationen jüdischer Kultgemeinde ein konzentriertes und zugleich wirksames Bild des Tempelinneren bieten, um ihnen die Möglichkeit zu geben, auch nach erfolgter Zerstörung und Zerstreuung die eigentliche Heimat der kultischen Gottbegegnungen transparent zu schauen.“[9] Mit der Herrlichkeits-Theologie durchbricht die Priesterschrift die Befürchtung Israels, Gott habe Israel auf Dauer verworfen, wie dies in den Texten der Exilszeit, vor allem im Buch Klagelieder (Klgl 5), angedeutet wird.

Beispiel 2: Markus schreibt das um 60–70 n. Chr. entstandene Evangelium für heidenchristliche Gemeinden.[10] Er konzentriert sich innerhalb dessen auf die Taten und Wirksamkeit Jesu, um Jesus als Messias darzustellen. [...] Als zentral lässt sich dabei der Begriff ‚Menschensohn‘ innerhalb des Markusevangeliums festmachen, der im weiteren Verlauf immer wieder als Selbstbezeichnung Jesu Verwendung findet und welcher zum ersten Mal in Mk 2,10 fällt und aus diesem Grund eine herausragende Bedeutung innerhalb der Perikope einnimmt.[11] Ist bis zu dieser Textstelle das vollmächtige Wirken Jesu als Menschensohn und Messias durch das von ihm ausgesprochene Schweigegebot, welches er den Geheilten auferlegt hat, verborgen geblieben, zeigt sich seine Vollmacht als erstmalig bewusster Ausdruck seiner Göttlichkeit in Mk 2,1-12 vor einer Menschenmenge, die mit Entsetzen und Lobpreis auf das Geschehene reagiert.[12] Die Offenbarung, dass Jesus der Sohn Gottes ist, zeigt sich für die Menschen allein durch sein vollmächtiges Wirken. Eine notwendige Bedingung zur Erkenntnis, dass Jesus der Messias ist, stellt der Glaube an ihn dar. Dieser Glaube nimmt innerhalb des Markusevangeliums und ganz zentral in der Perikope eine entscheidende Rolle ein. [...]

Markus schreibt das Evangelium aus der Rückschau aller dort aufgeführten Geschehnisse, wobei immer wieder der Leitgedanke an die Passionsgeschichte zum Ausdruck kommt. So erfolgt es auch in der Textstelle Mk 2,1-12: konkret zunächst einmal wiederum durch die Bezeichnung ‚Menschensohn‘. Des Weiteren durch den Ausspruch: ‚Dir sind deine Sünden vergeben‘. Dieser Ausspruch ist eine Vorausschau auf die Passionsgeschichte und letztlich auf den Kreuzestod Jesu, durch den stellvertretend Sündenvergebung für die Menschen bewirkt wurde. Mit dem Ausspruch: ‚Steh auf, nimm dein Bett und geh heim‘ (Vers 11), wird meiner Meinung nach ein vergleichbares Bild zur Auferstehung Jesu von den Toten dargestellt. [...] Zusammenfassend wird inhaltlich der Begriff ‚Menschensohn‘ nur durch den Hinweis auf den Tod Jesu und die dadurch erworbene Sündenvergebung für die Menschen verstanden. Dieser Begriff findet in Mk 2,10 zum ersten Mal Verwendung. Durch Wendungen wie ‚steh auf‘ und ‚deine Sünden sind dir vergeben‘ wird eine direkte Vorausschau auf die Passionsgeschichte geübt. Die verwendeten Bezeichnungen erinnern sowohl an den Kreuzestod Jesu, der notwendig war, um die Sünden der

---

9   Görg, Zelt der Begegnung, 33.
10 Vgl. Gnilka, Markus, 34.
11 Vgl. Grundmann, Markus, 73.
12 Vgl. Grundmann, Markus, 11.

ganzen Menschheit zu vergeben, als auch an die Auferstehung Jesu von den Toten, in der die Vollmacht Gottes deutlich wird.

Beispiel 3: Wichtig bei Markus ist die Verknüpfung von Lehre und Wunder, die er dazu benutzt, das Gelehrte zu veranschaulichen. Das Wunder ist eine Bekräftigung seiner Lehre und nur in dem Kontext dieser aussagekräftig. Durch die Verbindung seiner Lehre mit einem Wunder wird denjenigen, die an Jesus glauben, diese an einem Beispiel verdeutlicht. Die hier vorliegende Kombination aus Wunderheilung und Streitgespräch soll die Vollmacht Jesu, des Menschensohnes, der Sündenvergebung zuspricht, bekräftigen, was durch die Heilung demonstrativ bestärkt wird.[13] Das Kernproblem der damaligen Leser des Evangeliums ist aber vermutlich, dass Jesus am Kreuz gestorben ist und daher für sie nicht der Messias sein kann. Hier möchte Markus Jesus durch Taten nun als den wahren Messias darstellen, der in Vollmacht Gottes handelt. Daher erfährt der Leser gleich zu Beginn des Evangeliums (Mk 1,1), dass Jesus der Christus, der Sohn Gottes ist.

Eine weit verbreitete Meinung ist es, dass das ganze Evangelium von dem theologischen Grundgedanken des so genannten ‚Messiasgeheimnisses‘ durchzogen ist, das besagt, dass Jesu Wirken sich zunächst unter Verhüllung seines wahren Wesens vollziehe.[14] Allerdings vertritt die neuere Diskussion die Auffassung, „dass es sich um eine der Überlieferung gegenüber sekundäre, theologisch bewusst gestaltete Theorie handelt, die sich der redaktionellen Arbeit des Markus verdankt"[15], die zeigen möchte, dass Jesus erst von seinen Leiden und von Ostern her richtig verstanden werden kann.[16] Vorausdeutungen auf Jesu Tod sind innerhalb des Evangeliums häufig zu finden, auch bei der Heilung des Gelähmten, wie schon bei der Traditionsgeschichte angedeutet wurde. Auf Gotteslästerung steht dem Gesetz nach die Todesstrafe. Die Schriftgelehrten werfen Jesus genau das vor, was als Vorausdeutung auf seinen Tod als Ende des Konfliktes mit den Schriftgelehrten aufgefasst werden kann.

Markus stellt den Weg Jesu dar, integriert dabei die Wunder und interpretiert sie christologisch. Damit nimmt er ein in den Wundererzählungen bereits vorhandenes Element auf und „stellt es in einen komplexen theologischen Verstehenszusammenhang"[17]. Daher kann die Person Jesu erst von Ostern her vollständig erkannt werden, eben weil der Weg Jesu an das Kreuz führt. So kann festgehalten werden, dass Markus „die Würde des wunderwirkenden Gottessohnes von Kreuz und Auferstehung her"[18] interpretiert. Daneben bleibt auch die Intention des Autors bestehen, Jesus als Sohn Gottes, der mit Vollmacht ausgestattet ist, darzustellen, was er den unverständigen Jüngern und Menschen durch Wunderhandlungen beweisen muss.

---

[13] Vgl. Eckey, Markusevangelium, 90.
[14] Vgl. Eckey, Markusevangelium, 322.
[15] Vgl. Eckey, Markusevangelium, 322.
[16] Vgl. Eckey, Markusevangelium, 323.
[17] Schnelle, Einführung, 114.
[18] Schnelle, Einführung, 114.

Auswertung: Der Verfasser von Beispiel 2 weist mit den Themen ‚Menschensohn-Christologie' und ‚Glaube' zwei für die markinische Theologie entscheidende Aspekte auf, die im Untersuchungstext zentral sind und die im Evangelium in verschiedenen Texten behandelt werden. Bereits in der Untersuchung der Kompositionsgeschichte wurde der Aspekt der öffentlichen Sichtbarkeit der Vollmacht Jesu betont, der im Gegensatz zum Schweigegebot steht. Darauf geht der Verfasser von Beispiel 3 ein. Er bündelt alle Aspekte und bindet sie in eine redaktionskritische Gesamtsicht ein. Kritisch setzt er sich mit der These vom ‚Messiasgeheimnis' als Leitkriterium für das Evangelium auseinander. Als kompositorisches Mittel erkennt er den Vorausblick auf die Passion, durch die die Erzählungen von Jesus erst verständlich werden. Redaktionskritisch wird der Vorausblick zum Leitkriterium, dem gemäß die Texte aneinandergereiht werden.

7 Ergebnis, Fazit

Ziele

→ Darstellung der theologischen Ausrichtung und der Funktion des Textes
→ Beschreibung des historischen Kommunikationsgeschehens
→ Bündelung des Ergebnisses der Exegese mit Blick auf das eigene Vorverständnis

Leitfragen

→ Welches Gesamtverständnis des Textes ergibt sich aus den Teilergebnissen?
→ Was ist die Funktion des Textes im Rahmen seiner Entstehungssituation?
→ Welches Potential birgt der Text, bestehende Probleme zu lösen?
→ Welche persönlichen Vorfragen wurden im Verlaufe der exegetischen Arbeit geklärt?

Methoden

→ Bündelung und Auswertung der Teilergebnisse
→ *Nicht: bloße Addition oder Wiederholung der Teilergebnisse*

7.1.1 Zur Zielsetzung des Methodenschrittes

Der letzte Arbeitsschritt der historisch-kritischen Analyse bündelt die Teilergebnisse zu einem Gesamtfazit. Dabei ist es nicht damit getan, die Teilergebnisse gleichsam zu addieren und erneut zu präsentieren. Vielmehr geht es darum, am Ende der Exegese den Text möglichst umfassend in seinem historischen Verstehenskontext wahrzunehmen und darzustellen.

Hierfür sind die sogenannten Einleitungs- oder W-Fragen des Untersuchungstextes von besonderem Interesse. Diese Fragen nach dem Autor (*Wer schreibt?*), den Adressaten (*Wem?*), der Abfassungszeit (*Wann?*), dem Entstehungsort (*Wo?*), dem Thema des Textes (*Worüber? Was?*) sowie nach der Abfassungsintention des Textes (*Wozu?*) werden in der Regel im Vorspann der theologischen Kommentare, aber auch in den Einleitungen ins Alte bzw. Neue Testament dargestellt. Über diese ist eine Annäherung an den Autor, seine grundsätzliche Zielsetzung und die Entstehungszeit des gesamten Werkes möglich. Da die in den wissenschaftlichen Kommentaren einleitend dargebotenen Darstellungen der Einleitungs- oder ‚W-Fragen‘ aus der Analyse aller Texte des Buches gewonnen wurden, wäre es ein Zirkelschluss, sie für die Interpretation eines Einzeltextes heranzuziehen. Daher werden im Rahmen der Einzeltextanalyse nicht die Einleitungsfragen referiert, sondern diese werden bezogen auf die vom Text ableitbaren Aspekte betrachtet und dargestellt.

Von dort aus setzt die hermeneutische Arbeit ein, die auf eine Vermittlung des Untersuchungstextes in heutige Verstehenskontexte zielt. Dieser Schritt der Aneingung (lat. *applicatio*) überschreitet die historisch-kritische Arbeit (lat. *explicatio*) und wird daher in diesem Buch nicht behandelt.

7.1.2 Zu den Leitfragen

Welche Funktion besitzt der Text mit Blick auf seine Entstehungssituation? Ausgangspunkt ist das eingangs beschriebene Textverständnis. Biblische Texte sind, wie andere Texte auch, nicht im Sinne zeitloser Wahrheiten, sondern in einem ganz bestimmten historischen, sozialen und theologischen Verstehenskontext entstanden. Die biblischen Texte sind Teile eines historischen Kommunikationsgeschehens, auf das verschiedene Faktoren einwirkten. Die konkrete Formulierung und Gestaltung eines Textes ist

a) durch den Autor, dessen kulturell-theologische Prägung und sein dementsprechendes Profil,
b) durch die Adressaten und deren kulturell-theologische Prägung und Haltung,
c) durch die aktuelle – zumeist typisiert erscheinende – Fragestellung bzw. Problemlage auf Seiten der Adressaten,
d) durch die Aussageabsicht (*Intention*) des Autors bedingt.

Biblische Texte dienen demnach dazu, eine aktuelle oder als typisch wahrgenommene Problemlage bzw. Fragestellung einer Lösung zuzuführen.

7.1.3 Zur Methodik

a) Bündelung der Arbeitsergebnisse: Um den Untersuchungstext möglichst umfassend in seinem historischen Verstehenskontext wahrzunehmen und darzustellen zu können, sind die Ergebnisse der einzelnen Arbeitsschritte zusammenzuführen und auszuwerten. Die dem Text vorausliegende Problemlage ist durch textlinguistisch ausweisbare Schwerpunktsetzungen (→ 3.2 Textlinguistische Fragestellungen) oder sozialgeschichtliche Anspielungen im Text (→ 3.1 Sozialgeschichtliche und historische Fragen, Realien) zu erschließen. Die theologische Prägung des Autors und seiner Zielgruppe(n) ergibt sich aus der traditions- (→ 5.1 Traditionsgeschichte) bzw. religionsgeschichtlichen Analyse (→ 5.2 Religionsgeschichtlicher Vergleich), das theologische Profil des Autors wird besonders in den Eigenheiten gegenüber Prätexten, synoptischen Paralleltexten sowie in der Kompositions- (→ 6.1 Kompositionskritische Analyse) und Redaktionsarbeit (→ 6.2 Redaktionskritik) deutlich. Die Aussageabsicht (Intention) des Autors wird vornehmlich in der formkritischen (→ 4.1 Formkritik) und textpragmatischen Betrachtung (→ 4.2 Textpragmatische Analyse) sichtbar. So trägt jeder Methodenschritt zum Gesamtergebnis, das man als die Bestimmung des ‚theologischen Ortes‘ des Textes bezeichnen kann, bei. Am Ende der Analyse steht eine möglichst konkrete Antwort auf folgende Fragen: Welcher Autor versuchte mit Blick auf welche Leserschaft welche Problemstellung wie und in welchem theologischen und pragmatischen Sinne zu welchem Zweck mithilfe des untersuchten Textes zu klären? Dieser Zielsetzung entsprechend ist das Gesamtfazit zu formulieren.

b) Persönliche Ergebnissicherung: Zu guter Letzt ist das Ergebnis mit dem eingangs formulierten Vorverständnis (→ 2.1 Persönlicher Zugang zum Text) und mit den leitenden Fragestellungen abzugleichen. Dabei ist auszuführen, welche Fragen sich durch die Exegese beantworten ließen und welche nicht. Zudem ist es interessant, ob im Laufe der Arbeit neue Fragen entstanden sind, die zur Weiterbeschäftigung motivieren. Dieses gilt sowohl auf der historischen, auf der literarischen als auch auf der theologischen Ebene.

7.1.4 Textbeispiele

Beispiel 1: Die Analyse von Jes 6 zeigte, dass die Thronvision eine redaktionelle Einheit darstellt, mit der die in den folgenden Kapiteln geschilderte Geschichte gedeutet wird. Im hermeneutischen Prozess besitzt Jes 6 eine heuristische Funktion: Durch den in der Thronvision vergebenen Verstockungsauftrag werden dem Leser

die Gründe für das Verhalten von Prophet, König und Volk, das in den anschlie-
ßenden Kapiteln erzählt wird, vermittelt. Die Botschaft des Propheten führt dazu,
dass König und Volk nicht in der Lage sind, das göttliche Wort aufzunehmen. Die
Wirkung, die Jesajas bedingte Heilsbotschaft besitzt, ist ohne die Annahme, Gott
würde König und Volk auf einen Irrweg führen, nicht anders zu verstehen. Die
Bedrohung durch die syrisch-ephraimitische Koalition scheint für Ahas und sein
Volk gefühlt so groß gewesen zu sein, dass sie nicht in der Lage waren, auf den Schutz
JHWHs zu vertrauen. Die bedingte Heilsbotschaft Jesajas, die eine appellatorische
Funktion besitzt, konnte nicht zu seinen Zeitgenossen vordringen, so dass am Ende
das göttliche Gericht über Juda erging.

Auf dieses Gericht weist bereits die Gestaltung der Thronvision hin. Die heilvolle
Gegenwart Gottes im Jerusalemer Heiligtum, die mit Motiven des Königtums
beschrieben wird, verändert sich zu einer Gerichtsszene, in der die Gründe für
das kommende Unheil sowie die göttlichen Strafmaßnahmen genannt werden. Das
kommende Unheil ist unbedingt, so dass die Wahlmöglichkeit, die König und Volk
augenscheinlich in Jes 7 f. besitzen, aus der Perspektive des Verstockungsauftrags
nicht mehr als Option und damit nicht mehr als bedingte Heilsprophetie betrachtet
werden kann. Diese Veränderung der Form von Jes 7,9 b durch seinen Kontext deutet
darauf hin, dass Jes 6 sekundär vor die Erzählung der bedingten Heilsprophetie
Jesajas gesetzt wurde, um die Ablehnung der jesajanischen Botschaft durch König
und Volk zu begründen. Die Fortschreibung des Textes durch die angefügten
Aussagen über die Deportationen und das neu einsetzende Heil deutet darauf
hin, dass das göttliche Gericht durch die Verwüstung Judas in assyrischer Zeit nicht
zu einer dauerhaften Verhaltensveränderung führte. Erst nach dem Exil ist neues
Heil, das in Jes 6 durch den neuen Zweig aus dem Wurzelstock beschrieben wird, zu
erwarten.

Beispiel 2: Durch die textlinguistische Untersuchung [von Mk 2,1-12] innerhalb
dieser Exegese hat sich gezeigt, dass, wie in der wirkungsgeschichtlichen Reflexion
vermutet, der Schwerpunkt des Textes nicht ausschließlich auf der Heilung des
Gelähmten liegt. Stattdessen tritt die Bedeutung der Vollmacht Jesu als zentraler
Aspekt in den Vordergrund der Perikope. Diese Vollmacht wird, wie die formkritische Analyse gezeigt hat, dem Leser darstellend vermittelt. [...] Ausgehend von
dem Begriff der Vollmacht, lassen sich weitere für die Textstelle tragende Begrifflichkeiten, wie ,Sündenvergebung', ,Heilung', ,Glauben' und ,Menschensohn' erklären, da diese streng miteinander verbunden sind, wie der traditionsgeschichtliche
Vergleich gezeigt hat. [...] Die Vollmacht Jesu ist somit auch die Antwort auf die zu
Beginn der Arbeit gestellte Frage, warum der Gelähmte plötzlich wieder selbstständig
laufen konnte. Jesus besitzt als Menschensohn sowohl die Macht der Heilung, als
auch die Macht zur Sündenvergebung. Hier liegt der zentrale Punkt der Perikope.
Während in der jüdischen Vorstellung davon ausgegangen wurde, dass Krankheit
Folge von Sünde sei, zeigt Jesus beispielsweise in Johannes 9 auf, dass sich dieser
Kausalzusammenhang nicht einfach so bestätigen lässt. [...] Man könnte sagen, er
benutzt den Gelähmten, um der gesamten Menschenmenge, den Schriftgelehrten,

dem Gelähmten selbst und seinen vier Freunden zu offenbaren, dass durch Glauben Sündenvergebung und dadurch Heilung möglich ist. Durch die Textstelle wird deutlich, dass Jesus zunächst das Hindernis für die Heilung des Gelähmten beseitigt und so als derjenige auftritt, der die Macht der Sünde aufhebt. [...] Erst als darauf folgenden Schritt macht Jesus den Schaden, der durch die Krankheit entstanden ist, wieder gut. Dadurch ist ebenfalls die anfängliche Frage beantwortet, warum Jesus erst heilte, nachdem er die Sünden vergeben hatte.

Eine weitere zu Beginn der Exegese gestellte Frage ist die, warum weder der Gelähmte, noch seine vier Freunde mit Namen erwähnt werden. Die Antriebskraft der vier Freunde, den Gelähmten auf mühsame Art und Weise zu Jesus zu bringen, war ihr Glaube und ihr Zutrauen, dass er es schafft, ihren Freund wieder herzustellen. Meiner Meinung nach bleiben die Namen innerhalb der Perikope unerwähnt, weil Jesus den Leser an dieser Stelle auffordern möchte, sich in die Personen hinein-zuversetzen und dem Leser damit indirekt die Frage stellt, ob auch er dieses ungestörte Vertrauen und den Glaubensmut besitzt, sodass er aus Nächstenliebe selbstlos und zum Wohle seines Nächsten handeln würde, sei es praktisch oder vielleicht durch ein aufrichtendes, Mut machendes Gespräch. Wie bereits die textpragmatische Analyse gezeigt hat, fordert Jesus somit den Leser zum Glauben heraus. In dieser Hinsicht ist die Textstelle auch in der heutigen Zeit noch aktuell.

Die kompositionskritische Analyse hat die Unverzichtbarkeit der Perikope für das gesamte Markusevangelium aufgezeigt, da an dieser Stelle der Konflikt zwischen Jesus, dem die Vollmacht Gottes übertragen wurde, und den Schriftgelehrten seinen Anfang nimmt. [...] Die Exegese hat zusammenfassend gezeigt, dass meine anfäng-lichen Vorstellungen zu Mk 2,1-12 [...] zwar in die richtige Richtung gingen, durch die Arbeit jedoch der tiefere Sinn der Perikope herausgearbeitet werden konnte. Hinter der Textstelle steckt somit viel mehr, als auf den ersten Blick für den Leser ersichtlich wird. Mir persönlich hat dies gezeigt, wie viel man aus wenigen Versen herauslesen kann. Es kann sehr lohnenswert sein, sich tiefer mit einer Textstelle zu beschäftigen, einzelne Aspekte kritisch zu hinterfragen und auf sich wirken zu lassen, anstatt sie nur unbedacht zu überlesen.

Auswertung: Beispiel 2 bietet eine differenzierte Ergebniskontrolle. Die Ergebnisse der einzelnen Arbeitsschritte werden nicht einfach repetiert, sondern in die theo-logische Gesamtsicht der Perikope überführt. Damit setzt der Verfasser die Vorgaben für die Auswertung seiner Arbeitsergebnisse gelungen um.

8 Glossar wichtiger exegetischer Begriffe

Basisopposition	Anfangs- und Schlusspunkt einer Erzählung, die die Entwicklung innerhalb des Erzählten zwischen ‚Zustand A' am Anfang und ‚Zustand B' am Ende markieren
Codex	antike, handschriftliche Bibelausgabe, enthält häufig nur Teile der Bibel
deskriptiv	beschreibend
diachron	nicht zeitgleich
enzyklopädisch	umfassend, alle Aspekte betreffend
Exegese	Textauslegung
Extravaganz	ein die Leseerwartung sprengender Erzählzug
Hermeneutik	Lehre vom Verstehen und wie es zustande kommt sowie Lehre von der Vermittlung des Verstandenen in neue Kontexte
Inspiration	wörtl. Einhauchung; Eingebung durch den Heiligen Geist
Kanon	wörtl.: Richtschnur; Sammlung heiliger Schriften
Kohärenz	innerer Zusammenhang, Einheitlichkeit
Konkordanz	alphabetisch geordnetes Stichwortregister zur Bibel
Kontext	Inhaltlicher Gedankenzusammenhang, in dem eine Äußerung steht, und Sach- und Situationszusammenhang, aus dem heraus sie verstanden werden muss
Metapher	Begriff aus einem dem direkten Kontext fremden Wirklichkeitsbereich, der für die sprachliche Verknüpfung zweier Wirklichkeitsbereiche sorgt und durch den die Wirklichkeit des direkten Kontextes neu gedeutet wird
Motiv	Sprachlicher Ausdruck eines Bildes
Opposition	begrifflicher/s Gegensatz(paar)
Paraphrase	freie Wiedergabe eines Textes mit eigenen Worten
Perikope	Sinneinheit, abgeschlossener Textabschnitt
Peripetie	Handlungsumschwung innerhalb einer Erzählung
Pointe	Zielgedanke
pragmatisch	auf ein bestimmtes Verhalten bezogen

Prätext	Ein dem Untersuchungstext zeitlich vorausliegender Text, der als literarische Vorlage anzusehen ist
Pronomen	Personal- oder Possessivpronomina, die ein vorausgehendes Substantiv ersetzen
Proprium (pl. Propria)	Eigenheit, Eigentümlichkeit bzw. ‚Alleinstellungsmerkmal‘
Realien	die materiale Grundlage einer Textwelt
relative Chronologie	das zeitliche Verhältnis zwischen zwei oder mehreren Ereignissen
Renominalisierung	Wiedereinführung eines Substantivs nach der Verwendung von Pro-Formen
Rezeption	Aneignung
Rezipient	Empfänger, Adressat
semantisch	einen Begriff und dessen Bedeutung betreffend
Sprachkonvention	inhaltlich festgelegte Verwendung von Begriffen
synchron	gleichzeitig/zeitgleich
synoptisch	nebeneinander lesbar
Verbalinspiration	wortwörtliche Eingebung durch den Heiligen Geist

9 Hinweise zur Gestaltung von Hausarbeiten

9.1 Die äußere Form

9.1.1 Formatierungsvorgaben

Bei der Abfassung Ihrer Arbeit sollten Sie die Seite wie folgt einrichten: *Ränder*: Oben: 2,5 cm; Unten: 2,5 cm; Rechts: 5 cm; Links: 2 cm (MS WORD-Grundeinstellung). Der Text ist in Schriftgröße von 12 pt zu schreiben (incl. Inhaltsverzeichnis, Quellenteil, Literaturverzeichnis etc.), die Fußnoten in 10 pt. Der Zeilenabstand soll 1,2-fach betragen.

Die Seiten werden durchlaufend durch arabische Ziffern nummeriert. Deckblatt und Inhaltsverzeichnis tragen keine Seitenzahlen. Die Seiten sind immer einseitig zu beschreiben, d.h. die Rückseite eines jeden Blattes bleibt frei.

9.1.2 Bestandteile einer Arbeit

Ihre Arbeit sollte aus folgenden Teilen bestehen, die in der angegebenen Reihenfolge anzuordnen sind:

- Titelblatt
- Inhaltsverzeichnis
- Literaturverzeichnis (evtl. mit Verzeichnis besonderer Abkürzungen)
- Text der Hausarbeit
- Anhänge (z.B. Quellen, Materialien, Schaubilder etc.)

9.1.3 Titelblatt

Das Titelblatt nennt den Verfasser/die Verfasserin, die Matrikelnummer, das Thema der Arbeit oder den behandelten Text und die Lehrveranstaltung, in deren Zusammenhang die Arbeit steht. Für eventuelle Rückfragen sind die Adresse mit Telefonnummer sowie die Email-Adresse anzugeben.

9.1.4 Inhaltsverzeichnis

Das Inhaltsverzeichnis nennt alle Bestandteile Ihrer Arbeit in der tatsächlichen Abfolge. Sollten Sie Ihren Text in Unterpunkte untergliedern, geben Sie bitte auch diese Unterüberschriften im Inhaltsverzeichnis an. Dies erleichtert die Orientierung.

9.1.5 Literaturverzeichnis

In Ihrem Literaturverzeichnis geben Sie die vollständigen Titel aller von Ihnen verwendeten Publikationen an. Sinnvollerweise kann das Literaturverzeichnis in die Kategorien: Quellen, Hilfsmittel, Sekundärliteratur unterteilt werden. Zu den Quellen zählen dabei die der Arbeit zu Grunde liegenden Originaltexte (in exegetischen Arbeiten i. d. R. die Bibelausgabe und/oder die benutzte Bibelübersetzung). Unter die Hilfsmittel fallen Wörterbücher, Konkordanzen, Grammatiken und Synopsen.

Die Sekundärliteratur enthält jegliche andere benutzte Literatur (Aufsätze, Lexikonartikel, Monographien). Die Reihenfolge in den einzelnen Kategorien des Inhaltsverzeichnisses ist alphabetisch nach dem Nachnamen des Autors, bei Namensgleichheit nach dem jeweiligen Vornamen. Werden mehrere Werke eines Autors angegeben, so ist das Erscheinungsjahr das Gliederungskriterium.

Die Angaben im Literaturverzeichnis sind nach wissenschaftlichem Standard abzufassen. Eine ausführliche Erläuterung dazu finden sie unter → *9.2.4 Bibliographien.*

Sollten Sie Probleme bei der Einrichtung Ihres Dokumentes haben, bietet es sich an, auf ein Handbuch zu Ihrem Textverarbeitungsprogramm zurückzugreifen. Diese finden sie z. T. online, bei älteren Programmen z. T. auch in den Universitätsbibliotheken. Eine gute Anleitung für die Einrichtung von Dokumenten in MS Word bieten ihnen die interaktiven Filme, die Sie unter folgender Adresse abrufen können: http://www.lessino.de/media/w10wa/org-Uni-Wuppertal.

9.1.6 Hausarbeit

Der Aufbau der Hausarbeit zum exegetischen Proseminar bestimmt sich von den einzelnen Arbeitsschritten her, die unter → 1.3 Organisation der Methodenschritte genannt sind. Gliedern Sie Ihre Hausarbeit nach diesen Punkten. Ihre Überschriften sind mit arabischen Ziffern zu numerieren: 1, 1.1, 1.1.1.

Dabei sollten sie jedoch darauf achten, dass Überschriften höchstens der dritten Kategorie (1.1.1) verwendet werden.

9.2 Die innere Form

Grundsätzlich gilt für wissenschaftliche Arbeiten, dass Quellen, die zu den Arbeitsergebnissen führen, offen gelegt werden müssen. D. h. direkte Zitate sind als solche zu kennzeichnen (durch „ " im Text und den Nachweis der Quelle in der Fußnote). Indirekte Zitate sind ebenfalls mit einer Fußnote zu versehen, aus der die Quelle offensichtlich wird.

Als Literatur kann neben gedruckt vorliegenden Publikationen auch der Inhalt von Internetseiten dienen. Das Internet bietet jedoch keine Datensicherheit, da der Inhalt einzelner Seiten variabel ist. Es bietet sich daher an, verwendete und zitierte Websites auf Datenträger (CD oder Diskette) zu speichern und als Anhang der Arbeit mit einzureichen. Dieses gilt ebenfalls für Schriftstücke, die als .pdf-Dateien im Netz stehen, insofern sie nicht auch in gedruckter Form öffentlich zugänglich sind (d. h. Artikel, die in einem Printmedium erschienen sind). Sind Beiträge in gedruckter Form zugänglich, so ist jeweils die gedruckte Form zu verwenden. Bei Online-Publikationen sind die Adresse der Seite sowie das Abrufdatum anzugeben.

9.2.1 Zitate

Ihre Arbeit gibt Ihre *eigenen* Gedanken zu einem bestimmten Thema in schriftlicher Form wieder. Um ein Thema angemessen zu behandeln, werden Sie sich jedoch auch immer wieder mit den betreffenden Meinungen anderer Autoren auseinanderzusetzen haben. Das wissenschaftliche Ethos gebietet, dass Sie, wo immer Sie einem Autor folgen, seine Meinung darstellen, kommentieren, ihr zustimmen oder sie ablehnen, Namen und Fundort dieser Gedanken angeben. Stets sind Zitate so zu wählen, dass der originäre Sinn des Zitats gewahrt bleibt und er sich sprachlich in Ihren Text einfügt. Stilistische Brüche zwischen der eigenen Darstellung und dem Zitat dürfen nicht so vermieden werden, dass das Zitat angepasst wird. Grundsätzlich unterscheidet man zwischen wörtlichen/direkten Zitaten und Paraphrasen (indirekte Zitate). Direkte Zitate werden an Anfang und Ende mit Anführungs- bzw. Schlusszeichen markiert und dadurch klar von Ihrem Text abgesetzt („xxx"). Etwaige Ergänzungen werden in [eckige] Klammern gesetzt. Sollte sich innerhalb des Zitats ein anderes Zitat befinden, so treten sog. einfache

Anführungszeichen (,xxx') an die Stelle der doppelten. Soll eine entbehrliche Passage in einem Zitat ausgelassen werden, so ist an die Stelle des Ausgelassenen [...] zu setzen. Das verbleibende Zitat muss für den Leser verständlich sein, d. h. auch orthographisch korrekt, und die ursprüngliche Intention des Autors/der Autorin muss erkennbar bleiben. Zitate sind grundsätzlich in Originalsprache anzuführen. Wenn sie übersetzt wurden, ist dies anzugeben. Zitate aus zweiter Hand sind zu vermeiden. Zitate aus zweiter Hand sind aus einem anderen Werk übernommene Zitate eines/r dritten Autor/in. Es ist also immer aus der originären Literatur zu zitieren.

Bei Zitaten von griechischen Texten sind stets Akzente und Spiritus zu setzen, sofern sie in Ihrem Original solche aufweisen. Im Hebräischen ist der Konsonantentext ausreichend, die masoretische Punktuation muss nicht geboten werden. Sollten auf Ihrem Computer keine entsprechenden Zeichensätze installiert sein, finden sie für alle Betriebssysteme gut nutzbare und kostenlos zum Download zur Verfügung stehende Schriftsätze unter http://www.sbl-site.org/Resources/Resources_BiblicalFonts.aspx.

Wo ein solches originalspachliches Zitat nötig wird, muss vermerkt werden: ,zitiert nach...'. Im Zitat sind alle Besonderheiten des Originals (Orthographie, Zeichensetzung, etc.) zu übernehmen. Sperrungen und Unterstreichungen sind kursiv abzudrucken. Auf ungewöhnliche Schreibungen oder Fehler kann durch [sic] oder [!] hingewiesen werden.

Bei paraphrasierenden Zitaten fassen Sie die Meinung des betreffenden Autors mit Ihren eigenen Worten umschreibend zusammen. Auch dort müssen Sie durch eine Fußnote angeben, woher Sie diese Gedanken haben, und darauf achten, dass die Aussage des Autors durch Ihre Paraphrase nicht verfälscht wird. Zitate unterstützen und konturieren Ihre eigenen Gedanken, ersetzen diese aber nicht. Bloße Aneinanderreihungen von Zitaten sind zu vermeiden.

9.2.2 Anmerkungen (Fußnoten)

Anmerkungen dienen dazu, das Geschriebene mittels der bearbeiteten Literatur zu belegen. Sie werden durch eine hochgestellte Ziffer entweder unmittelbar nach dem Schlusszeichen (im Falle des direkten Zitats) bzw. am Ende Ihrer Zusammenfassung (im Falle der Paraphrase) gesetzt. Der Text der Anmerkungen beschränkt sich auf Belege (Literaturangaben, Bibelstellen) bzw. auf das, was zur Stützung oder Rechtfertigung der eigenen Auffassung gesagt werden muss. Ausführlichere Erörterungen oder Themen, die zwar für den Zusammenhang der Arbeit von Bedeutung, aber doch selbständig sind, sind in Exkursen darzulegen.

Die Anmerkungen entlasten den fortlaufenden Text und sollen sicherstellen, dass dieser flüssig lesbar bleibt. Sie können in Form von Fußnoten unter dem Text jeder Seite oder als Endnoten im Anschluss an den Text stehen. Um Verwirrung zu vermeiden, empfiehlt es sich, die Anmerkungen fortlaufend durchzuzählen.

Anmerkungen sind ganze Sätze, auch wenn sie nur eine Literaturangabe enthalten, d. h. sie beginnen mit einem Großbuchstaben und enden mit einem Punkt. In den Anmerkungen muss nicht stets der gesamte Titel des verwendeten Werkes verzeichnet werden, Kurztitel sind vorzuziehen. Dieser besteht aus Verfassernamen und einer Kurzform des Titels bzw. einem geeigneten Stichwort aus diesem. Im Literaturverzeichnis ist der vollständige Titel des Werkes anzugeben.

Anmerkungen sind standardisiert. Aus der Anmerkung muss das im oben stehenden Text direkt oder indirekt Zitierte eindeutig zu identifizieren sein. Anmerkungen (d. h. Fuß- oder Endnoten) enthalten immer folgende Angaben (die in den Angaben durch Unterstreichung gekennzeichneten Elemente sind nicht variabel):

Autor, Kurztitel, Seitenzahl.
z. B. Erlemann, Naherwartung, 237.

Eine Besonderheit stellt der Verweis auf einen Lexikonartikel dar:

Autor, Art. Titel, Seitenzahl.
z. B. Mettinger, Art. Seraphim, 743.
Sollten Lexika nicht nach Seiten, sondern Spalten gegliedert sein, so ist die Anmerkung wie folgt zu gestalten:

Autor, Art. Titel, Sp. Spaltenzahl.
z. B. Wagner, Art. Witter, Sp. 1577.

Gleiches kann bei Zeitschriften der Fall sein. Auf diese ist dann nach folgendem Muster zu verweisen:

Autor, Kurztitel, Sp. Spaltenzahl.

9.2.3 Abkürzungen

Biblische Bücher, jüdische und christliche außerkanonische Texte und Schriften antiker Autoren werden abgekürzt zitiert, aber die Namen von Personen, z. B. ‚Jeremia' oder ‚Johannes', sowie ‚Neues Testament' und ‚Altes Testament' werden ausgeschrieben. Die genannten Schriften sind nach den Loccumer Richtlinien abzukürzen (vgl. Schwertner, Abkürzungsverzeichnis, xxxi-xli).

Die Abkürzung ‚f.' bei Bibelstellen- und Seitenangaben wird nur dann verwendet, wenn ein folgender Vers (bzw. eine folgende Seite) gemeint ist. Die Abkürzung ‚ff.' führt zu Ungenauigkeiten und soll daher nicht verwendet werden. Bitte geben Sie stets die letzte Seite bzw. den letzten Vers des Textes an, auf den Sie sich beziehen (also nicht 1 Kor 15,3 ff., sondern 1 Kor 15,3-8). Einem ohne Kapitelangabe zitierten Vers wird V. vorangestellt.

9.2.4 Bibliographien

Die hier folgende Möglichkeit ist die gängigste Form, eindeutig zu bibliographieren:

Einfache Monographie (die Angabe der Auflage ist dann erforderlich, wenn es sich nicht um die 1. Auflage handelt. Dieses gilt für alle folgenden Muster.): *Nachname, Erster Buchstabe des Vornamens., Titel, Erscheinungsort* [Auflage-]*Erscheinungsjahr.*
z. B. Becker, J., Jesus von Nazareth, Berlin/New York 1996.

Monographie mit Untertitel: Trägt die Monographie neben dem Titel einen Untertitel, so ist wie folgt zu bibliographieren (die Einfügung des Untertitels nach dem genannten Muster gilt für jede Form der Publikation): *Nachname, Erster Buchstabe des Vornamens., Titel. Untertitel, Erscheinungsort* [Auflage]*Erscheinungsjahr.*
z. B. Berger, K., Theologiegeschichte des Urchristentums. Theologie des Neuen Testaments, Tübingen/Basel [2]1995.

Monographie in einer Monographiereihe (die Angabe der Reihe in der Abkürzung nach Schwertner, TRE Abkürzungsverzeichnis): *Nachname, Erster Buchstabe des Vornamens., Titel. Untertitel (Reihe Nr.), Erscheinungsort* [Auflage]*Erscheinungsjahr.*
z. B. Erlemann, K., Naherwartung und Parusieverzögerung im Neuen Testament. Ein Beitrag zur Frage religiöser Zeiterfahrung (TANZ 17), Tübingen 1995.

Kommentare in einer Kommentarreihe (Kommentare, die nicht in einer Kommentarreihe erschienen sind, sind nach dem Muster der Einfachen Monographie zu bibliographieren):
Nachname, Erster Buchstabe des Vornamens., Titel (Reihe Nr.), Erscheinungsort ^{Auflage}*Erscheinungsjahr.*
z.B. Wolff, H.W., Dodekapropheton I Hosea (BK XIV/1), Neukirchen-Vluyn 1961.

Lexikonartikel, bei Lexika mit Seitenzahlen:
Nachname, Erster Buchstabe des Vornamens., Art. Titel (Lexikon Nr.), Erscheinungsort ^{Auflage}*Erscheinungsjahr, Seitenzahl.*
z.B. Mettinger, T.N.D., Art. Seraphim (DDD), Leiden u.a. ^{2}1999, 742–744.

Lexikonartikel, bei Lexika mit Spaltenzahl:
Nachname, Erster Buchstabe des Vornamens., Art. Titel, (Lexikon Nr.), Erscheinungsort ^{Auflage} *Erscheinungsjahr, Spaltenzahl.*
z.B. Mayer, G., Art. Midrasch/Midraschim (TRE 22), Berlin/New York 1992, Sp. 734–744.

Aufsatz in einer Fachzeitschrift
Nachname, Erster Buchstabe des Vornamens., Titel, Zeitschrift Jahrgang (Erscheinungsjahr), Seitenzahl(en).
z.B. Krüger, T., Psalm 90 und die ‚Vergänglichkeit des Menschen‘, Bib 75 (1994), 191–219.

Aufsatz in einem Sammelband mit einem Herausgeber:
Nachname, Erster Buchstabe des Vornamens., Titel, in: Nachname, Erster Buchstabe des Vornamens. (Hg.), Titel, Erscheinungsort ^{Auflage}*Erscheinungsjahr, Seitenzahl(en).*
z.B. Hardmeier, C., Die Propheten Micha und Jesaja im Spiegel von Jeremia xxvi und 2 Regnum xviii-xx, in: Emerton, J.A. (Hg.), Congress Volume Leuven 1989 (VT.S 43), Leiden 1991, 172–189.

Aufsatz in einem Sammelband mit mehreren Herausgebern:
Nachname, Erster Buchstabe des Vornamens., Titel, in: Nachname, Erster Buchstabe des Vornamens./ Nachname, Erster Buchstabe des Vornamens. (Hg.), Titel, Erscheinungsort ^{Auflage}*Erscheinungsjahr, Seitenzahl(en).*
z.B. Hartenstein, F., Wolkendunkel und Himmelsfeste. Zur Genese und Kosmologie der Vorstellung des himmlischen Heiligtums JHWHs, in:

Janowski, B./Ego, B. (Hg.), Das biblische Weltbild und seine altorientalische Kontexte (FAT 32), Tübingen 2001, 125–180.

Aufsatz in einer Festschrift mit einem Herausgeber:
Nachname, Erster Buchstabe des Vornamens., Titel, in: Nachname, Erster Buchstabe des Vornamens. (Hg.), Titel (FS Nachname des Jubilars) Erschei-nungsort ^Auflage*Erscheinungsjahr, Seitenzahl(en).*
z. B. Dearman, J. A., The Son of Tabeel (Isaiah 7:6), in: Reid, S. B. (Hg.), Prophets and paradigms (FS Tucker) (JSOT.S 229), Sheffield 1996, 33–47.

Aufsatz in einer Festschrift mit mehreren Herausgebern:
Nachname, Erster Buchstabe des Vornamens., Titel, in: Nachname, Erster Buchstabe des Vornamens./ Nachname, Erster Buchstabe des Vornamens. (Hg.), Titel (FS Nachname des Jubilars) Erscheinungsort ^Jahrgang*Erscheinungsjahr, Seitenzahl(en).*
z. B. Hardmeier, C., Jesajas Verkündigungsabsicht und Jahwes Verstockungs-auftrag in Jes 6, in: Jeremias, J./Perlitt, L., Die Botschaft und die Boten (FS Wolff), Neukirchen-Vluyn 1981, 235–251.

Für die bibliographischen Angaben gilt grundsätzlich, dass bei **mehr als zwei** Verfassern, Herausgebern oder Orten der erste mit dem Hinweis (u. a.) anzugeben ist.

10 Literaturverzeichnis

10.1 Bibelausgaben

10.1.1 In Originalsprache

Novum Testamentum Graece, hg. v. E. Nestle/K. Aland, Stuttgart [28]2012.
The Greek New Testament, hg. v. K. Aland u. a., Stuttgart [4]1993.

10.1.2 In deutscher Übersetzung

Die Bibel nach der Übersetzung Martin Luthers. Mit Apokryphen. Bibeltext in der revidierten Fassung von 1984, hg. v. der Evangelischen Kirche in Deutschland und vom Bund der Evangelischen Kirche in der DDR, Stuttgart 1985.
Zürcher Bibel, hg. v. der Evangelisch-Reformierten Landeskirche des Kantons Zürich, Zürich 2007.
Die Bibel. Einheitsübersetzung der Heiligen Schrift, hg. im Auftrag der Bischöfe Deutschlands u. a., Stuttgart [9]2011.
Neue Jerusalemer Bibel, hg. v. A. Deissler, Freiburg 1985.
Die Heilige Schrift. Aus dem Grundtext übersetzt. Revidierte Elberfelder Bibel, Wuppertal [2]2008.
Das Neue Testament und frühchristliche Schriften, hg. v. K. Berger/C. Nord, Frankfurt am Main/Leipzig 1999.

10.2 Texteditionen und Quellensammlungen

Aristoteles, Hauptwerke. Ausgewählt und eingeleitet von W. Nestle, Stuttgart [8]1977.
Augustus, Meine Taten. Res divi Augustini nach dem Monumentum, Apolloniense und Antiochenum. Lateinisch/Griechisch/Deutsch hg. v. E. Weber, München [5]1989.
Berger, K./Colpe, C., Religionsgeschichtliches Textbuch zum Neuen Testament. Textreihe Band 1. Göttingen/Zürich 1987.
Beyerlin, W. (Hg.), Religionsgeschichtliches Textbuch zum Alten Testament (GAT 1), Göttingen [2]1985.
Charlesworth, J. H., The Old Testament Pseudepigraphia, 2 Bd., New York 1984/85.
Charlesworth, J. H. (Hg.), The Dead Sea Scrolls: Hebrew, Aramaic, and Greek Texts with English Translation, Tübingen/Lousville 1994 ff.

Correns, D. (Hg.), Die Mischna. In deutscher Übersetzung mit einer Einleitung und Anmerkungen, Wiesbaden 2005.

Cowey, M. S./Maresch, K., Urkunden des Politeuma der Juden von Herakleopolis (144/3–133/2 v. Chr.). Papyri aus den Sammlungen von Heidelberg, Köln, München und Wien, Opladen 2001.

Diller, H. (Hg.), Hippokrates. Ausgewählte Schriften, Stuttgart 1994.

Donner, H./Röllig, W., Kanaanäische und aramäische Inschriften (KAI), 2 Bd., ²1966–1968.

Flavius Josephus, De Bello Judaico. Der jüdische Krieg, Griechisch/Deutsch, hg. und mit einer Einleitung sowie mit Anmerkungen versehen von O. Michel/O. Bauernfeind, 4 Bde., Darmstadt 1959–1969.

Flavius Josephus, Aus meinem Leben (Vita). Kritische Ausgabe, Übersetzung und Kommentar v. F. Siegert/H. Schreckenberg/M. Vogel und dem Josephus-Arbeitskreis des Institutum Judaicum Delitzschianum, Münster 2001.

Flavius Josephus, Geschichte des Jüdischen Krieges/Kleiner Schriften. Übersetzt und mit Einleitung und Anmerkungen versehen von H. Clementz, Wiesbaden 2005.

Flavius Josephus, Jüdische Altertümer. Übersetzt und mit Einleitung und Anmerkungen versehen von H. Clementz, Wiesbaden ²2006.

Galling, K. (Hg.), Textbuch zur Geschichte Israels, Tübingen ³1979.

García Martínez, F./Tigchelaar, E. J. C. (Hg.), The Dead Sea Scrolls Study Edition, 2 Bd., Leiden 1997/97.

Gibson, J. C. L., Canaanite Myths and Legends, Edinburgh ²1978.

Goldschmidt, L., Der babylonische Talmud, Darmstadt 1996.

Hallo, W. W./Younger, K. L. (Hg.), The Context of Scripture. Canonical Compositions, Monumental Inscriptions, and Archival Documents from the Biblical World, 3 Bd., Leiden/Boston 1997–2002.

Herodot, Historien. Deutsche Gesamtausgabe. Übersetzt v. A. Hornefer. Neu hg. und erläutert v. H. W. Haussig, mit einer Einleitung von W. F. Otto, Stutgart ³1963.

Janowski, B./Wilhelm, G. (Hg.), Texte aus der Umwelt des Alten Testaments. Neue Folge (TUAT.NF), Gütersloh 2004 ff.

Kaiser, O. u. a. (Hg.), Texte aus der Umwelt des Alten Testaments (TUAT), Gütersloh 1982–2001.

Kautzsch, E. (Hg.), Die Apokryphen und Pseudepigraphen des Alten Testaments, 2 Bd., Tübingen 1900; Nachdruck Darmstadt 1994.

Keel, O., Die Welt der altorientalischen Bildsymbolik und das Alte Testament. Am Beispiel der Psalmen, Göttingen ⁵1996.

Keel, O./Uehlinger, C., Göttinnen, Götter und Gottessymbole. Neue Erkenntnisse zur Religionsgeschichte Kanaans und Israels aufgrund bislang unerschlossener ikonographischer Quellen (QD 134), Freiburg ⁵2001.

Kippenberg, H. G./Wevers, G. A., Textbuch zur neutestamentlichen Zeitgeschichte (NTD Erg.-Bd. 8), Göttingen 1979.

Kirk, G. S./Raven, J. E./Schofield, M., Die vorsokratischen Philosophen. Einführung, Texte und Kommentar, Stuttgart-Weimar 1994.

Kümmel, W. G. (Hg.; jetzt Lichtenberger, H.), Jüdische Schriften aus hellenistisch-römischer Zeit (JSHRZ) Gütersloh 1973 ff.

Loewenthal, E. (Hg.), Platon. Sämtliche Werke in drei Bänden, Darmstadt [8]2010.

Lohse, E. (Hg.), Die Texte aus Qumran. Hebräisch und Deutsch, Darmstadt [3]1981.

Long, A. A./Sedley, D. N., Die hellenistischen Philosophen. Texte und Kommentare, Stuttgart-Weimar 2000.

Maier, J., Die Qumran- Essener, Die Texte vom Toten Meer, 3 Bd. (UTB 1862/1863/1916), München 1995/96.

Maier, J., Die Tempelrolle vom Toten Meer und das ‚Neue Jerusalem' (UTB 829), München [3]1997.

Mason, S. (Hg.), Flavius Josephus. Translation and Commentary, Leiden 2000 ff.

Michel, O./Bauernfeind, O. (Hg.), Flavius Josephus, De Bello Judaico. Der Jüdische Krieg, Griechisch und Deutsch, 3 Bd., Darmstadt 1959–1969.

Niese, B. (Hg.), Flavii Iosephi Opera, 7 Bd., Berlin 1888–1897 (Nachdruck 1955).

Philo von Alexandria. Die Werke in deutscher Übersetzung, hg. v. Cohn, L./Heinemann, I./Adler, M., Theiler, W., Berlin [2]1962.

Platon, Sämtliche Werke. Hg. v. U. Wolf, Hamburg 1994–2010.

Polybios, Geschichte. Gesamtausgabe in zwei Bänden, eingeleitet und übertragen von H. Drexler, Zürich/Stuttgart 1961.

Pritchard, J. B. (Hg.), The Ancient Near East in Pictures relating to the Old Testament (ANEP), Princeton 1969.

Pritchard, J. B., The Ancient Near Estern texts relating to the Old Testament (ANET), Princeton [3]1974.

Quintilianus, M. F., Ausbildung des Redners. Zwölf Lehrbücher, Lateinisch/Deutsch, hg. und übersetzt v. H. Rahn, Darmstadt [3]1995

Schenke, H.-M., Nag Hammadi Deutsch. Eingel. und übers. v. Mitgliedern des Berliner Arbeitskreises für koptisch-gnostische Schriften, Berlin/New York 2001 ff.

Schirnding, A. v. (Hg.), Hesiod. Theogonie – Werke und Tage. Griechisch/Deutsch, mit einer Einführung und einem Register v. E. G. Schmidt, München/Zürich 1991.

Schröer, S. u. a. (Hg.), Die Ikonographie Palästinas/Israels und der Alte Orient. Eine Religionsgeschichte in Bildern (IPIAO), Fribourg 2005 ff.

Schröter, J./Zangenberg, J. (Hg.), Texte zur Umwelt des Neuen Testaments (UTB 1591), Tübingen 2012.

L. Schumacher (Hg.), Römische Inschriften. Lateinisch/Deutsch, Stuttgart 1988.

Schwiderski, D. (Hg.), Die alt- und reichsaramäischen Inschriften. The Old and Imperial Aramaic Insruptions. Bd. 2: Texte und Bibliographie (Fontes et Subsidia ad Bibliam pertinentes 2), Berlin/New York 2004.

Smelik, K. A. D., Historische Dokumente aus dem alten Israel (KVR 1528), Göttingen 1987.

Siegert, F., Flavius Josephus, Aus meinem Leben (Vita). Kritische Ausgabe, Übersetzung und Kommentar, Tübingen 2001.

Steudel, A. (Hg.), Die Texte aus Qumran II. Hebräisch/Aramäisch und Deutsch. Mit masoretischer Punktuation, Übersetzung, Einführung und Anmerkungen, Darmstadt 2001.

Strack, H. L./Billerbeck, P., Kommentar zum Neuen Testament aus Talmud und Midrasch I-VI, 1926–1961.

Tacitus, Annalen. Dt. v. A. Horneffer, Stuttgart 1964.

Tacitus, Historiae/Historien, Lateinisch/Deutsch, hg. v. J. Borst unter Mitarbeit v. H. Hross/H. Borst, München ³1977.

Tov, E. (Hg.), Discoveries in the Judean Desert (DJD), Oxford 1955 ff.

Thukydides, Geschichte des peloponnesischen Krieges. Eingeleitet und übertragen v. G. P. Landmann, Zürich/München 1960.

University of Helsinki, State Archives of Assyria, Helsinki 1987ff (online verfügbar unter: http://oracc.museum.upenn.edu).

Weiher, A. (Hg.), Homerische Hymnen, München 1970.

Wise, W./Abegg, M./Cook, E. (Hg)., Die Schriftrollen von Qumran. Übersetzung und Kommentar mit bisher unveröffentlichten Texten, Augsburg 1997.

10.3 Hilfsmittel

10.3.1 Wörterbücher

Balz, H./Schneider, G. (Hg.), Exegetisches Wörterbuch zum Neuen Testament, Stuttgart u. a. ³2011.

Bauer, W., Griechisch-deutsches Wörterbuch zu den Schriften des Neuen Testaments und der frühchristlichen Literatur, Berlin/New York ⁶1988.

Botterweck, G. J. (Hg.), Theologisches Wörterbuch zum Alten Testament (ThWAT), Stuttgart u. a. 1973–2000.

Jenni, E. (Hg.), Theologisches Handwörterbuch zum Alten Testament (THAT), München ³/⁴1984.

Kittel, G. (Hg.), Theologisches Wörterbuch zum Neuen Testament (ThWNT), Stuttgart 1933–1979.

Liddell, H. G./Scott, R., A Greek-English Lexicon. Oxford ⁹1949; with revised supplement 1996.

Lust, J./Eynikel, E./Hauspie, K., Greek-English Lexicon of the Septuagint, Stuttgart 2003.

Rehkopf, F., Septuaginta-Vokabular, Göttingen 1989.

Rienecker, R., Sprachlicher Schlüssel zum Griechsichen Neuen Testament, Gießen ²¹2003.

Preuschen, E., Griechisch-deutsches Taschenwörterbuch zum Neuen Testament, Berlin/ New York ⁸2005.

10.3.2 Grammatiken

Blass, F./Debrunner, A.,/Rehkopf, F., Grammatik des neutestamentlichen Griechisch, Göttingen [18]2001.

10.3.3 Synopsen

Griechisch-deutsche Synopse der Q-Überlieferungen, hg. v. S. Schulz, Zürich 1972.

Patmos Synopse. Übersetzung der wichtigsten synoptischen Texte mit Paralleln aus dem Johannesevangelium, den apokryphen Evangelien und der frühchristlichen Literatur, hg. v. F. J. Schierse, Düsseldorf [18]1985.

Polag, A., Fragmenta Q. Textheft zur Logienquelle, Neukirchen-Vluyn [2]1982.

Peisker, C. H., Evangelien-Synopse der Einheitsübersetzung, Wuppertal 1983.

Synopse der drei ersten Evangelien, hg. v. H. Greeven, Tübingen [13]1981.

Synopse zur Redequelle der Evangelien. Q-Synopse und Rekonstruktion in deutscher Übersetzung mit kurzen Erläuterungen, hg. v. W. Schenk, Düsseldorf 1981.

Synopsis quattuor Evangeliorum locis parallelis evangeliorum apocryphorum et patrum adhibitis, hg. v. K. Aland, Stuttgart [13]1985.

Synoptisches Arbeitsbuch zu den Evangelien. 5 Bde., hg. v. R. Pesch, Zürich 1980.

10.3.4 Konkordanzen

A Concordance to the Greek New Testament, hg. v. W. F. Moullon/A. S. Geden, Edinburgh [4]1974.

A Concordance to the Septuagint and the other Greek Versions of the Old Testament (Including the Apocryphal Books). 3 Bde., hg. v. E. Hatch/H. A. Redpath, Oxford 1897/1906 (Nachdruck Graz 1954).

Calwer Bibelkonkordanz. Unveränderter Reprint der 3. Aufl. der Lutherausgabe von 1912 mit Apokryphen, Stuttgart 1975.

Computer-Konkordanz zum griechischen Novum Testamentum Graece von Nestle-Aland, 26. Auflage, und zum Greek New Testament, 3rd Edition, hg. vom Institut für neutestamentliche Textforschung der Universität Münster, Berlin [2]1985.

Denis, A.-M., Concordance grecque des pseudepigraphes de l'ancien testament, Löwen 1987.

Hatch, E./Redpath, H. A., Concordance to the Septuagint and the Other Greek Versions of the Old Testament, Vols.I-III, Graz 1975.

Konkordanz zur Einheitsübersetzung, hg. v. F. J. Schierse, Düsseldorf [2]1986.

Kraft, H., Clavis Patrum Apostolicorum, Darmstadt 1964.

Morgenthaler, R., Statistik des neutestamentlichen Wortschatzes, Zürich [3]1982.

Neirynck, F./Segbroeck, F. van, New Testament Vocabulary. A companion Volume to the Concordance (BEThL 69), Leuven 1984.

Neue Konkordanz zur Einheitsübersetzung, hg. v. F. J. Schierse, Düsseldorf 1996.

Praktisches Bibelhandbuch, hg. vom Katholischen Bibelwerk, Stuttgart [12]1985.

Vollständige Konkordanz zum griechischen Neuen Testament. 2 Bde., hg. v. K. Aland, Berlin 1978–1983.

Wahl, C. A./Bauer, J. B., Clavis Librorum Veteris Testamenti Apocryphorum Philologica, Graz 1972.

Zürcher Bibelkonkordanz. 3 Bde., bearb. v. K. Huber/H. H. Schmid, Zürich 1969.

10.3.5 Lexika

Althaus, H. P./Hennel, H./Wiegand, H. (Hg.), Lexikon der germanistischen Linguistik, Tübingen ²1980.

Balz, H. R./Schneider, G. (Hg.), Exegetisches Wörterbuch zum Neuen Testament. 3 Bde., Stuttgart ¹1992.

Berlejung, A./Frevel, C., Handbuch theologischer Grundbegriffe zum Alten und Neuen Testament, Darmstadt 2006.

Betz, H. D. (Hg.), Religion in Geschichte und Gegenwart (RGG⁴), Tübingen ⁴1998–2007.

Betz, O. (Hg.), Calwer Bibellexikon (CBL), Stuttgart 2003.

Brunotte, H. (Hg.), Evangelisches Kirchenlexikon. Kirchlich-theologisches Handwörterbuch (EKL), Göttingen 1956–1961.

Coenen, L./Beyreuther, E./Bietenhard, H., Theologisches Begriffslexikon zum Neuen Testament, Wuppertal 1967.

Dassmann, E. u. a. (Hg.), Reallexikon für Antike und Christentum. Sachwörterbuch zur Auseinandersetzung des Christentums mit der antiken Welt (RAC), Stuttgart 1950–2010.

Fabry, H.-J./Dahmen, U. (Hg.), Theologisches Wörterbuch zu den Qumrantexten (ThWQ), Stuttgart u. a. 2011 ff.

Freedman, D. N. (Hg.), The Anchor Bible Dictionary (ABD), New York 1992.

Görg, M. (Hg.), Neues Bibellexikon (NBL), Zürich 1991–2001.

Haag, H. (Hg.), Bibel-Lexikon, Einsiedeln ²1968.

Jenni, E./Westermann, C. (Hg.), Theologisches Wörterbuch zum Alten Testament. 2 Bde., München ³1984.

Kittel, G./Friedrich, G. (Hg.), Theologisches Wörterbuch zum Neuen Testament. 10 Bde., Stuttgart 1933–1979.

Kogler, F. (Hg.), Herders neues Bibellexikon, Freiburg 2008.

Krause, G. (Hg.), Theologische Realenzyklopädie (TRE), Berlin 1976–2007.

Léon-Dufour, X., Wörterbuch zum Neuen Testament, München 1977.

Lurker, M., Wörterbuch biblischer Bilder und Symbole, München ³1987.

Odelain, O./Séguineau, R., Lexikon der biblischen Eigennamen, Düsseldorf 1981.

Reicke, B./Rost, L. (Hg.), Biblisch-historisches Handwörterbuch. 4 Bde., Göttingen 1962–1979.

Stern, I., (Hg.), The New Encyclopedia of Archaeological Excavations in the Holy Land, Jerusalem 1993–2009.

Toorn, K. van der (Hg.), Dicitonary of Deities and Demons in the Bible, Leiden/Grand Rapids ²1998.

10.3.6 Digitale Medien

Bauks, M./Koenen, K. (Hg.), Das wissenschaftliche Bibellexikon im Internet (wibilex), http://www.wibilex.de

BibleWorks LLC, BibleWorks 9, Norfolk 2012 ff.

Biblische Biographie Lausanne, http://www3.unil.ch/bibil/public/default.action? replay=true.

Christliche Verlagsgesellschaft, Der neue PC-Bibelatlas. Mit Ortslexikon der Elberfelder Bibel. CD-ROM, Witten 2009.

Deutsche Bibelgesellschaft, Der große elektronische Bibelatlas. Landkarten, Fotos, Ortsbeschreibungen, Stuttgart 2008.

OakTree Software, Accordance 9. Bible Software, Altamonte Springs 2012 ff.

Theologische Literaturdokumentation Innsbruck, http://www.uibk.ac.at/theol/theoldi/index.html.de

TLG Project, Thesaurus Linguae Graecae, CD-Rom, Irvine [3]1992.

Deutsche Bibelgesellschaft, Stuttgarter Elektronische Studienbibel (SESB). Software für Theologinnen und Theologen, http://sesb-online.de.

10.3.7 Atlanten

Aharoni, Y./Avi-Yonah, M., The Carta Bible Atlas, Jerusalem [4]2002.

Curtis, A., Oxford Bible Atlas, Oxford [4]2007.

Mittmann, S./Schmitt, G. (Hg.), Tübinger Bibelatlas. Auf Grundlage des Tübinger Atlas des Vorderen Orients, Stuttgart 2001.

Page, N., Der historische Bibel-Atlas, Stuttgart 2011.

Pritchard, J.B. (Hg.), Herders großer Bibel-Atlas, Freiburg 1989.

Staubli, T., Biblische Welten. Eine Bildatlas, Stuttgart 2000.

Strange, J., Stuttgarter Bibelatlas. Historische Karten der biblischen Welt, Stuttgart 1998.

Zwickel, W., Calwer Bibelatlas, Stuttgart 2000.

10.3.8 Abkürzungsverzeichnisse

Schwertner, S., Internationales Abkürzungsverzeichnis für Theologie und Grenzgebiete (=IATG[2]), Berlin [2]1992.

Alexander, P.H., The SBL Handbook of Style. For Ancient Near Eastern, Biblical, and Early Christian Studies, Peabody [7]2009.

10.4 Kommentarreihen

Albright, W.F.,/Freedman, D.N., The Anchor Bible Commentary (AncB), New York 1964 ff.

Blank, J./Schnackenburg, R./Schweizer, E./Wilckens, U. (Hg.), Evangelisch-katholischer Kommentar zum Neuen Testament (EKK), Stuttgart/Neukirchen-Vluyn 1969 ff.

Cross, F. M. u. a. (Hg.), Hermeneia. A Critical and Historical Commentary of the Bible, Philadelphia 1971 ff.

Dietrich, W. u. a. (Hg.), Internationaler Exegetischer Kommentar zum Alten Testament (IEKAT), Stuttgart 2012 ff.

Emmerton, J. A. u. a. (Hg.), The International Critical Commentary (ICC), Edinburgh 1901 ff.

Fascher, E., Theologischer Handkommentar zum Neuen Testament (ThHK), Berlin 1957 ff.

Gnilka, J./Schnackenburg, R. (Hg.), Die neue Echter Bibel (NEB), Würzburg 1980 ff.

Gräßer, E./Kertelge, K. (Hg.), Ökumenischer Taschenbuchkommentar zum Neuen Testament (ÖTK), Gütersloh 1977 ff.

Hahn, F. (Hg.), Kritisch-exegetischer Kommentar über das Neuen Testament (KEK), Göttingen 1853 ff.

Harrison, R. K., The New International Commentary on the Old Testament (NICOT), Grand Rapids 1972 ff.

Herrmann, S./Wolff, H. W. (Hg.), Biblischer Kommentar. Altes Testament (BK.AT), Neukirchen-Vluyn 1955 ff.

Houtman, C. u. a. (Hg.), Historical Commentary on the Old Testament (HCOT), Kampen (später Leuven) 1993 ff.

Hubbard, D. A./Barker, G. W. (Hg.), Word Biblical Commentary (WBC), Dallas 1983 ff.

Knierim, R., The Forms of Old Testament Literature (FOTL), Grand Rapids 1983 ff.

Schmid, H. H./Weder, H. (Hg.), Zürcher Bibelkommentar (ZBK), Zürich 1949 ff.

Stegemann, E. W. (Hg.), Theologischer Kommentar zum Neuen Testament (ThKNT), Stuttgart 2003.

Plöger, J. G./Schreiner, J. (Hg.), Die Neue Echter Bibel (NEB), Würzburg 1983 ff.

Rudolph, W. u. a. (Hg.), Kommentar zum Alten Testament (KAT), Gütersloh 1962–1998.

Weiser A./Kaiser, O. (Hg.), Das Alte Testament deutsch (ATD), Göttingen 1939 ff.

Weiser A./Kaiser, O. (Hg.), Das Neue Testament deutsch (NTD), Göttingen 1939 ff.

Wikenhauser, A./Vögtle, A./Schckenburg, R. (Hg.), Herders theologischer Kommentar zum Neuen Testament (HThKNT), Freiburg (u. a.) 1953 ff.

Zenger, E./Weimar, P. (Hg.), Herders theologischer Kommentar zur Alten Testament (HThKAT), Freiburg (u. a.) 1999 ff.

10.5 Einleitungen

Alkier, S., Neues Testament (UTB basics), Tübingen/Basel 2010.

Conzelmann, H./Lindemann, A., Arbeitsbuch zum Neuen Testament (UTB 52), Tübingen [14]2012.

Gertz, J. C. (Hg.), Grundinformation Altes Testament. Eine Einführung in Literatur, Religion und Geschichte des Alten Testaments (UTB 2745), Göttingen [3]2009.

Kaiser, O., Einleitung in das Alte Testament. Eine Einführung in ihre Ergebnisse und Probleme, Gütersloh [5]1984.

Kaiser, O., Grundriß der Einleitung in die kanonischen und deuterokanonischen Schriften des Alten Testaments, 3 Bde., Gütersloh 1992–1994.

Köhlmoos, M., Altes Testament (UTB basics), Tübingen/Basel 2011.

Mommer, P., Altes Testament (Module der Theologie), Gütersloh 2009.

Niebuhr, K.-W. (Hg.), Grundinformation Neues Testament. Eine bibelkundlich-theologische Einführung, Göttingen 2000.

Rendtorff, R., Das Alte Testament. Eine Einführung, Neukirchen-Vluyn [7]2007.

Schmid, K., Literaturgeschichte des Alten Testaments. Eine Einführung, Darmstadt 2008.

Schmidt, W. H., Einführung in das Altes Testament, Berlin/New York [5]1995.

Schmitt, H.-C., Arbeitsbuch zum Alten Testament. Grundzüge der Geschichte Israels und der alttestamentlichen Schriften (UTB 2146), Göttingen 2005.

Smend, R., Die Entstehung des Alten Testaments (ThW 1), Stuttgart [4]1989.

Stemberger, G., Einführung in die Judaistik (C. H. Beck Studium), München 2002.

Stemberger, G., Einleitung in Talmud und Midrasch (Beck-Studium), München [8]1992.

Vielhauer, P., Geschichte der urchristlichen Literatur. Einleitung in das Neue Testament, die Apokryphen und die Apostolischen Väter, Berlin/New York 1985.

Zenger, E. u. a. (Hg.), Einleitung in das Alte Testament (KStTh 1,1), Stuttgart [8]2012.

10.6 Methodenlehre

Altpeter, G., Textlinguistische Exegese alttestamentlicher Literatur, Bern 1978.

Barr, J., Bibelexegese und moderne Semantik. Theologische und linguistische Methode in der Bibelwissenschaft, München 1965.

Becker, U., Exegese des Alten Testaments. Ein Methoden- und Arbeitsbuch (UTB 2664), Tübingen [2]2008.

Berger, K., Einführung in die Formgeschichte (UTB 1444), Tübingen 1987.

Berger, K., Formen und Gattungen im Neuen Testament (UTB 2532), Tübingen/Basel 2005.

Berger, K., Exegese des Neuen Testaments. Neue Wege vom Text zur Auslegung (UTB 658), Heidelberg/Wiesbaden [3]1991.

Breuer, D., Einführung in die pragmatische Texttheorie, München 1974.

Brinker, K., Linguistische Textanalyse. Eine Einführung in Grundbegriffe und Methoden, Berlin 2005.

Busseman, C./Van der Sluis, D., Die Bibel studieren. Einführung in die Methoden der Exegese, München 1982.

Coseriu, E., Textlinguistik. Eine Einführung, hg. v. J. Albrecht, Tübingen 1994.

Cruse, A., Meaning in language. An introduction to semantics and pragmatics, Oxford 2004.

Dietrich, W. u. a. (Hg.), Lexikalische Semantik und Korpuslinguistik, Tübingen 2006.

Ebner, M., Exegese des Neuen Testaments. Ein Arbeitsbuch für Lehre und Praxis, Paderborn 2005.

Egger, W./Wick, P., Methodenlehre zum Neuen Testament. Biblische Texte selbständig auslegen, Freiburg ⁶2013.

Eisen, U. E.. ‚Quasi dasselbe?' Vom schwierigen und unendlichen Geschäft des Bibelübersetzens – Neuere deutsche Bibelübersetzungen, ZNT 26 (2010), 3–15.

Eroms, H.-W., Stil und Stilistik, Eine Einführung, Berlin 2008.

Fenske, W., Arbeitsbuch zur Exegese des Neuen Testaments. Ein Proseminar, Gütersloh 1999.

Fischer, G., Wege in die Bibel. Leitfaden zur Auslegung, Stuttgart ²2008.

Fludernik, M., Einführung in die Erzähltheorie, Darmstadt 2006.

Fohrer, G. u. a. (Hg.), Exegese des Alten Testaments. Einführung in die Methodik (UTB 267) Heidelberg ²1976.

Gansel, C., Textlinguistik und Textpragmatik. Eine Einführung, Göttingen 2007.

Garbe, C., Texte lesen. Lesekompetenz – Textverstehen – Lesedidaktik – Lesesozialisation, Paderborn 2009.

Grimm, G. (Hg.), Literatur und Leser. Theorien und Modelle zur Rezeption literarischer Texte, Stuttgart 1975.

Gülich, E./Raible, W. (Hg.), Textsorten. Differenzierungskriterien aus linguistischer Sicht, Wiesbaden ²1975.

Gülich, E./Raible, W. (Hg.), Liguistische Textmodelle. Grundlagen und Möglichkeiten, München 1977.

Gülich, E./Heger K./Raible, W., Linguistische Textanalyse. Überlegungen zur Gliederung von Texten (Papiere zur Textlinguistik), Hamburg ²1979.

Hardmeier, C., Textwelten der Bibel entdecken. Grundlage und Verfahren einer textpragmatischen Literaturwissenschaft der Bibel, Gütersloh 2003.

Hempfer, K. W., Gattungstheorie. Information und Synthese, München 1973.

Kalverkämper, H., Orientierung zur Textlinguistik (Linguistische Arbeiten 100), Tübingen 1981.

Koch, K., Was ist Formgeschichte? Methoden der Bibelexegese, Neukirchen-Vluyn ⁵1989.

Körtner, U., Der inspirierte Leser. Zentrale Aspekte biblischer Hermeneutik, Göttingen 1994.

Kreuzer, S./Vieweger, D. (Hg.), Proseminar I Altes Testament. Ein Arbeitsbuch, Stuttgart ²2005.

Lentzen-Deis, F., Methodische Überlegungen zur Bestimmung literarischer Gattungen im Neuen Testament, Bib 62 (1981), 1–20.

Link, H., Rezeptionsforschung. Eine Einführung in Methoden und Probleme, Stuttgart 1976.

Lohfink, G., Jetzt verstehe ich die Bibel. Ein Sachbuch zur Formkritik, Stuttgart ¹³1986.

Martinez, M./Scheffel, M., Einführung in die Erzähltheorie, München ²2003.

Meiser, M.,/Kühneweg, U. u. a. (Hg.), Proseminar II Neues Testament – Kirchengeschichte. Ein Arbeitsbuch, Stuttgart 2000.

Morris, C. W., Grundlagen der Zeichentheorie. Ästhetik der Zeichentheorie, Frankfurt 1988.

Müller, H. M., (Hg.), Arbeitsbuch Linguistik, Paderborn 2002.

Nünning, V./Nünning A. (Hg.), Erzähltheorie transgenerisch, intermedial, interdisziplinär, Trier 2002.

Perri, N., What is Redaction Criticism?, London 1970.

Plett, H. F., Textwissenschaft und Textanalyse, Heidelberg ²1979.

Plett, H. F., Einführung in die rhetorische Textanalyse, Hamburg 2001.

Reinmuth, E./Bull, K.-M., Proseminar Neues Testament. Texte lesen, fragen lernen, Neukirchen-Vluyn 2006.

Reiß, K., Texttyp und Übersetzungsmethode. Der operative Text, Kronberg 1976.

Richter, W., Formgeschichte und Sprachwissenschaft, ZAW 82 (1970), 216–225.

Richter, W., Exegese als Literaturwissenschaft. Entwurf einer alttestamentlichen Literaturwissenschaft und Methodologie, Göttingen 1971.

Robbins, V. K., Exploring the texture of texts. A guide to socio-historical interpretation, Valley Forge 1996.

Rohde, J., Die redaktionsgeschichtliche Methode, Hamburg 1966.

Schmidt, S. J., Texttheorie. Probleme einer Linguistik der sprachlichen Kommunikation, München 1976.

Schmitz, T. A., Moderne Literaturtheorie und antike Texte. Eine Einführung, Darmstadt 2002.

Schweizer, H., Metaphorische Grammatik. Wege zur Integration von Grammatik und Textinterpretation in der Exegese, St. Ottilien 1981.

Schweizer, H., Biblische Texte verstehen. Arbeitsbuch zur Hermeneutik und Methodik der Bibelinterpretation, Stuttgart 1986.

Stanzel, F. K., Theorie des Erzählens, Göttingen ⁸2009.

Steck, O. H., Exegese des Alten Testaments. Leitfaden der Methodik, Neukirchen-Vluyn ¹⁴1999.

Strecker, G./Schnelle, U., Einführung in die neutestamentliche Exegese (UTB 1253), Göttingen ⁴1994.

Söding, T., Wege der Schriftauslegung. Methodenbuch zum Neuen Testament, Freiburg u. a. 1998.

Sowinski, B., Textlinguisitik. Eine Einführung, Stuttgart 1983.

Titzmann, M., Sturkturale Textanalyse. Theorie und Praxis der Interpretation, München ³1993.

Ueding, G., Grundriss der Rhetorik. Geschichte, Technik, Methode, Stuttgart 2005.

Utzschneider, H./Nitsche, S. A., Arbeitsbuch literaturwissenschaftliche Bibelauslegung. Eine Methodenlehre zur Exegese des Alten Testaments, Gütersloh 2001.

Vater, H., Einführung in die Textlinguistik. Struktur und Verstehen von Texten, München 2001.

Vogt, J., Aspekte erzählender Prosa, Wiesbaden 2005.

Warning, R. (Hg.), Rezeptionsästhetik. Theorie und Praxis, München 1975.

Weinrich, H., Narrative Theologie, Concilium 9 (1973), 329–344.

Wilß, W., Übersetzungswissenschaft. Probleme und Methoden, Stuttgart 1977.

Zimmermann, H., Neutestamentliche Methodenlehre. Darstellung der historisch-kritischen Methode, neu bearb. v. K. Kliesch, Stuttgart [7]1982.

Zymner, R., Gattungstheorie. Probleme und Positionen der Literaturwissenschaften, Paderborn 2003.

10.7 Weitere Literatur

Aharoni, Y., Das Land der Bibel. Eine historische Geographie, Neukirchen-Vluyn 1984.

Aland, K./Aland, B., Der Text des Neues Testaments. Einführung in die wissenschaftlichen Ausgaben und in Theorie wie Praxis der Methoden der Textkritik, Stuttgart [2]1989.

Albertz, R. Religionsgeschichte Israels in alttestamentlicher Zeit (GAT 8/1,2), Göttingen 1992.

Albertz, R., Die Exilszeit. 6. Jahrhundert v. Chr. (BE 7), Stuttgart (u. a.) 2001.

Assmann, J., Das kulturelle Gedächtnis. Schrift, Erinnerung und politische Identität in frühen Hochkulturen, München 2007.

Augustin, M./Kegler, J., Bibelkunde des Alten Testaments. Ein Arbeitsbuch, Gütersloh [2]2000.

Berger, K., Die impliziten Gegner: Zur Methode des Erschließens von ‚Gegnern‘ in neutestamentlichen Texten, in: Strecker, G. (Hg.), Kirche (FS Bornkamm), Tübingen 1980, 373–400.

Berger, K., Bibelkunde des Alten und Neuen Testaments 2: Neues Testament (UTB 972), Tübingen [3]1986.

Berger, K., Theologiegeschichte des Urchristentums. Theologie des Neuen Testaments (UTB 8082), Tübingen/Basel [2]1995.

Boecker, H. J. u. a. (Hg.), Altes Testament (Neukirchener Arbeitsbücher), Neukirchen-Vluyn [5]1996.

Bonnet, C./Niehr, H., Religionen in der Umwelt des Alten Testaments II. Phönizier, Punier, Aramäer (KStTh 4/2), Stuttgart 2010.

Bringmann, K., Geschichte der Juden im Altertum. Vom babylonischen Exil bis zur arabischen Eroberung, Stuttgart 2005.

Bühlmann, W., Sprachliche Stilfiguren der Bibel. Von Assonanz bis Zahlenspruch. Ein Nachschlagewerk, Gießen 1994.

Bull, K.-M., Bibelkunde des Neuen Testaments. Die kanonischen Schriften und die Apostolischen Väter, Neukirchen 1997.

Crüsemann, F. u. a. (Hg.), Sozialgeschichtliches Wörterbuch zur Bibel, Gütersloh 2009.

Dietrich, W., Die frühe Königszeit in Israel. 10. Jahrhundert v. Chr. (BE 3), Stuttgart (u. a.) 1997.

Dohmen, C./Söding, T. (Hg.), Eine Bibel – zwei Testamente. Positionen Biblischer Theologie (UTB 1893), Paderborn (u. a.) 1995.

Dohmen, C./Stemberger, G., Hermeneutik der Jüdischen Bibel und des Alten Testaments (KStTh 1,2), Stuttgart 1996.

Donner, H., Einführung in die biblische Landes- und Altertumskunde, Darmstadt ²1988.

Donner, H., Geschichte Israels (GAT 4/1,2), Göttingen ⁴2008.

Edzard, D. O., Geschichte Mesopotamiens. Von den Sumerern bis zu Alexander dem Großen (Becks Historische Bibliothek), München 2004.

Erlemann, K. u. a. (Hg.), Neues Testament und Antike Kultur (NTAK), 5 Bd., Neukirchen-Vluyn 2004–2008.

Frankemölle, H., Frühjudentum und Urchristentum. Vorgeschichte – Verlauf – Auswirkungen (4. Jahrhundert v. Chr. bis 4. Jahrhundert n. Chr.) (KStTh 5), Stuttgart 2006.

Frenschkowski, M., Heilige Schriften der Weltreligionen und religiöse Bewegungen, Wiesbaden 2007.

Fritz, V., Die Entstehung Israels im 12. und 11. Jahrhundert v. Chr. (BE 2), Stuttgart (u. a.) 1996.

Gehrke, H.-J., Geschichte des Hellenismus (Oldenbourg-Grundrisse der Geschichte 1A), München 1990.

Gerstenberger, E. S., Theologien im Alten Testament. Pluralität und Synkretismus alttestamentlichen Gottesglaubens, Stuttgart 2001.

Gerstenberger, E. S., Israel in der Perserzeit. 5. und 4. Jahrhundert v. Chr. (BE 8), Stuttgart (u. a.) 2005.

Gnilka, J., Neutestamentliche Theologie. Ein Überblick, Würzburg 1989.

Görg, M., Religionen in der Umwelt des Alten Testaments III. Ägyptische Religion, Wurzeln – Wege – Wirkungen (KStTh 4/3), Stuttgart 2007.

Göttert, K.-H., Einführung in die Rhetorik. Grundbegriff, Geschichte, Rezeption, Paderborn 2009.

Grabbe, L. L., Judaism from Cyrus to Hadrian, 2. Bd., Minneapolis 1992; einbändige Ausgabe London 1994.

Gunneweg, A. H. J., Vom Verstehen des Alten Testaments. Eine Hermeneutik (GAT 5), Göttingen ⁵1988.

Gunneweg, A. H. J., Geschichte Israels. Von den Anfängen bis Bar Kochbar und von Theodor Herzl bis zur Gegenwart (ThW 2), Stuttgart ⁶1989.

Gunneweg, A. H. J., Biblische Theologie des Alten Testaments. Eine Religionsgeschichte Israels in biblisch-theologischer Sicht, Stuttgart 1993.

Haag, E., Das hellenistische Zeitalter. Israel und die Bibel im 4. bis 1. Jahrhundert v. Chr. (BE 9), Stuttgart 2003.

Hartenstein, F., Religionsgeschichte Israels – ein Überblick über die Forschung seit 1990, VuF 48 (2003), 2–28.

Hengel, M., Judentum und Hellenismus. Studien zu ihrer Begegnung unter besonderer Berücksichtigung Palästinas bis zur Mitte des 2. Jh.s v. Chr. (WUNT 10), Tübingen ³1988.

Herrmann, S., Geschichte Israels in alttestamentlicher Zeit, München ²1980.

Hornung, E., Grundzüge der ägyptischen Geschichte, Darmstadt ⁴1992.

Hutter, M., Religionen in der Umwelt des Alten Testaments I. Babylonier, Syrer, Perser (KStTh 4/1), Stuttgart 1996.

Kaiser, O., Der Gott des Alten Testaments. Theologie Alten Testaments, 3 Bd. (UTB 1747/ 2024/2392) Göttingen 1993–2003.

Karmon, Y., Israel. Eine wissenschaftliche Länderkunde, Darmstadt 1983.

Keel, O./Küchler, M./Uehlinger, C., Orte und Landschaften der Bibel. Ein Handbuch und Studienführer zum Heiligen Land, 2 Bd., Zürich/Göttingen 1982–1984.

Kessler, R., Sozialgeschichte des alten Israels. Eine Einführung, Darmstadt 2006.

Klauck, H. J., Die religiöse Umwelt des Urchristentums. Bd. 2 Herrscher- und Kaiserkult, Philosophie, Gnosis (KStTh 9,2), Stuttgart 1996.

Knauf, E. A., Die Umwelt des Alten Testaments (NSK.AT 29), Stuttgart 1994.

Koch, K., Geschichte des ägyptischen Religion. Von den Pyramiden bis zu den Mysterien der Isis, Stuttgart 1993.

Kollmann, B., Einführung in die neutestamentliche Zeitgeschichte, Darmstadt 2006.

Kratz, R. G., Die Komposition der erzählenden Bücher des Alten Testaments. Grundwissen zur Bibelkritik (UTB 2157), Göttingen 2000.

Krefeld, H. (Hg.), Hellenika. Einführung in die Kultur der Hellenen. Neue Ausgabe, Berlin 2002.

Kuhrt, A., The Ancient Near East c. 3000–330 BC, 2 Bd. (Routledge History of the Ancient World), London/New York 1995.

Kümmel, W. G., Einleitung in das Neue Testament, Heidelberg [20]1980.

Lehnert, V., Die Provokation Israels. Die paradoxe Funktion von Jes 6,9–10 bei Markus und Lukas. Ein textpragmatischer Versuch im Kontext gegenwärtiger Rezeptionsästhetik und Lesetheorie (Neukirchener theologische Dissertationen und Habilitationen 25), Neukirchen-Vluyn 19999.

Lemche, N. P., Die Vorgeschichte Israels. Von den Anfängen bis zum Ausgang des 13. Jahrhunderts v. Chr. (BE 1), Stuttgart (u. a.) 1996.

Lohse, E., Umwelt des Neuen Testaments, [4]1978.

Lotze, D., Griechische Geschichte. Von den Anfängen bis zum Hellenismus (C. H. Beck Wissen 2014), München [7]2007.

Maier, J., Zwischen den Testamenten. Geschichte und Religion in der Zeit des zweiten Tempels (NEB.AT.E 3), Würzburg 1990.

Mason, S. Flavius Josephus und das Neue Testament (UTB 2130), Tübingen/Basel 2000.

Meeks, W. A., Urchristentum und Stadtkultur. Die soziale Welt der paulinischen Gemeinden, Gütersloh 1993.

Merkel, H., Bibelkunde des Neuen Testaments. Ein Arbeitsbuch, Gütersloh [4]1992.

Metzger, B. M., A Textual Commentary o the Greek New Testament, London 1971.

Metzger, M., Grundriß der Geschichte Israels (Neukirchener Studienbücher 2), Neukirchen-Vluyn [12]2007.

Niehr, H., Religionen in Israels Umwelt. Einführung in die nordwestsemitischen Religionen Syrien-Palästinas (NEB.AT.E 5), Würzburg 1998.

Nissen, H. J., Geschichte Altvorderasiens (Oldenbourg-Grundriß der Geschichte 25), München 1998.

Oeming, M., Biblische Hermeneutik. Eine Einführung, Darmstadt [2]2007.

Otto, E., Theologische Ethik des Alten Testaments (ThW 3/2), Stuttgart 1994.

Preuss, H. D., Theologie des Alten Testaments, 2 Bd., Stuttgart 1991/92.

Preuss, H. D., Bibelkunde des Alten und Neuen Testaments 1: Altes Testament (UTB 887), Tübingen [5]2006.

Rad, G. v., Theologie des Alten Testaments, 2 Bd., München [9]1987.

Reinmuth, E., Hermeneutik des Neues Testaments, Göttingen 2002.

Rendtorff, R., Theologie des Alten Testametns. Ein kanonischer Entwurf, 2 Bd., Neukirchen-Vluyn 1991/2001.

Rösel, M., Bibelkunde des Alten Testaments. Die kanonischen und apokryphen Schriften. Mit Lernübersichten von Dirk Schwiderski, Neukirchen-Vluyn [5]2006.

Sasse, M., Geschichte Israels in der Zeit des Zweiten Tempels. Historische Ereignisse – Archäologie – Sozialgeschichte – Religions- und Geistesgeschichte, Neukirchen-Vluyn 2004.

Smend, R. (Hg.), Das Alte Testament im Protestantismus (Grundtexte zur Kirchen- und Theologiegeschichte 3), Neukirchen-Vluyn 1995.

Schäfer, P., Geschichte der Juden in der Antike. Die Juden Palästinas von Alexander dem Großen bis zur arabischen Eroberung, Neukirchen-Vluyn/Stuttgart 1983.

Schiffman, L. H./VanderKam, J. C. (Hg.), Encyclopedia of the Dead Sea Scrolls, 2 Bd., Oxford 2000.

Schmidt, W. H., Alttestamentlicher Glaube, Neukirchen-Vluyn [11]2011.

Schoors, A., Die Königreiche Israel und Juda im 8. und 7. Jahrhundert v. Chr. Die assyrische Krise (BE 5), Stuttgart (u. a.) 1998.

Schuller, W., Griechische Geschichte (Oldenbourg-Grundrisse der Geschichte 1), München 1991.

Soggin, J. A., Einführung in die Geschichte Israels und Judas. Von den Ursprüngen bis zum Aufstand Bar Kochbars, Darmstadt 1991.

Stegemann, E. W./Stegemann, W., Urchristliche Sozialgeschichte. Die Anfänge im Judentum und die Christusgemeinden in der mediterranen Welt, Stuttgart (u. a.) [2]1997.

Stegemann, H., Die Essener, Qumran, Johannes der Täufer und Jesus. Ein Sachbuch (Herder Spektrum 4128), Freiburg [10]2007.

Stegemann, W., Jesus und seine Zeit (BE 10), Stuttgart (u. a.) 2010.

Streeter, B. H., The four Gospels a Study of Origins the Manuscript Tradition, Sources, Autorship, & Dates, Oxford 1924.

Stromberg, J., An Introduction to the Study of Isaiah (T&T Clark Approaches to Biblical Studies), London/New York 2011.

Stuhlmacher, P., Vom Verstehen des Neuen Testaments (NTD.E 6), Göttingen [2]1986.

Theißen, G., Urchristliche Wundergeschichten. Ein Beitrag zur formgeschichtlichen Erforschung der synoptischen Evangelien (StNT 8), Gütersloh 1974.

Tilly, M./Zwickel, W., Religionsgeschichte Israels. Von der Vorzeit bis zu den Anfängen des Christentums, Darmstadt 2011.

VanderKam, J. C., Einführung in die Qumranforschung. Geschichte und Bedeutung der Schriften vom Toten Meer (UTB 1998), Göttingen 1998.

VanderKam, J. C./Flint, P., The Meaning of the Dead Sea Scrolls. Their Significance for Understanding the Bible, Judaism, Jesus, and Christianity, New York 2002.

Veenhof, K. R., Geschichte des Alten Orients bis zur Zeit Alexander des Großen (GAT 11), Göttingen 2001.

Vieweger, D., Archäologie der biblischen Welt (UTB 2394), Göttingen ²2006.

Vouga, F., Geschichte des frühen Christentums (UTB 1733), Tübingen 1994.

Westermann, C., Abriß der Bibelkunde, Stuttgart ²1979.

Wischmeyer, O., Hermeneutik des Neuen Testaments. Ein Lehrbuch, Tübingen 1994.

Wolff, H. W., Anthropologie des Alten Testaments (KT 91), München ⁵1990.

Zimmerli, W., Grundriß der alttestamentlichen Theologie, Stuttgart ⁶1989.

Zwickel, W., Die Welt des Alten und Neuen Testaments. Ein Sach- und Arbeitsbuch, Stuttgart 1997.

Zwickel, W., Einführung in die biblische Landes- und Altertumskunde, Darmstadt 2002.

10.8 Weitere Literatur zu den Textbeispielen

Berlejung, A., Die Macht der Insignien. Überlegungen zu einem Ritual der Investitur des Königs und dessen königsideologischen Implikationen, UF 28 (1996), 1–36.

Dietrich, J., Ehre und Ehrgefühl im Alten Testament, in: Janowski, B./Liess, K. (Hg.), Der Mensch im Alten Israel. Neue Forschungen zur alttestamentlichen Anthropologie (HBS 59), Freiburg/Basel/Wien 2009, 419–452.

Dietrich, W., Art. Verstockung (AT), www.wibilex.de, 2007.

Eckey, W., Das Markusevangelium. Orientierung am Weg Jesu, Ein Kommentar, Neukirchen-Vluyn ²2008.

Erlemann, K., Gleichnauslegung. Ein Lehr- und Arbeitsbuch (UTB 1971), Tübingen 1999.

Foerster, W., Neutestamentliche Zeitgeschichte, Hamburg 1968.

Gertz, J. C., Tradition und Redaktion in der Exoduserzählung. Untersuchungen zur Endredaktion des Pentateuch (FRLANT 186), Göttingen 2000.

Gnilka, J., Das Evangelium nach Markus (EKK II/1), Zürich (u. a.) 1978.

Görg, M., Das Zelt der Begegnung. Untersuchungen zur Gestalt der sakralen Zelttraditionen Altisraels (BBB 27), Bonn 1967.

Grob, R., Einführung in das Markus-Evangelium. Zürich/Stuttgart 1965.

Grundmann, W., Das Evangelium nach Markus. Berlin ⁷1977.

Haenchen, E., Der Weg Jesu. Eine Erklärung des Markus-Evangeliums und der kanonischen Parallelen (Sammlung Alfred Töpelmann II/6), Berlin 1966.

Hartenstein, F., Die Unzugänglichkeit Gottes im Heiligtum. Jesaja 6 und der Wohnort JHWHs in der Jerusalemer Kulttradition (WMANT 75), Neukirchen-Vluyn 1997.

Hartenstein, F., JHWH und der ‚Schreckensglanz' Assurs (Jes 8,6-8), in: Hartenstein, F. u. a. (Hg.), Schriftprophetie (FS Jeremias), Neukirchen-Vluyn 2004, 125–180.

Heininger, B., Metaphorik, Erzählstruktur und szenisch-dramatische Gestaltung in den Sondergutgleichnissen bei Lukas (NTA 24), Münster 1991.

Israel Ministry of Foreign Affairs, Kapernaum. Die Stätte, www.mfa.gov.il/MFA (Stand vom 12. 08. 2009).

Jeremias, J., Art. γραμματεύς, TWNT 1 (1966), 740–742.

Katzer, J., Leben in Israel zur Zeit Jesu, Würzburg 2003.

Kertelge, K., Die Wunder Jesu im Markusevangelium. Eine redaktionsgeschichtliche Untersuchung, München 1970.

Kreuch, J., Unheil und Heil bei Jesaja. Studien zur Entstehung des Assur-Zyklus Jesaja 28–31 (WMANT 130), Neukirchen-Vluyn 2011.

Luz, U., Das Evangelium nach Matthäus (EKK 1/1–4), Zürich (u. a.) 1985–2002.

Mettinger, T. N. D., The Dethronement of Sabaoth. Studies in the *Shem* and *Kabod* Theologies (ConBOT 18), Lund 1982.

Neumann, J. N., Art. Behinderung, in: Erlemann, K., u. a. (Hg.), Neues Testament und Antike Kultur, Bd. 2: Familie – Gesellschaft – Wirtschaft, Neukirchen-Vluyn 2005, 68–70.

Noth, M., Überlieferungsgeschichte des Pentateuch, Stuttgart 1948.

Schmithals, W., Das Evangelium nach Markus (ÖTK 2/1), Gütersloh/Würzburg 1979.

Schottroff, L., Lydias ungeduldige Schwestern. Feministische Sozialgeschichte des frühen Christentums, Gütersloh 1994.

Soden, W. v., Die Unterweltsvision eines assyrischen Kronprinzen. Nebst einigen Beobachtungen zur Vorgeschichte des *Aḫiqar*-Romans, in: Soden, W. v., Aus Sprache, Geschichte und Religion Babyloniens. Gesammelte Aufsätze hg. v. Cagni, L./Müller, H.-P., Institutio Universitario Orientale Series Minor XXXII, Neapel 1989, 29–68.

Stegemann, E. W., Urchristliche Sozialgeschichte. Die Anfänge im Judentum und die Christusgemeinden in der mediterranen Welt, Stuttgart [2]1997.

Strack, H. L./Billerbeck, P., Kommentar zum Neuen Testament aus Talmud und Midrasch I–VI, 1926–1961.

Thiel, W., Das Haus und seine Einrichtungen, in: Erlemann, K., u. a. (Hg.), Neues Testament und Antike Kultur, Bd. 2: Familie – Gesellschaft – Wirtschaft, Neukirchen-Vluyn 2005, 9–17.

Wagner, T., Gottes Herrschaft. Eine Analyse der Denkschrift (Jes 6,1-9,6) (VTS 108), Leiden/Boston 2006.

Wagner, T., Gottes Herrlichkeit. Bedeutung und Verwendung des Begriffs *kābôd* im Alten Testament (VTS 151), Leiden/Boston 2012.

Weiß, H.-F., Art. Schriftgelehrte, TRE 30 (1999), 511–520.

Wilckens, U., Der Brief an die Römer (EKK 6/1-3), Zürich (u. a.) 1978–1982.

Wildberger, H., Jesaja 1–12 (BK.AT X/1), Neukirchen-Vluyn 1965.

Zwickel, W., Art. Kapernaum, CBL 1 (2003), 722.

narr | francke | attempto |
VERLAG VERLAG VERLAG

Melanie Köhlmoos

Altes Testament

UTB basics 3460
2011, VIII, 334 Seiten
€[D] 19,90/SFr 28,90
ISBN 978-3-8252-3460-7

Theologiestudierende in BA- und Lehramtsstudiengängen müssen das komplexe Fach Altes Testament in wenigen Lehrveranstaltungen erfassen. Ihr Blickwinkel ist meist auf die spätere Lehrpraxis zentriert, die Wahrnehmung des AT von der christlichen Rezeption her bestimmt. Es fehlt ihnen der Gesamtüberblick über Geschichte, Entstehung und Theologie des AT, was eine sachgemäße Vermittlung im Schulunterricht erschwert.

Zugeschnitten auf den Fragenhorizont dieser Studienanfänger, bietet das Lehrbuch eine kompakte und verständliche Einführung in historische, literaturwissenschaftliche und theologische Grundlagen der alttestamentlichen Wissenschaft, ohne bibelwissenschaftliche Vorkenntnisse oder alte Sprachen vorauszusetzen.

JETZT BESTELLEN!

Narr Francke Attempto Verlag GmbH+Co. KG · Dischingerweg 5 · D-72070 Tübingen
Tel. +49 (07071) 9797-0 · Fax +49 (07071) 97 97-11 · info@francke.de · **www.francke.de**

Stefan Alkier

Neues Testament

UTB 3404 basics
2010, XII, 313 Seiten,
€[D] 19,90/SFr 33,90
ISBN 978-3-8252-3404-1

Den Theologiestudierenden in Bachelor- und Lehramtsstudiengängen stehen für den Erwerb der
nötigen Grundkenntnisse im Fach Neues Testament in der Regel nur wenige Lehrveranstaltungen
zur Verfügung. Zugeschnitten auf dieses Zielpubli-
kum bietet das durch ein Online-Lernportal ergänzte Lehrbuch eine Einführung in die historischen,
literaturwissenschaftlichen, hermeneutischen und
theologischen Grundlagen der neutestamentlichen
Wissenschaft – elementarisiert, aber nicht simpli-
fiziert; wissenschaftlich up to date, aber ohne
bibelwissenschaftliche Vorbildung oder Kenntnisse
der alten Sprachen vorauszusetzen. Historische,
theologische und gegenwartsorientierte Fragestellungen verbinden sich zu einem schlüssigen Konzept.

Narr Francke Attempto Verlag GmbH+Co. KG · Dischingerweg 5 · D-72070 Tübingen
Tel. +49 (07071) 9797-0 · Fax +49 (07071) 97 97-11 · info@francke.de · **www.francke.de**

Bernhard Mutschler

Beziehungsreichtum

**Bibelhermeneutische, sozialanthropologische
und kulturgeschichtliche Erkundungen**

2013, 272 Seiten
€[D] 29,99/SFr 40,10
ISBN 978-3-7720-8495-9

Ein verantwortungsvoller, zeitgemäßer Umgang mit biblischen Texten ist alles andere als einfach. Besonders bedeutsam wird dies bei den grundlegenden Fragen menschlichen Miteinanders: Mann und Frau, Kinder, Haus, Familie, Gemeinde. Nach einer Einführung in Fragen der Bibelübersetzung und der Geschichte des Bibelkanons werden Grundfragen zeitgemäßen Bibelverständnisses und zeitgemäßer Bibelauslegung beleuchtet. Im Anschluss daran kommen Grundtexte und Grundthemen eines beziehungsreichen Lebens in den Blick. Kulturgeschichtliche, hermeneutische und anthropologische Einsichten bereichern das Gespräch und zeigen Orientierungsräume für ein beziehungsreiches Leben heute.

Narr Francke Attempto Verlag GmbH+Co. KG • Dischingerweg 5 • D-72070 Tübingen
Tel. +49 (07071) 9797-0 • Fax +49 (07071) 97 97-11 • info@francke.de • **www.francke.de**